智慧校园基础

ZHIHUI XIAOYUAN JICHU

开启智慧教育的大门

李进生　徐　焱
李晓兰　林艳华 ◎ 著

卢海燕 ◎ 审

首都经济贸易大学出版社

Capital University of Economics and Business Press

·北京·

图书在版编目（CIP）数据

智慧校园基础——开启智慧教育的大门 / 李进生等著.
-- 北京 ：首都经济贸易大学出版社，2024.8
ISBN 978-7-5638-3474-7

Ⅰ．①智… Ⅱ．①李… Ⅲ．①信息技术－应用－校园－
建设 Ⅳ．①G47

中国国家版本馆 CIP 数据核字（2024）第 001466 号

智慧校园基础——开启智慧教育的大门
ZHIHUI XIAOYUAN JICHU——KAIQI ZHIHUI JIAOYU DE DAMEN
李进生　徐　焱　李晓兰　林艳华　著
卢海燕　审

责任编辑	王玉荣　陈雪莲
封面设计	砚祥志远·激光照排　TEL: 010-65976003
出版发行	首都经济贸易大学出版社
地　　址	北京市朝阳区红庙（邮编100026）
电　　话	（010）65976483　65065761　65071505（传真）
网　　址	http://www.sjmcb.com
E-mail	publish@cueb.edu.cn
经　　销	全国新华书店
照　　排	北京砚祥志远激光照排技术有限公司
印　　刷	唐山玺诚印务有限公司
成品尺寸	170 毫米 × 240 毫米　1/16
字　　数	368 千字
印　　张	21.75
版　　次	2024 年 8 月第 1 版　2024 年 8 月第 1 次印刷
书　　号	ISBN 978-7-5638-3474-7
定　　价	105.00 元

序言

在历史的长河中，教育始终扮演着引领人类进步的重要角色，就如同孔子、佛陀和苏格拉底的智慧，历经千年的传承，持续启迪着人类的文明。教育的核心目的也始终不变——传递知识，启迪智慧，培养未来世界的领军人才。在这一过程中，教育的形式、方法及其载体历经革新，从古代师徒相授，到工业时代的组班教学，那些与时俱进的变革，不仅反映了时代的进步，也映射出教育模式的演进。

今日，在工业和互联网革命之后，我们再次站在了历史洪流的分水岭上。信息技术的迅猛发展催生了新一轮的教育革命。互联网时代的来临，将信息从书本中解放，区块链、大数据、人工智能、虚拟现实等新兴技术将学习无界限扩展，知识的边界不断被拓宽，学生的学习方式也在悄然变革。一方面，新技术的发展不仅重新塑造了知识的传播方式，更为学校的教育实践提供了更加科学、高效、个性化的可能性；另一方面，技术的变革也必然给现行的学校教育带来冲击和挑战。比如：知识生产的快速变化使学生无法及时获得专业领域的最新知识和技能；职业教育因为侧重于技术技能的培养，所以常常忽视软技能（如问题解决能力和批判性思维）的重要性；学校的教学内容和方法更新不及时，教育资源和材料有限，不足以让学生为就业做好准备。另外，人工智能技术的发展也使得就业市场竞争异常激烈，企业对新入职员工的要求越来越高，进而对学校的人才培养也提出了越来越高的要求。

面对新的机遇和挑战，我们不得不反思未来的学校教育该何去何从：学校该如何培养能够适应未来社会需要的学生？个性化的教学该如何实现？这些问题的解答涉及智慧校园建设的方方面面。在这样的背景下，《智慧校园基础——开启智慧教育的大门》一书为读者呈现了一个全方位的视角，它启示我们不仅要观察到技术的快速发展，更重要的是观察到这些技术如何实际应用到教育领域中，改善教学质量和学习经验。它深入探讨了智慧校园的理论基础、基本架构和核心技术、校园建设的实践路径以及未来发展展望。它以理论与实践相结合的视角，不仅囊括了智慧教育领域的理论探究，更融合了丰富的实践经验与案例分析，为所有关心教育的思想者、从业者和决策者提供深刻的见解与启示。

　　李进生教授及其团队作为智慧校园领域的研究者和长期致力于智慧校园前沿实践的建设者，提炼了他们在教育领域尤其是智慧校园建设领域多年探索的宝贵经验和研究成果，力图为读者呈现一个全面而透彻的智慧校园图景。我们期待这本书的出版能为数字时代的智慧校园建设和教育变革提供有力的帮助。

单从凯 [①]

---

　　① 　单从凯，国家开放大学研究员，国家数字化学习资源中心主任，中国成人教育协会数字化学习专业委员会理事长，教育部职业教育信息化教学指导委员会委员。

前　言

　　随着现代信息技术的迅猛发展及其与人类社会活动的深度融合，传统的人类社会生产生活方式正在发生着快速的改变。教育的发展清晰地呈现出数字化、智能化、个性化和社交化的特征，智慧校园建设作为现代信息技术在教育领域里的实践探索活动，既是现代信息技术理论研究与实践应用相结合的必然要求，也是现代信息技术服务于教育高质量数字化转型发展的现实需要。当前，加快推进传统校园的智慧化建设，积极发挥智慧校园引领示范性作用，既是响应党中央、国务院建设"数字中国"号召的实际行动，也是促进教育数字化转型发展的具体举措。因此，在当前这样一个教育改革发展的时代背景下，笔者基于对现代信息技术在"智慧校园"建设与应用中的作用日益彰显的关注与思考，应用最新的数字媒体技术，以"智慧校园"为研究对象，以现代信息技术为研究视角，撰写了这本理论与实践相结合的智慧校园建设用书《智慧校园基础——开启智慧教育的大门》。

　　本书共包括五章内容：第一章介绍了智慧校园的产生背景、发展历程、建设意义、基本内涵及主要特征，以及智慧校园的应用场景，通过对中职学校、高职学院、应用型本科院校三个典型案例的调查研究，分析了智慧校园的发展现状、存在的问题及其原因，并提出了智慧校园的建设目标和发展方向。第二章根据国家市场监督管理总局、中国国家标准化管理委员会发布的《智慧校园总体框架（GB/T 36342—2018）》国家标准文件，以及教育部印发的《职业院校数字校园规范》（教职成函〔2020〕3号）、《高等学校数字校园建设规范（试行）》（教科信函〔2021〕14号）文件内容，阐释了智慧校园的基本架构和核心内容。第三章介绍了在智慧校园中使用的主要关键技术，包括移动互联网技术、物联网技术、云计算技术、虚拟仿真技术、大数据技术、学习分析技术、人工智能技术、区块链技术和AI大模型技术等，对这些关键技术的概念、内涵、特征、应用等进行了分析说明。第四章论述了智慧校园的建设流程，包括智慧校园的整体规划、总体设计、建设实施、运行维护、评价改进等内容。第五章阐述了智慧校园的实践探索情况和未来发展趋势。

　　该书既可以作为中职学校、高职学院和应用型本科院校教职人员的教学用书，也可以作为多媒体技术、教育信息技术、网络技术等专业的学生学习智慧校园相关知识的学习用书，还可以作为智慧校园建设与维护的工程技术人员的参考用书。

　　全书五章内容具体分工为：第一章由李进生、徐焱、李晓兰、林艳华撰写；第二章、第五章由徐焱撰写；第三章由李晓兰撰写；第四章由林艳华撰写。全书由李进生统稿，卢海燕审稿。

2023 年 9 月 18 日

目　录

1 走进智慧校园

学习目标

知识目标

➢ 了解智慧校园产生的背景，掌握智慧校园产生的原因；

➢ 了解智慧校园的发展历程，掌握智慧校园不同发展阶段的不同特点；

➢ 理解并掌握智慧校园的定义，了解智慧校园的基本内涵和主要特征；

➢ 了解数字校园与智慧校园的内在联系，理解智慧校园是数字校园智慧化建设的产物的含义；

➢ 了解并掌握智慧校园的发展现状和存在的问题；

➢ 理解建设智慧校园的重要性。

能力目标

➢ 对我国智慧校园的发展现状有自己的看法，对我国智慧校园建设的发展方向有自己的思考；

➢ 对智慧校园发展过程中存在的问题有自己的认识，能分析并指出产生这些问题的主要原因。

素质目标

➢ 加深对"没有教育的信息化就没有教育的现代化"这一观念的认识，不断改革创新，积极助推信息技术与教育教学的深度融合，促进教育高质量发展；

➢ 认识建设智慧校园的重要性，提高自身信息化素养和能力，为促进我国教育数字化转型发展贡献自己的智慧和力量。

问题导入

人类社会经历了从农业时代到工业时代，再到信息时代的变迁，现在正在步入智慧时代。智慧教育和智慧校园既是智慧时代的产物，又是智慧时代的重要组成部分。当前，智慧校园的建设已经成为教育信息化的重要组成部分，是衡量教育现代化程度的重要标志。那么智慧校园是怎样兴起的？智慧校园的勃兴有着怎样的时代背景呢？

1.1 智慧校园的兴起

迄今为止，人类社会共经历过三次教育革命。第一次源于文字和学校的出现，教育开始成为有计划、有组织的活动；第二次源于造纸术和印刷术的发明，为书籍的出版和知识的传播提供了便利；第三次源于捷克教育学家夸美纽斯以教师、课堂和教材为中心的班级授课制教育模式的提出。第三种模式为工业大生产提供了大量人才，保证了系统、连续的知识传授，但也暴露出受时间空间限制大、针对性低等问题。当前，信息技术的飞速发展正使人类迎来第四次教育革命，教育逐渐趋于信息化、智慧化[①]。智慧校园正是在信息技术与教育教学高度融合发展背景下产生的，是教育信息化发展的"高级形态"。

1.1.1 智慧校园的产生背景

1.1.1.1 大数据时代来临，互联网技术进入 Web 4.0

随着大数据时代的来临，"数据"已经渗透到当今社会的每一个行业和业务职能领域，成为重要的生产因素。

同时，随着虚拟现实技术、尖端显示技术、智能网络身份代理、情境感知应用等代表智慧生活的下一代网络信息技术不断出现，互联网进入了一个全新的智慧互联网时代。一个以智慧虚拟感知、智慧电子代理、智慧身份认证、智慧网络生活等为互联网发展趋势的 Web 4.0 时代（或智慧生活网络时代）正在逐渐成形。

Web 技术的发展，尤其是 Web 4.0 的发展为智慧校园应用的建设提供

---

① 哈斯高娃，张菊芳，凌佩.智慧教育［M］.2 版.北京：清华大学出版社，2017.

了技术支持。

1.1.1.2　信息技术与教育教学高度融合，推动教育走向 4.0 时代

早在 20 世纪 80 年代中期，我国就开始探索教学及管理领域的信息化应用。90 年代中期以后，我国教育信息化发展速度加快，在国内各行业中，教育领域的信息化发展一直处于领先地位，新一代互联网技术首先在学校教育等领域应用。

近年来，随着我国互联网基础设施建设的不断优化升级，上网用户规模不断扩大，在线教育用户数量急剧增加，在线学习的方式已逐渐渗透于人们的日常生活。

2015 年，在中国"互联网 +"创新大会河北峰会上，业界权威专家学者围绕着"互联网 +"教育进行了研讨，认为"互联网 +"教育会让传统教育焕发出新的活力。学者们指出：第一代教育以书本为核心；第二代教育以教材为核心；第三代教育以辅导和案例的方式出现；如今，中国的教育正在迈向真正以学生为核心的第四代教育，即"互联网 +"教育。

"互联网 +"推进了教育领域的变革。一方面，信息技术在社会诸多领域的渗透引发整个社会的深刻变革，教育于变革的大环境下必然面临冲击与改变；另一方面，传统教育模式自身存在强烈的变革诉求，信息技术的发展恰恰契合了这种诉求，并成为变革的强大支撑力量。

第一，信息技术发展刺激下的教育变革，突出体现在对教育空间的重塑上。一方面，传统教育空间得到有效拓展。传统教育模式下教育者与受教育者的活动拓展到数字空间，甚至是虚拟空间。交互式演示系统、电子书等数字化工具的使用，使教育实现对物理空间的超越。而云计算、大数据等技术更是将教育拓展到虚拟空间，构建出一整套包含教育者、受教育者、管理者、公众等各个主体，覆盖教育环境、资源、管理、服务等各个方面的虚拟教育系统。另一方面，空间设计开始与学习活动紧密相连，力求满足受教育者日益多样化的学习方式对于空间环境的需求。例如，在实体校园等传统的物理教育空间中，空间设计正在从以讲授为主的讲座型空间，逐渐转变成为集项目合作、团队展示、自主学习、自由讨论、工程设计等多样化需求于一体的立体化多功能空间，为学生营造优质便利的学习环境，提供良好的学习体验。

第二，信息技术的发展引发教育方式的转变。传统教育模式下，受教育者知识的获取局限于课堂和纸质书刊材料的阅读。随着信息技术的发展，

以可汗学院、中国大学 MOOC 平台、清华大学学堂在线等为代表的大规模在线开放课程不断涌现，越来越多的受教育者开始使用在线学习、移动学习等新型学习方式。截至 2021 年底，我国在线教育用户规模已经超过 4 亿人。随着互联网技术的普及和在线教育平台的发展，越来越多的人选择在线学习，这使得在线教育在我国得到了迅速的发展和广泛的应用。新型学习方式的出现使受教育者可以不拘泥于学校课堂，在任何时间、任何地点通过多种渠道获取想要学习的知识。而对于教育者，数字化教育工具正成为教学活动中不可或缺的一部分，并由此产生基于视听媒体技术的多媒体教学、基于卫星通信技术的远程教学、基于计算机仿真技术的虚拟现实教学等一系列新的教学方式，微课程、电子书包等应用的出现更是对线上与线下的教学方式形成了有效整合，为教育者提供了更多、更灵活、更便利的教学方式选择。

【延伸阅读】

慕课（MOOC）创新了一种优质教育的开放服务模式

MOOC 诞生以来对传统教育的冲击与影响引起了社会的高度关注，教育决策者、管理者、研究者、一线教师等纷纷在各种媒体上发声，高度关注 MOOC 的变革作用。

作为信息时代的一种新型传播方式，MOOC 生动地展示了一种以课程为单位，基于网络的、灵活的、开放的优质高等教育的服务模式，让所有人都可以自由选择和享受优质高等教育。

MOOC 变革了教育的社会属性，拓展和强化了高等学校人才培养的社会化服务职能。可想而知，如果有足够多的 MOOC 课程，并且有同样开放的学分制度和教育制度作为支撑，每一个人都可以面向全球所有的顶尖大学自由选择适合自己的优质课程，通过灵活的学习，随时提高自己的能力和学历水平，就可以打造一个全新的优质高等教育资源与全球开放的服务体系。与传统顶尖大学原来的体系相比，这种服务体系能够更好地满足学习者个性化、优质、终身、灵活的学习需要，扩大了优质高等教育资源的服务范围，促进了优质高等教育的大众化。

第三，信息技术还带来了教育理念的革新。传统教育模式下教育者的权威地位在信息时代开放共享的精神面前被逐渐削弱，平等合作的新理念得到彰显。宏观上，在信息技术支持下的庞大教育生态系统中，每个个体掌握和需求的知识不同，都既是教育者又是被教育者，唯有平等相待彼此合作，依靠集体的努力与智慧才能共同维持整个教育系统的良性发展。具体来说，信息技术使知识本身的平等性特征得到更充分的彰显，教育者和受教育者逐渐发展成为平等的学习共同体，平等合作的理念使教育回归为受教育者传道授业解惑的本源，重新聚焦于受教育者的需求。以翻转课堂教育模式为例，传统课堂中用80%的时间传授知识，20%的时间用于受教育者对知识的理解和内化。翻转课堂将这种"二八定律"倒置，受教育者运用20%的时间通过微课堂等方式在教室外对所学内容进行了解，而运用80%的时间依据自身对知识的了解情况与教育者合作，在教室内进行有针对性的知识内化。教育者从知识传授者转变为导学者、助学者、促学者、评学者。同时，信息技术不仅为教育渗透了平等合作的理念，更为教育增添了许多新的必要的培养理念。21世纪的学习者要适应信息化时代的发展要求，所应当掌握的不能只局限于传统意义上的科学文化知识，更包括学习和创造能力、意志品质、生活技能、信息素养等多方面。

【延伸阅读】

21世纪学习"彩虹图"

早在2009年，21世纪技能联盟便提出了21世纪学习"彩虹图"框架（如图1-1所示），明确21世纪学习者所必需的技能及各项基本技能。"彩虹图"认为，21世纪的教育体系首先建立在传统教育体系的基础上，包含阅读、写作、语文、外语、美术、数学、经济、科学、社会学科、地理、历史、政府和公民等传统核心学科，同时包括金融、健康、环境、全球理念、创新理念等21世纪新理念，传统核心学科与21世纪新理念共同构成21世纪学习框架的中心和基础；此外，应具备生活和工作、学习与创新、信息技术与新媒体等21世纪亟须掌握的技能，学习与创新技能包括批判思维、交流沟通力、协作力、创造力等在学习和创造性劳动中终身受益的关键技能，信息技术与新媒体技能包括信息素养、媒体素养、信息交流和科技素养等获取、分析、应用信息的基本能力，生活和工作技能包括灵活性和适应性、主动性和自我指导、社交和跨文化交际能力、生产能力和绩效能力、领导能力和责任感等部分，是 21 世纪学习者的目标和努力实现的方向。

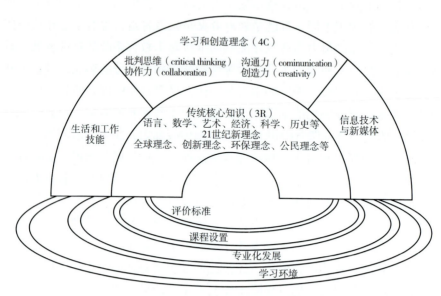

图 1-1　21 世纪学习框架图

1.1.1.3 "互联网+"成为国家战略，国家力促智慧校园建设

由于信息化和经济全球化的相互促进，互联网逐渐融入社会生活的方方面面，深刻改变着人们的生产和生活方式。2015 年《政府工作报告》首次提出"互联网+"行动计划，提出发挥互联网在生产要素配置中的优化和集成作用，将互联网的创新成果与经济社会各领域深度融合，提升实体经济的创新力和生产力，形成更广泛的以互联网为基础设施和实现工具的经济发展新形态。

2015 年 7 月 4 日，国务院印发《关于积极推进"互联网+"行动的指导意见》，"互联网+"教育应运而生。在国家政策的大力支持下，以互联网平台为基础，利用信息通信技术与相关行业的跨界融合，在创业创新、电子商务、人工智能等领域，互联网与教育深度融合，形成了大众创业、万众创新的智慧教育环境。

2017 年 1 月 10 日，在《国务院关于印发国家教育事业发展"十三五"规划的通知》（国发〔2017〕4 号）中明确指出"支持各级各类学校建设智慧校园，综合利用

校园的智慧化建设

互联网、大数据、人工智能和虚拟现实技术探索未来教育教学新模式"。随后不久，教育部颁发了《教育部关于进一步推进职业教育信息化发展的指导意见》（教职成〔2017〕4号）等文件，从不同角度提出了智慧教育和智慧校园建设的目标和要求。截至 2023 年，我国一共发布了 3 个关于智慧校园建设的标准文件，即 2018 年 6 月中国国家标准化管理委员会公布的《智慧校园总体框架（GB/T 36342—2018）》、2020年 6 月教育部发布的《职业院校数字校园规范》（教职成函〔2020〕3号）、2021 年 3 月教育部发布的《高等学校数字校园建设规范（试行）》（教科信函〔2021〕14号）。这些标准文件的发布标志着智慧校园建设的正式实施。

怎样让校园
充满智慧

1.1.2 智慧校园的发展历程

智慧校园是校园信息化发展的高级阶段。具体来说，智慧校园的发展历程可以分为如图 1-2 所示的六个阶段[1]。

1.1.2.1 校园信息化 1.0：校园网建设阶段（20世纪90年代初至2001年）

1992 年清华大学首次采用 TCP/IP 体系结构建成校园网，1994 年国际专线正式接入因特网，拉开了全国建设校园网的序幕。2000 年中小学实施"校校通"工程和普及信息技术，全面推动了校园网的建设与应用。

校园信息化 1.0 为校园网基础设施及初级应用系统建设阶段。在此阶段，传统校园融入互联网因素，校园通过互联网打通与外界的联系。这个阶段校园网的建设以网络设施建设为主，在此基础上开展初级网络应用软件的开发。

在网络设施建设上，主要关注网络的连通、技术性能水平以及不同网络技术的兼容和融合。校园网一般采用局域网技术，早期主要有以太网、FDDI、ATM 等技术，网络部分比较主流的是内网千兆主干、百兆到桌面，与教育网和互联网各有一个百兆或千兆的出口，应用服务器一般包括 DNS、邮件、文件传输等。同时开始建立一些信息化教学场所，如多媒体教室、数字备课室、数字实验室等。

---

① 王运武，庄榕霞，陈祎雯，等.5G 时代的新一代智慧校园建设［J］.中国医学教育技术，2021，35（2）：143-149.

	20世纪90年代初至2001年 校园网	2002—2005年 校园信息化	2006—2011年 数字校园（数字化校园）	2012—2018年 智慧校园（智能校园）	2019—2022年 新一代智慧校园	2023年以后 数字化转型
教育服务	• 网络服务	• 信息化服务	• 数字化服务	• 智慧教育服务	• 高体验感、高满意度智慧教育服务	• 数字化教育转型
教育形态	• 传统教育 • 计算机辅助教育	• 现代远程教育 • 信息化教育	• 网络教育 • 数字化教育	• 智慧教育 • 智能教育 • 在线教育 • 互联网+教育	• 智慧教育 • 智能教育 • 在线教育 • 互联网+教育	• 智慧教育 • 未来教育 • 实现大规模个性化教育
解决问题	• 校园能够连接互联网 • 推广计算机辅助教育 • 开展计算机辅助教学	• 建成校园局域网 • 普及信息技术教育 • 实现应用技术与课程整合 • 管理提升信息素养 • 打造信息化学习环境	• 消除"信息孤岛" • 实现应用系统整合 • 信息技术与课程融合 • 线上线下业务耦合 • 打造数字学习环境	• 创新人才培养 • 提升校园智慧水平 • 开展创客教育 • 提升信息技术应用能力 • 打造信息化学习环境 • 促进教育变革	• 培养未来创新人才 • 培养人工智能人才 • 开展人工智能教育 • 提升智慧教育服务 • 实现教育治理现代化 • 实现教育整体性变革	• 关键数字技术创新 • 数字化基础设施建设 • 全民数字素养提升 • 推动数字教育变革创新
支撑技术	• 多媒体技术 • 模拟广播电视 • 卫星通信 • 同轴电缆、双绞线	• 局域网 • 数字广播电视 • 卫星通信 • IPv4、光纤、双绞线 • 流媒体技术 • 一卡通	• 互联网技术 • 数字广播电视 • 卫星通信 • IPv4、Wi-Fi4、光纤 • 流媒体技术 • 一卡通	• 3G、4G • Wi-Fi5、全光网、IPv6、云计算、人工智能、大数据、学习分析、人脸识别、虚拟仿真	• 5G、6G • Wi-Fi6、智能全光网、区块链、机器人技术、技术互联网、情感分析、多模态技术	• 5G、6G • Wi-Fi6、移动互联网、物联网、云计算、大数据、学习分析技术、人工智能、区块链、AI大模型
建设内容	• ADSL拨号上网 • 校园局域网 • 计算机机房 • GAI课件	• 校园网、校园网站 • 计算机教室 • 多媒体网络电视、广播站 • 校园闭路电视 • 独立的应用系统 • 网络课程、多媒体课件 • 信息化教学、办公	• 信息门户网站 • 单点登录 • 无线校园 • 各类业务应用系统 • 数字教育软件、多媒体教材、数字教育学资源（App教育软件、精品课程……）	• 智慧基础设施 • 无线网络全覆盖 • 智慧教室、智慧学习空间 • 智慧应用系统 • 教育大数据中心 • 智慧教学（电子教材、金课、优课……）	• 超高速网络 • 全媒体、智能互联系统 • 业务深度融合 • 短视频+直播教育资源 • OMO教育资源 • 智慧云教材 • 智慧决策与治理	• 实现教育数字转型和智能升级 • 数字技术与教育要素深度融合 • 构建面向未来的教育生态 • 以数字思维治理数字化教育

图1-2 智慧校园发展的六个阶段

在校园网应用上，由于学校数字化环境建设刚刚起步，校园网上所运行的应用大多是网页浏览、文件上传下载、远程登录和电子邮件等初级网络应用。同时，学校根据业务需要，建设一些对业务电子数据进行处理的单项应用系统和用于教育教学的数字化教育资源库，如计算机辅助教学软件、学科资料库、数字图书馆、选课系统、学籍管理系统、工资系统等。通过校园网及单项业务系统的建设与应用，提升教学和管理工作的效率。

在这一阶段，少数学校建成校园局域网、计算机机房、校园电台、校园电视台，并运用计算机、CAI课件等开展计算机辅助教育。

1.1.2.2　校园信息化2.0：校园信息化建设阶段（2002—2005年）

2002年，我国出台了首个以"教育信息化"命名的发展规划《教育信息化"十五"发展规划（纲要）》，大力推进教师教育信息化，全面实施"校校通工程"等。国家高度重视教育信息化，以系统工程视角全面推进教育信息化，教育信息化产业逐渐成熟。校园信息化进入2.0阶段。

校园信息化2.0为校园综合应用系统建设阶段。此阶段以平台的概念来对信息资源和业务应用进行整合，建设和应用网络化、综合化业务信息系统，有利于部门内部的数据共享，能够有效配合学校教学和管理方式的变革。

在技术平台建设上，以网络版应用软件平台建设为重点，技术选型上多以B/S三层结构为主，为整合信息和业务构建业务中间层，同时建立学校综合数据库，将身份信息等核心数据后置以便于共享和管理。这期间，随着网络技术的发展，各种网络应用也开始出现并迅速发展，如BBS、QQ、视音频业务等，这些应用对宽带和公共服务提出了新的要求，高速以太网等新的网络技术开始应用于校园。

在信息系统应用上，基于网络的综合系统应用深入人心，各类业务系统的整合成为发展潮流。校园网为系统和数据的有效整合提供了平台，基于网络的大型教学辅助系统、在线学习系统等实现了课件点播、远程课堂、网络在线答疑和考试等复杂功能，网络教学的内容和形式逐步得以完善。在管理服务上，基于网络的综合管理系统、综合办公系统、综合服务系统为师生和管理人员提供了方便快捷的信息服务，促进了管理和服务模式的变革。

在这一阶段，学校信息化基础设施建设有了较大幅度提升，广播电视从模拟走向数字，信息化与学校业务逐渐融合，各类应用系统逐渐增多，信息化教学资源逐渐丰富，信息化教学和信息化管理逐渐常态化；信息化教育和现代远程教育发展迅速，并在扩大教育规模方面发挥了重要作用。

1.1.2.3　校园信息化 3.0：数字校园建设阶段（2006—2011 年）

2006 年，我国发布全国首个中长期国家信息化发展战略《2006—2020年国家信息化发展战略》，校园信息化进入 3.0 阶段。2008 年 1 月，教育部在 2008 年工作要点中提出要全面实施"金教工程"，建立和完善全国教育系统信息化公共服务和管理体系，进一步促进了教育信息化的发展。

校园信息化 3.0 是数字校园建设阶段。随着各类综合应用系统的全面投入使用，需求不断深入，对系统互通互联、资源集成共享等提出了更高的要求，需要站在全局的角度来考察校园的信息化建设，即数字校园的规划与建设。

在数字环境建设上，以一种动态化、层次化、整体化的观点来规划和实施学校信息化的集成建设，注重数字校园的整体规划，提出清晰的长远发展目标和分步实施计划。集成化建设依赖于先进的信息技术，如基于统一身份认证、统一数据管理、统一信息门户的基础支撑平台和数据集成、数据交换共享的学校数据中心，为数字校园集成建设提供了重要的技术支撑；Web 2.0 实现的新一代互联网模式，如 Blog、Tag、SNS、RSS、Wiki等社会性软件，满足了用户的交互需求。

在数字校园应用上，按照新的目标和标准，将已有的各类应用系统都集成在统一的数字化平台之下，并考虑与校外资源的互联互通，实现信息的流通和资源的共享，其教学方式是基于网络信息资源的数字化学习（E-learning）。基于 Web 2.0 建设网络学习空间、班级空间、网络教研平台等，通过多种先进信息技术的一体化开发应用，实现"资源整合"和"系统集成"，形成数字化、集成化的校园环境，为教学、科研和管理等提供了更加方便高效的信息化服务。

在这一阶段，数字校园学术研究显著增多，意识领先的省区市大力推进数字校园示范校建设，校园网速显著提升，无线校园逐渐推广，打通孤立应用系统促进数据共享的诉求日益增强，信息技术与课程从整合走向融合，App 教育类软件逐渐增多。例如，浙江大学将智慧校园建设列入 2010年"十二五"信息化三大重点工程，并成立了智慧校园建设工作领导小组，规划建设内容包括无处不在的网络环境、节能监管体系、智能交通、平安校园等，当前已建成部分信息化应用支撑平台，如统一身份认证系统、数据共享平台、校园卡、个性化服务门户（可定制的、一站式信息化应用服务）等，校内事务均可以通过网络办理。

数字校园及其
特征（样例）

1.1.2.4　校园信息化4.0：智慧校园建设阶段（2012—2018年）

校园信息化进入4.0阶段的标志性事件是我国出台全国首个教育信息化中长期规划《教育信息化十年发展规划（2011—2020年）》，出台《中小学校长信息化领导力标准（试行）》和《中小学教师信息技术应用能力标准（试行）》，出台《智慧校园总体框架（GB/T 36342—2018）》《中小学数字校园建设规范（试行）》，大力推进"三通两平台"建设，启动"互联网+"行动计划，启动全国中小学教师信息技术应用能力提升工程等。

校园信息化4.0是智慧校园建设阶段。当今社会进入"互联网+"时代，物联网、云计算、大数据、移动互联等新一代信息技术的发展及应用，对校园信息化发展产生了深刻影响，校园信息化从"数字化"向"智能化"迈进。

在智能化环境建设上，基于传感器、RFID、二维码、视频采集等感知技术和设备构建全面感知的新型校园环境。在网络互联上，以无线网络为基础，与现有的有线网络融为一体，实现了传感网、有线网、无线网的无缝融合，形成了一体化、智能化的校园网络和应用环境。基于大数据分析、智能推送等新兴信息技术，利用最新发展的智能网络（亦称为"语义网"或Web 3.0），使校园网络更加个性化、精确化、智能化，打造泛在、智慧的学习环境。

在智慧校园的应用上，应用系统的开发从传统的数字化向数据化、智能化方向转变。比如，建设云资源平台、动态评价系统、智能教学系统等智慧校园应用系统，建立智慧教室、智慧实验室等智能化教学场所，资源建设从传统的静态、封闭的文本、图像等素材资源转向动态、开放、共享的移动学习资源，构建富有智慧的教育环境，实施智慧课堂教学模式，有利于培养学习者的创新意识和创新能力，促进学习者的智慧发展。

在这一阶段，信息化基础设施、应用系统、资源建设、应用与管理等达到较高水平，校园智慧化水平显著提升，大力推进宽带校园网建设，数字校园向智慧校园转型发展的呼声逐渐增强。例如，浙江大学从2010年便开始探索智慧校园建设，到2015年，已经形成了围绕基础建设、环境建设、资源建设、应用建设和服务建设五大方面展开的诸多智慧应用。

由于在 2018 年 6 月之前尚未有《智慧校园总体框架》国家标准，存在认识不统一、建设内容庞杂、规划周期长等情况；同时，各高校侧重点各有不同，但基本覆盖网络环境、物联网感知、综合信息服务平台等[①]。

江南大学在智能能源监控方面走在了全国高校前列。2010 年，在全国率先成立了第一家实体型物联网工程学院，加快"感知校园"示范工程建设；2011 年，学校与无锡市签约共建江南感知能源研究院，开发了"数字化能源监管平台"，实现了对能源使用、给水管网、变电所、VRV 中央空调、路灯、安防和交通等全方位、立体式的数字化实时管理，监控覆盖率达 90%。

佛山市禅城区教育局于 2010 年启动"智能教育"工程，实施"智慧校园"示范工程建设项目，其智慧校园系统的构建是在现有校园网和学校教育信息化设施及应用系统的基础上，通过应用 RFID 等传感技术组建校园物联网，应用无线网络技术组建校园移动学习网，实现对校园内的人、财、物（教学大楼、图书馆、教室、实验室和教学设备等）和信息（教学资源、教学管理信息、学校公共管理信息、活动信息等）进行识别、传输、存储、处理和控制，为师生提供智能化的管理和个性化的信息服务。

2012 年 9 月，宁波国家高新区实验学校作为宁波智慧城市建设中的教育试点项目，率先在宁波乃至全国成为首个"智慧校园"。宁波国家高新区实验学校的"智慧校园"建设涵盖九大系统，主要包括未来教室、电子围篱、车牌识别系统、智能访客系统、信息发布系统、智能楼宇、无线校园、移动智能卡和高新区科教网。

2013 年，北京大学提出了智慧校园的构想和相应的建设目标，并针对各个目标提出了相应的思考和构想。这些目标包括：集中畅通的教学环境，充分协作的科研平台，准确智能的决策支持，科学可控的监察辅助，实时联动的校园安防，便捷有序的校园交通，节能环保的校园生态，长程在线的校园医疗，丰富即时的公共窗口等。北京大学的智慧校园整体框架自下而上分为网络基础设施、计算平台、应用数据交换平台、应用层和服务层，并配有安全保障和组织保障。北京大学的智慧校园建设内容包括信息资源基础、硬件及网络资源基础、软件资源基础和智慧化服务。

---

① 王运武，于长虹.智慧校园：实现智慧教育的必由之路［M］.北京：电子工业出版社，2016.

2014 年 8 月，南京邮电大学建设完成智慧校园一期工程。其 GIS 平台划分为地理建筑、硬件设施、网络设施、应用服务等多个层次和校园风光、校园生活感知、校园安全感知等服务。通过南京邮电大学智慧校园用户入口界面，可以看到具体提供的应用及服务，涵盖了管理、教学、科研、生活和感知服务，用户只需一次登录即可使用。如其感知服务中的"车辆进出管理"和"班车调度与监控信息服务"，基于 GPRS 网络及互联网，结合 GPS 技术，实时监控车辆位置信息，并提供班车调度和查询服务，可以让师生在候车的时候查询指定班次的班车到达目的地的时间，避免盲目等待。

2014 年 12 月 30 日，蚌埠学院"智慧校园"项目正式启动。该项目提出"智慧校园是将孤立的数字化系统整合成统一的数据共享平台和综合信息服务平台，是基于数字校园的一个巨大跨越"。该项目利用移动化、信息化、数字化手段，将最终实现"四个一"的建设目标，即："一个教育云"，满足师生学习和生活的各种教育管理和服务；"一个教育网"，包括有线和无线，突破空间限制，让知识随网传播；"一个终端"，无论是电脑、手机还是平板电脑，都可体验校园生活，处理工作事务，参加课业活动等；"一张校园卡"，走遍校园，让学生顺利、便捷、舒适地过完大学时代。

2015 年 4 月，华东交通大学智慧校园——"智慧交大"上线运行。"智慧交大"包括：综合信息门户平台、统一身份认证平台、数据中心平台、统一消息平台，以及移动门户、服务大厅等。

2015 年 11 月，华东师范大学提出"推进信息化建设，打造智慧校园"。学校将信息化建设作为提升学校办学实力的重要战略，强化顶层设计，加强融合创新，大力推进"智慧校园"建设，优化信息化应用与服务环境，促进信息化与学校教学、科研、管理和服务的深度融合，深入推进"智慧图书馆"建设，充分发挥信息化在学校改革发展过程中的驱动作用。

2016 年 5 月，厦门市推出教育信息化三年行动计划，从 2016 年至 2018 年，将建成百所智慧校园，全市公办中小学都将基本实现无线网络全覆盖，其中有 20 所示范校将推进大数据、云计算等在教学、科研中的全面应用。

2016 年 5 月 26 日，河南省首家"智慧校园"在郑州澍青医学高等专科学校启动建设，将实现网络 PC 终端向移动终端的跨越，是河南省教育信息化建设史上的一个里程碑事件。

【延伸阅读】

揭秘"智慧校园"场景下教师是如何工作的

"80后""90后"记忆中，一方讲台，一盒粉笔，就是教师们的所有"装备"。今天，"智慧校园"建设遍地开花，教师们又是什么样一番工作景象呢？

1. 课堂有变化

教师可以随时随地办公，一键云端共享课程资料，学生远程访问图书馆资源，远程学习更加高效。

2. 室内有科技

管理教室仅需一键。一键即所见，教室管控高效快捷，空调、窗帘、照明、安防通通一键搞定，可编程物联网智能教室，让课堂"科技"起来，让教师控场 so easy!

3. 角色有转变

教师由知识的传递者变为学生学习内驱力的激发者。传统教育中的教师像一个提着水桶的人，他们将手中的知识之水一杯一杯地分给他所教的学生们。智慧教育时代的教师更像是一个"火炬手"，他们通过手中的星星火苗引发学生的燎原大火，不断激发和释放学生的内在的智慧潜力，实现智慧人才的培养。

1.1.2.5 校园信息化5.0：新一代智慧校园建设阶段（2019—2022年）

2019年，中共中央、国务院印发了全国首个教育现代化中长期规划《中国教育现代化2035》，教育部启动全国中小学教师信息技术应用能力提升工程2.0，并发布《高等学校数字校园建设规范（试行）》等国家标准，标志着校园信息化进入5.0阶段。

在这一阶段，将实现互联网（智能全光网、Wi-Fi 6）、电信网（5G、6G）、广播电视网（卫星宽带）、智能电网（电力载波通信）、物联网等多网融合，加快推进校园网进入超高速信息通信时代；智慧校园在推动教育系统整体性变革、教育治理现代化、培养创新人才和智慧人才等方面的作用将进一步增强；智慧校园的智慧化水平将会显著提升，能够为师生提供高体验感、高满意度的智慧教育服务；将呈现出智慧教育、未来教育、线上线下混合教育、移动在线教育、短视频＋直播教育等多种教育形态并存的景象。

2019 年 6 月，深圳职业技术学院启动 5G 智慧校园示范应用项目，运用 5G 直播了一座虚拟的中药学电子标本馆，让观众体验到了虚拟现实的投影效果。此外，还建成了 5G+VR/AR 沉浸式教学和 5G+ 远程直播教学示范应用。

2019 年 12 月，济宁市技师学院启动 5G+ 智慧校园建设，成为山东省首个 5G 覆盖校园的职业院校。

2020 年，西安交通大学、苏州大学、江西软件大学等也启动了 5G+ 智慧校园建设，5G、Wi-Fi 6、AI 等在智慧校园建设中的应用潜能正在逐步释放。

从建设实践可以看出，教育信息化建设已经进入新的阶段，有了新的形态，取得了巨大的成就，主要表现在以下几点：

（1）信息化基础设施基本完善。多数院校内部已达到全面覆盖的基本上网条件。同时，规范化基础网络架构，落实网络安全管理，使网络具备业务扩展、安全防御能力等。

（2）智慧校园应用平台基本健全。多数院校以智慧校园平台为基础，为所有应用提供技术支撑服务。通过大数据的互动、融合集中实现对应用的统一管控，通过数据共享来减少信息孤岛。

（3）应用体系基本涵盖。基于智慧校园平台上的基础数据，各院校基本实现各个应用之间的数据共享并逐步形成统一管理。基本构建了 OA 办公、教务教学平台、学生管理系统、站群管理系统、一卡通平台、网络学习平台、图书管理系统、收费系统、就业系统、实习系统、教学资源管理平台等数字化管理应用体系。

（4）教学应用多样化，教学资源丰富。在智能学校的教学基础设施上，不少院校利用虚拟现实与仿真技术所带来的完善互动机制与丰富教育资源，包含理实合一课程、网络教学、试卷库、实训与模拟软件、专用媒介材料库、资源目录索引库、文献资源库等，使得智能学校中的智能教学资源更为丰富、更加完善。

5G 时代的
教育发展

【延伸阅读】

智慧校园发展大事记

智慧校园建设最早可以追溯至 20 世纪 90 年代的校园网建设。通过对智慧校园 30 年的发展历程进行梳理，可以发现 40 个关键事件在推动智慧校园建设与发展方面发挥了重要的作用，如图 1-3 所示。这些关键事件涉及社会化信息化、基础设施建设、信息技术应用能力提升、战略规划与管理、标准与规范等。

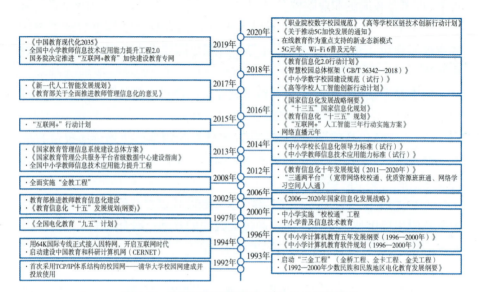

图 1-3　智慧校园发展历程中的 40 个关键事件

1.1.2.6　校园信息化 6.0：数字化转型建设阶段（2023 年以后）

随着人工智能、大数据、云计算等技术的协同发展，机器变得越来越复杂和智能，生产方式也从机械重复的手工作业逐渐向定制化、精益生产演进，经济社会迈向对人类脑力和机器算力有更高要求的新发展阶段。我国"十四五"规划中明确提出了"加快数字化发展，建设数字中国"的新目标，要通过关键数字技术创新、数字化基础设施建设、全民数字素养提升等全方位举措，促进生产方式和治理方式变革。

教育从融入"智慧"走向创造"智慧"

近年来，国家围绕教育现代化、教育强国、教育数字化转型作了一系列重要的战略部署。2021 年 8 月，教育部批复同意将上海作为教育数字化转型试点；《教育部 2022 年工作要点》提出教育数字化战略行动，加快推进教育数字转型和智能升级；2022年3月，国家智慧教育平台正式上线，推动了数字技术与教育教学的深度融合，标志着教育数字化转型成为我国未来教育改革的重点趋势。

党的二十大报告进一步提出"推进教育数字化，建设全民终身学习的学习型社会、学习型大国"，明确了"十四五"时期我国高等教育发展与改革的前进路向与战略遵循。在数字中国战略、《中国教育现代化2035》、教育新基建等相关政策的引领下，教育领域正式迈进了"数字融合""数据治理""数智决策"的教育数字化转型时代。

教育数字化是数字化技术在教育场景中的应用。教育数字化转型可以理解为在5G环境下，以互联网、物联网为载体，以数据资源为关键要素，数字技术与教育要素深度融合，推动教育变革创新的过程，是一场深刻、持久的革命。

袁振国认为，教育数字化转型，既包括思想、认识上的转变，也包括教育要素的转变以及治理方式的转变。

（1）思想、认识上的转变。教育数字化不仅是对现有教育的改造，更是对未来教育的想象，为实现大规模个性化教育提供了变革的力量。第一，它打破了教育的时空限制，形成了时时、处处、人人可学的泛在学习新形态；第二，它打破了一门课、一本书的局限，极大地丰富了教育内容，为学习者广泛吸取和选择学习内容提供了无限广阔的天地；第三，它打破了一个班级四五十个学生伴随数年不变的局限，通过各种学习社区的建立，交往空间大大拓展，从理论上讲每个学生可以听取每位老师的课程，每位老师可以服务于每个学生；第四，它打破了标准化、统一化的教学模式，为真正实现因材施教提供了可能。数字教育实现教育个性化的关键是自适应学习技术的运用，它通过构建揭示学科知识内在联系的知识图谱，测量和诊断学习者的已有水平，跟踪学习者的学习过程，收集和分析学习者的学习数据，为学习者提供个性化的学习方案，推送合适的学习资源和学习路径，在反复测量、推送、学习、反馈的过程中，把握学习者的最近发展区，为每个人提供最适合的学习内容和学习节奏，激发学习者的学习兴趣和学习热情，满足学习者的成就感，建立学习者的自信心，使每个人成为一个独特的"这一个"。

数字教育要向"教育＋数字化"转变，发展有温度的数字教育。"教育＋数字化"，就是要以人为中心，以学习为中心，以促进人自由的、全面的、个性化的发展为目的，要从教育的问题出发，从未来的需要出发，以解决问题和变革创新为导向，以教育规律和人的发展规律为引导，让技术为育人服务，在促进人的发展过程中发挥数字教育的不可替代性。

人机融合是教育数字化转型的决定性因素。人机融合是教育者、受教育者、机器、教育环境的多元交互，融合教育者的智慧和机器的智能，形成超越人机各自智能的新型智能形式。未来，人机融合不仅可以改变教育者与机器主客分离的状态，使教育者与技术以真正融合的姿态实现技术的具身与应用，而且能够以人机一体化的方式重构教育者本体，使其身体、感知、认知，尤其是智能得到质的增强，以更具创造性的方式应用智能产品、开展教育教学，实现变革教育的理想。

（2）教育要素的转变。教育数字化转型是一场深刻、持久的革命，涉及教育的全方位、全流程、全要素。

教育数字化转型的第一个要素是应用的场景，是在学、教、管、评过程中的具体应用。其内容包括：数字化学习从标准化走向个性化；数字化教学从被动接受走向主动探究；数字化管理从静态监管走向动态治理；数字化评价从选拔走向促进学生的个性化成长。

教育数字化转型的第二个要素是数字资源。数字资源具有颗粒细小、呈现生动、自主选择、链接互通、自适应推荐的特征和功能，是数字化教育的源头活水。

教育数字化转型的第三个要素是人的数字素养。教育数字化离不开人的作用，尤其是具备数字素养，具有人机互动、人机协同能力的教师的作用。

教育数字化转型的第四个要素是数字中枢。国家、地区数字教育平台是一个跨部门的空间，能够让各教育和培训部门分享其专业知识、最佳实践和解决方案，促进话语沟通、共同创造和行动，鼓励信息共享，构成国家数字教育中枢。

（3）治理方式的转变。加深对教育数字化意义的认识，采取积极开放的态度，建立与之相应的制度、机制，掌握数字化教育的技术和方法，形成有利于数字化转型的治理能力、治理方式，是实现数字化与教育的深度融合，重塑教育未来的必要保证。

首先，做好顶层设计，进行统筹规划。教育数字化转型是引领教育走向第三次大变革的新起点，需要有充分的前瞻性和想象力，需要系统思考、顶层设计。教育数字化转型事关教育领域全流程、全要素、全领域的发展，物理空间、虚拟空间、社会空间相互交织，需要从系统开放的视角打破壁垒，构建面向未来的教育生态。

其次，把握发展阶段，找准发展路径。数字教育是一个长期、复杂的发展过程，理解和找准自己的发展阶段，可以避免盲目求新求高造成浪费或因循守旧原地踏步重复建设。联合国教科文组织（UNESCO）把数字技术应用于教育的过程分为起步、应用、融合、转型四个阶段。在起步阶段，关注重点为基础设施建设和教师数字技术应用能力；在应用阶段，优质的数字教育资源和完善的学习管理系统必不可少；在融合阶段，利用数字技术促进教师教学能力发展和基于数字化环境的教学方法创新是其鲜明的特征；在转型阶段，重点关注充分融合新兴技术助力教育生态重构。当然，这些阶段不是机械的和线性的，而是相互交叉重叠、不断更新迭代。

最后，以数字化思维治理数字化教育。数字化思维是数字化建设的思想基础，用农业思维、工业思维来思考和管理数字化教育，就像人的身体进了电梯而脑袋在电梯外面，可笑而危险。以慕课为例，注册的人很多，但坚持完成学习的却寥寥无几，其原因主要是动力不足，没有被社会和企业认可的机制。传统的招生制度、文凭制度、学籍管理制度等限制了慕课的发展。所以，突破既有制度的束缚，从纵向管理向横向治理转变，将是数字化治理的重要任务。

1.1.3 智慧校园的建设意义

人类社会正在迈向数智时代，信息化社会正在转向智能社会，社会智慧化水平稳步提升。智慧教育和智慧校园是智慧时代的产物，是数字校园的进一步发展和提升，是教育信息化的更高级形态。建设智慧校园的意义主要表现在以下几个方面。

1.1.3.1 促进教育教学的改革与创新

新兴技术的迅速发展给人们的工作和生活带来了前所未有的变化，也为教育的发展注入了新的动力。在新兴技术的推动下，智慧学习环境应运而生，重新塑造了学校的学习形态[①]，智慧校园作为智慧教育发生的重要场所，将会被赋予承担引领教育创新与变革的重任。

在智慧校园支撑下，学校教育不再是简单地将技术作为干预手段或是辅助工具，而是在智慧校园所创设的智慧教育环境下，应用网络化的思维与教学工具，颠覆传统的学校结构与教学流程，打造全新的学校教育生态。在互联网化的教育环境支撑下，政策、教师、课程、课堂、学习等要素都会发生相应改变，学校的教育教学以学生发展为中心，通过整合课内外、校内外优质教育资源，广泛和深入地开展各种创新教学实践活动，形成"连接式教育"，推动学校传统教学的流程再造和学校教育系统的结构性变革。各种新媒体和新技术的应用，使教学环境从原来的封闭教室逐步演变为自由开放的网络化教学时空，让教学不再受传统课堂组织方式的限制，促进了学生的个性化、差异化发展。

智慧教育教学
的改革与创新

1.1.3.2 促进学校办学能力的增强

智慧校园不仅在促进学校课程与教学方式的变革方面具有巨大优势，在学校管理方面同样发挥着不可比拟的积极作用。基于智慧校园的学校管理就是将现有的教育管理信息系统进行统一规范、数据共享，同时通过大数据分析和可视化技术，使教育管理信息系统实现业务管理、动态监测、教育监管、决策分析等业务的智能化、自动化，进一步实现学校教育管理从传统的"机控人管"模式向"智慧管控"方向发展。

智慧管理凭借大数据技术的优势，从大量师生的教学场景和学生学习轨迹中获得海量数据，同时对获取的数据进行深度挖掘和分析，发现数据之后隐藏的关联规律，并将这些规律运用于现实教育管理工作实践，为管理人员和决策者提供及时、全面、准确的数据支持，为科学的教育管理与决策提供依据。

1.1.3.3 实现校园资源的全方位共享与智慧化应用

（1）基础设施资源共享与智慧化应用。在智慧校园建设与应用中，实现对基础设施资源的广泛共享和对计算机网络及其基础设施的高效利

---

① 黄荣怀.智慧学习环境重塑校园学习生态［EB/OL］.（2014-06-12）［2024-03-20］. http://www.ict.edu.cn/forum/huiyi/n20140612_13981.shtml.

用，具有十分重要的潜在应用价值。借助物联网技术的支持，使万物互联互通，实现对物体高效的控制和反馈。借助云计算技术的支持，通过租用云服务器、存储器和网络硬件，可以降低学校对于网络基础设施的建设投入。

（2）数据资源共享与智慧化应用。当前，各级各类学校的信息化建设与应用即数字校园的建设与应用难尽如人意。学校各部门各自为政，数据不一致、格式不统一，不具备数据整合与大数据挖掘基础，难以为教学尤其是个性化教学提供支撑，兼容性与可扩充性也不够，造成极大的投资浪费。未来的校园基础网络应该实现光纤到户的有线网络和无缝覆盖的无线网络的结合，统一的数据平台不但可以避免数据孤岛和数据分散，更重要的是可以实现大数据挖掘和可视化。

（3）教学资源共享与智慧化应用。随着智慧校园建设的持续深化，数字资源的重构方式不断涌现出新的思路与方法。在重构数字资源的过程中，可通过自建、引进、合作等方式开发专业课程资源、校本特色课程资源、实习实训资源以及以创新创业活动等为主题的数字资源，实现优质教学资源的共享应用。

1.1.3.4 实施国家大数据战略，加快数字中国建设

我国很多地市提出或者开始推进智慧城市建设。在智慧城市建设中，要求围绕促进教育公平、提高教育质量和满足市民终身学习需求，建设完善教育信息化基础设施，构建利用信息化手段扩大优质教育资源覆盖面的有效机制，推进优质教育资源共享与服务。

2017年12月，习近平总书记发表了《实施国家大数据战略加快建设数字中国》的重要讲话，要求"推进教育、就业、社保、医药卫生、住房、交通等领域大数据普及应用"。学校不仅是城市的一个重要组成部分，也是国家的重要组成部分；教育数据，是区域大数据、国家大数据的一个重要组成部分，也是数字中国的一个重要组成部分。因此，智慧校园的建设，为实施智慧城市、国家大数据、数字中国的建设提供了教育数据的支持与服务。

2019年10月，《中共中央关于坚持和完善中国特色社会主义制度推进国家治理体系和治理能力现代化若干重大问题的决定》提出："发挥网络教育和人工智能优势，创新教育和学习方式，加快发展面向每个人、适合每个人、更加开放灵活的教育体系，建设学习型社会。"2022年12月，

党的二十大报告首次提出"推进教育数字化"。2023年3月，《教育部高等教育司2023年工作要点》指出，"加快高等教育数字化转型，打造高等教育教学新形态"。平等地面向每个人（公平性）、适合每个人（个性化）、伴随一生（终身化）、更加开放灵活，是这几个重要文件的共同核心词，也是教育数字化的根本任务和总体目标。

【延伸阅读】

中国大学 MOOC

中国大学MOOC平台是网易和爱课程联合共同开发的中文慕课平台，其愿景是打造在线教育"中国梦"，成为中国最优秀的高校MOOC课程平台，免费将优质的高等教育资源传播得更广，进而改善中国教育资源不平等的现状，让每一个有自我提升愿望的人都可以在这里学习到中国最好的大学课程。

中国大学MOOC于2014年上线，截至2017年5月，它与包括北京大学、复旦大学、浙江大学、台湾新竹大学、清华大学、微软亚洲研究院在内的近400家教学机构取得了合作，打造了近2 000门优质课程和15万个课程视频。

中国大学MOOC的具体课程设置图1-4所示，其课程结构设计简明易用，开展的教学活动比较符合中国学生的学习习惯，更容易为广大的中国学习者所接受。平台上每门课程的页面都有相对独立的目录，包括但不限于课件、测验与作业、考试、论坛等，其中"课件"下的内容最为丰富，一般都是按照教学顺序把各种各样的学习材料（微视频、文档说明等）组织呈现出来。其页面的组织形式清晰明了，使得学习者能够对课程内容有整体的把握，从而跟着学习材料一步一步地学完课程内容，也可以根据自己的情况因人而异地做出适当的调整。

中国大学MOOC平台通过互联网实现教育网络化，让大学教育具有开放性、共享性，有利于优质资源在不同地域之间进行更为均衡合理的分配。

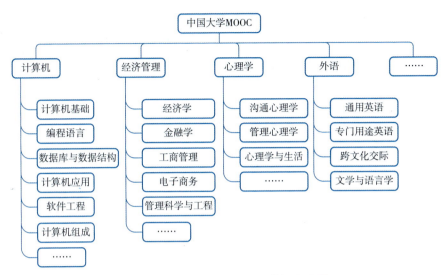

图 1-4 中国大学 MOOC 具体课程设置

1.2 智慧校园的含义

**智慧校园建设
的价值**

1.2.1 智慧校园的基本内涵

智慧校园源于"智慧地球"。2008 年 11 月，IBM 提出"智慧地球"的概念，后又发布"智慧地球"中国战略，其方案主要是在六大领域建立智慧行动方案：智慧电力、智慧医疗、智慧城市、智慧交通、智慧供应链、智慧银行。"智慧地球"一经提出，就在国际上产生了巨大的反响，渗透到信息化相关的各个领域，催生了许多新的概念，智慧校园就是其中之一。

2017 年之前，我国教育信息化的各类政策文件中，针对校园信息化，主要采用的是"数字校园"的概念。2017 年发布的《国家教育事业发展"十三五"规划》，首次明确提出了"支持各级各类学校建设智慧校园，综合利用互联网、大数据、人工智能和虚拟现实技术探索未来教育教学新模式"。在后续关于教育发展的系列总体规划性文件中，"智慧校园"这一名词概念、发展要求、建设要求等开始频繁出现。由此，在国家教育信息化层面，确立了我国校园教育信息化开始从"数字校园"阶段逐步走向"智慧校园"阶段。

在 2018 年 6 月 7 日发布并于 2019 年 1 月 1 日正式实施的中华人民共和国国家标准《智慧校园总体框架（GB/T 36342—2018）》中，第一次对"智慧校园"这一概念进行了国家标准层面的定义：智慧校园（smart campus）是物理空间和信息空间有机衔接，使任何人、任何时间、任何地点都能便捷地获取资源和服务。智慧校园是数字校园的进一步发展和提升，是教育信息化的更高级形态。

智慧校园是支持教育共同体开展教育活动的智能化空间和条件，其构建应以教育共同体为中心，在先进的学习、教学和管理理论指导下，利用各种技术智能感知教学、学习与管理情境，识别教育主体特征，为教育活动的开展提供合适的资源、工具和服务，有效促进教育共同体的智慧生成[①]。

在国家标准正式发布之前，很多学者在理论研究方面，从多个角度对智慧校园的内涵进行了解读。黄荣怀（2009）从数字校园的建设进程角度提出数字校园的"四代"建设观，他认为第四代数字校园（智慧校园）能够有效支持教与学，丰富学校的校园文化，真正拓展学校的时空维度，以面向服务为基本理念，基于新型通信网络技术构建业务流畅、资源共享、智能灵活的教育教学环境。有研究者强调物联网技术在智慧校园建设中的作用，如沈洁等（2011）认为，智慧校园是一种将人、设备、环境、资源以及社会因素，在信息化背景下有机整合的一种独特的校园系统，它以物联网技术为基础，以信息的相关性为核心，通过多平台的信息传递手段提供及时的双向交流平台，简单说，就是更智能的学校；周彤等（2011）认为，智慧校园是以物联网技术为基础的智慧化的校园工作、学习和生活一体化环境，这个一体化环境以各种应用服务系统为载体，将教学、科研、管理和校园生活进行充分融合；李春若（2012）认为，智慧校园是物联网技术在学校教学管理、公共安全、后勤保障中的具体应用，为学校构建了智能化的学习和生活环境。还有研究者认为智慧校园是各种技术的综合应用，如陈翠珠等（2012）认为，智慧校园是充分利用信息化相关技术，通过监测、分析、融合、智能响应的方式，综合学校各职能部门，融合优化现有资源，提供质量更高的教学、更好的服务，构建绿色的环境、和谐的校园，以保证学校教育的持续发展。

走进智慧校园

---

① 祝智庭，贺斌.智慧教育：教育信息化的新境界[J].电化教育研究，2012，33（12）：5–13.

　　基于 2017 年开始发布的国家及教育部教育信息化相关综合及专项文件，综合中国国家标准化管理委员会公布的《智慧校园总体框架（GB/T 36342—2018）》国家标准文件，以及教育部 2020 年 6 月发布的《职业院校数字校园规范》（教职成函〔2020〕3 号）和 2021 年 3 月发布的《高等学校数字校园建设规范（试行）》，当前阶段智慧校园的内涵可以理解如下：

　　（1）智慧校园是一种将人、设备、环境及资源的因素以及社会性因素，在信息化背景下有机整合的一种独特的校园系统。

　　第一，良好的网络、硬件设施构建了智慧校园运行的基础环境。

　　第二，持续发展的现代信息化应用技术为校园带来了各式各样针对性更强、使用更便捷、高效的应用，并且实现了各类应用的高度集成与融合。

　　第三，移动应用、物联网、云计算、虚拟仿真、大数据、人工智能等新兴技术让校园信息化应用从线状运行向网状运行发展，为智慧校园能够实现其个性化、智能化目标提供了技术保障。

　　第四，全体师生的信息化能力与素养提升是保障智慧校园技术能够得以应用并不断发展的基本条件，智慧校园的实现不仅基于技术的进步，还需要人的进步。

　　第五，智慧校园的出现是长期发展的结果，它还将长期发展下去，因此保障智慧校园运行发展的稳定和持续尤为重要。这不仅要求学校有优良的技术和优良的使用者，还要求学校务必将智慧校园运行的机制体制建设纳入智慧校园建设之中。

　　（2）智慧校园作为智能感知环境，其意义体现为更便捷地获取资源与服务。

　　第一，作为数字校园的继承与发展，智慧校园首先应实现资源与服务的共享，这是智慧校园得以存在、建设与发展的根本性基础。

　　第二，智慧校园要实现"物理空间和信息空间有机衔接"，也就是说智慧校园的各类应用必须向物理空间进行扩展。这是智慧校园区别于传统数字校园的一个根本要点。

　　第三，校园即社会，师生是校园的主体，便捷的生活和工作环境是教、学及科研活动的基础，智慧校园强调"任何人、任何时间、任何地点"，也就是强调智慧校园必须能提供"泛在"服务的建设要求。

　　第四，智慧校园作为一种新的管理模式，要实现资源和服务的"便捷"

获取，就需要用到移动应用、物联网、云计算、虚拟仿真、大数据、人工智能等新兴技术，使整个校园信息化体系具有智能及智慧化服务的形成与输出能力（如图1-5所示）。

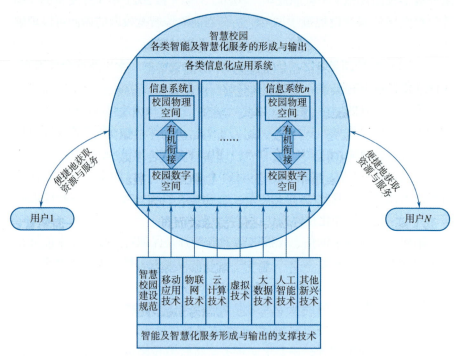

图1-5　实现智慧校园"便捷地获取资源和服务"的概念图

　　智慧校园的实施应秉承信息技术与教育教学深度融合的理念，注重学生信息化能力和素养的全面提升，增强教师信息化教学能力与素养，促进学校改革与发展目标的实现。同时，智慧校园不仅仅是信息化技术系统的建设，更重要的是突出机制创新，重视学校信息化组织结构与体系的构建。组织结构与体系是智慧校园的有机组成部分，是智慧校园顺利实施、平稳运行和持续发展的保障，至少包括信息化领导力、信息化组织机构、信息化政策与规范、信息化人力资源、信息化建设与应用机制、运维管理体系和安全保障体系等七个方面。

数字校园及其
特征（样例）

1.2.2 　智慧校园的主要特征

　　基于国家教育发展相关文件中对智慧教育、智慧校园建设的总体及具体要求，国家标准《智慧校园总体框架（GB/T 36342—2018）》及教育部文件《职业院校数字校园规范》（教职成函〔2020〕3 号）和《高等学校数字校园建设规范（试行）》中对智慧校园的定义，智慧校园相对于传统的数字校园而言具有感知化、融合化、泛在化、大数据化、个性服务、便捷获取、深度参与、分析预知等主要特征。智慧校园的这些主要特征之间，存在着如图 1-6 所示的相互作用与支撑关系。

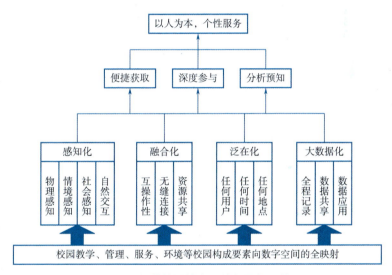

图 1-6　智慧校园的主要特征及相互关系

1.2.2.1　感知化

　　智能感知是智慧校园的教育环境的基本特征，主要指通过整合二维码（quick response code，QRCode）、射频识别（radio frequency identification，RFID）、人体识别系统（human recognition system，HRS）等技术的各种传感器、嵌入式设备，对教育环境进行物理感知、情境感知、社会感知，并实现自然交互。

　　物理感知主要是指对教育活动的位置信息和环境信息进行智能感知，如温度、空气、声音、光线等；情境感知是从物理环境或信息系统中获取教育情境信息，识别所需的各种原始数据，从而构建出情境模型、学习者模型、活动模型、领域知识模型和时空模型，并通过一定的推理机制进行情境推理，为教育活动的开展推送教育资源、联系学习伙伴、提供活动建议等；社会感知包括感知学习者与教育者的社会关系，感知不同学习者的学习与交往需求等；自然交互是指利用多种感官及肢体语言开展人机互动，如语音、姿势、表情识别等，实现智能化的人机交互。对教育环境的全面感知，是智慧校园对使用者进行分析和预测，提供个性化服务的前提。

1.2.2.2　融合化

智慧校园中从环境（如教室、实验室等）、资源（如图书、教师、课件等）到应用（如教学、管理、服务、办公等）等全部校园信息化系统，需要建立基于大数据中心的应用系统集成与数据融合，最大限度地减少信息孤岛、资源孤岛现象的产生。这一集成与融合化，需要将异构的服务系统做统一化处理，实现一站式服务、数据共享、系统互通互用，从而实现不同资源、服务、应用系统之间的互操作性、无缝连接与资源共享，包括各类终端设备与智慧校园平台的泛在连接和服务会话。

大数据中心

1.2.2.3　泛在化

智慧校园的教育环境应是一种泛在的教育环境，能够支持教育共同体在任何时间、任何地点，以任何方式进行无缝的教学、学习与管理，同时为其提供无处不在的教育支持服务。泛在教育环境不是以某个个体（如传统学习中的教师）为核心的运转，而是点到点、平面化的教育"泛在"互联。泛在教育环境的构建需要泛在网络的支撑，实现网络空间和物理空间的无缝对接。师生在进行教学与学习活动时，可以通过合适的终端设备与网络进行连接，从而畅通无阻地享受个性化的教育支持服务。在智慧校园中的校园管理、校园服务等领域，也将实现服务的泛在获取。

1.2.2.4　大数据化

智慧校园使得校园网络体系内的联网实体不断扩大，传统的数据架构已无法满足数据处理要求，大数据更易实现对获取的各类体量数据形成实时、快速而有效的价值分析。大数据的设计理念使得数据之间的关联性越来越强，通过利用数据（元数据）和解析（数据的含义）获取的信息展开自动分析和深度挖掘，形成对之前、当下、未来教育更有价值的分析结果，

充分体现校园的"智慧"特色。

校园大数据运行体系以校园大数据中心为核心运行基础,数据的形成与应用过程包括数据采集更新、数据组织整理、数据生成共享、数据挖掘利用、决策支持服务等。智慧校园的各类应用系统都可以全程记录各个用户的历史数据,便于数据挖掘和深入分析,做出科学合理的评价、建议以及推送相应的服务。

1.2.2.5 深度参与

将智慧校园作为一个实体对象,用户的深度参与包含多个层面的含义。用户可以通过统一身份认证和单点登录,访问和使用智慧校园系统中的很多应用系统;用户在使用某一应用系统的时候,可以获取该系统形成的资源与服务,包括该系统通过系统互操作从其他多个应用系统调取资源和数据所形成的服务,同样,用户在本系统中所形成的操作结果和记录,反过来也将影响或服务于其他应用系统;用户在智慧校园环境下,不仅仅是通过信息化环境与其他用户进行资源与服务共享,更多的是能够获取大量由智慧校园系统自身智能化、智慧化生成的资源与服务,这一结果往往与用户在智慧校园中留下的历史信息与使用记录直接相关;智慧校园是物理空间与信息空间的有机衔接,因此,用户可以通过智慧校园的相关应用了解特定区域或范围物理空间的状况,反之,也可以通过信息空间去影响或改变物理空间的状态。由此可见,用户在智慧校园中的参与深度,远远超过了在数字校园中的资源与服务共享。

1.2.2.6 个性服务

在大数据、智能分析、数据挖掘等技术的支持下,为每个学习者和教育者提供个性化的教育环境将是未来智慧校园教育环境发展的重要方向。在教育活动开展过程中,智慧校园的教育环境通过感知物理位置和环境信息,记录教育者与学习者长期教学、学习过程中形成的认知风格、知识背景和个性偏好,从而为其提供个性化的教育资源、工具和服务。在校园的日常管理、教师发展、生活服务领域,针对不同部门、不同岗位、不同项目建设的参与者,也可以提供有针对性的个性服务。

例如,根据每个学习者的学习风格、学习阶段和学习进度,为其制订个性化的学习计划,推送合适的学习资源和建议;根据教师的成长数据,自动推送其下一步发展所需的教科研信息;根据校园来访人员所处的校园位置,推送与其所在位置相关的导航及公共服务设施信息;根据食堂菜品反馈信息，为厨师提供消费反馈以及建议信息等。

1.2.2.7 便捷获取

智慧校园系统强调"便捷地获取"。"便捷"二字相对于数字校园而言，强调的是，想获取的某一项资源或服务在数字校园模式下可能会很麻烦，但在智慧校园模式下则很便捷。为了实现便捷获取，需要从智慧校园整体的设计和各信息系统的具体实现上落实大量整体和细节上的工作。大数据中心是实现便捷获取的根本保障，各信息系统与大数据中心的有效对接是便捷获取的必要条件，各信息系统自身应用服务设计科学、适用且具有智慧化的服务形成与输出能力是便捷获取的局部实现，基于应用服务集成的人机交互环境、一站式服务、网络信息与数据共享、系统互通互用是便捷获取的具体呈现，使用各类终端设备泛在获取资源与服务是便捷获取的时空要求。对于智慧校园的用户而言，便捷获取是其"智慧化"感受的最直接来源。

1.2.2.8 分析预知

智慧校园系统的预知性是指无需教育者、学习者、管理者的有意识干涉，相关系统就能够提前预知并提供教学、管理、活动所需的资源、工具和服务，以及对自动判断和触发的失衡性问题和情况随时进行提醒或自动调整，从而达到动态平衡、解决相关问题的目的。

例如，智慧校园的教育环境可以记录学生的考试过程，如每道习题的解题思路、作答时间和作答结果，从而预测学生的学习困扰，为其提供合适的学习建议并帮助教师制订下一阶段的教学计划；通过跟踪每个学习者的面部表情、学习持续时间和学习行为，利用情感计算等方法，感知学生的学习情绪及心理状态，预测即将产生的学习危机和心理问题，为教师和管理者提供合理的解决方案；在校园安全管理领域，发现特定区域人员超常或过度聚集，自动启动监控与疏导机制等。

智慧校园
主要特征

1.3 智慧校园的应用场景

在教育部 2015 年发布的《职业院校数字校园建设规范》中，对职业

院校数字校园的主要作用进行了全面、细化的阐述。智慧校园是数字校园的进一步发展和提升，是教育信息化的更高级形态，在教育中的应用覆盖教学、实训、管理、安全、生活、文化、环境七大场景。

1.3.1　应用场景一：智慧教学

智慧校园的主要作用是促进智慧教学的发生，使得智慧教学贯穿教师的备课、授课、教研过程及学生的预习、课堂学习、练习、测试过程。智慧教学涉及教学内容的优化呈现、教学资源的有效取得、课堂教学的良性互动、情景感知与监测等多个方面的内容，以提升教师教学智慧、促进教师专业发展、培养创新人才为目的，可以有效改善传统课堂教学存在的机械、低效、参与不足等现象，具有高效、开放、多元、互通、深度交互等基本特征[①]。

1.3.1.1　教师备课时做好学情分析，学生利用智慧校园开展课前预习

在传统课堂中，教师以讲授和灌输知识为主。智慧教学环境下，教师的工作内容发生了重大变化，在课前，教师需要创建一个能够充分调动学生积极性和主动性的学习环境，如教师在安排预习任务时，可以要求学生分层次地进行预习，鼓励部分学习困难的学生通过在线学习功能和教师沟通，或以问题为学习的驱动力听好明天的课程，教师通过预习反馈对教学内容与学情进行分析，以确定教学目标，制订教学计划，编制教学内容。

在传统课堂中，学生的学习主要表现为被动接受知识，课前预习无人指导、目标不明确，而且预习完之后，教师在课堂上依然要按照完整的教学程序去教学，和学生的预习往往没有什么关联可言。智慧教学环境下，因为有教师的指导，学生的预习更加有目的、有方向，当预习主要体现为学生在教师指导下的自主学习、主动学习时，预习往往会达成预期的目标。

1.3.1.2　教师创新课堂教学活力，学生通过智慧校园实现有效学习

在传统课堂中，教师通常按照教学程序按部就班地讲解书本上的内容。智慧教学环境下，因为提前进行了充分的学情分析，教师在课堂上根据学情优化呈现教学内容，例如针对学生在预习时遇到的难点进行重点讲解，直至学生理解透彻，实现课堂教学的良性互动，还可以对学生进行个性化教学与辅导，并通过课堂练习和测试，及时检验学生的学习效果。学生因为课

---

① 胡英君，滕悦然.智慧教育实践［M］.北京：人民邮电出版社，2019.

前进行了有目的的预习，且带着问题参加课堂学习，更利于实现有效学习。

1.3.1.3　学生利用智慧校园开展课后学习，教师扮演好答疑解惑角色

课堂学习结束后，学生可以通过智慧教学软件进行测试，找出自己的薄弱之处，并利用智慧校园提供的教学资源进行适当的知识拓展活动，以查漏补缺、巩固所学，也可以进一步深入探究。教师则可以通过智慧教学软件的感知与监测，对学生进行个性化辅导，并在教学平台上组织完成答疑活动。

教师的智慧教学过程如图1-7所示。

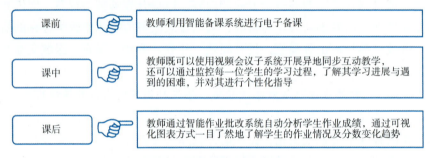

课前	👉	教师利用智能备课系统进行电子备课
课中	👉	教师既可以使用视频会议子系统开展异地同步互动教学，还可以通过监控每一位学生的学习过程，了解其学习进展与遇到的困难，并对其进行个性化指导
课后	👉	教师通过智能作业批改系统自动分析学生作业成绩，通过可视化图表方式一目了然地了解学生的作业情况及分数变化趋势

图1-7　教师的智慧教学过程

可以看出，智慧校园建设既促进了教师信息化教学能力的提高，也培养了学生在认知、创造、内省和交际等方面的学习能力。

【延伸阅读】

智慧课堂教学模型

李兆延和赵成芳在《智慧校园建设研究》一书中，基于智慧课堂的教学理念设计了一个智慧课堂教学模型。

在课前，教师对教学内容与学情进行科学详尽的分析。编制前置学习材料发放给学生，前置学习材料包括导学案、辅导资料、练习题、视频等。学生根据前置学习材料自主学习后，完成课堂前测，并整理出问题在课中提问，在这阶段完成了知识的传递。教师把学生的课堂前测情况上传至"clouDAS云端诊断分析系统"，根据学生的学习数据形成最终的诊断分析报告，据此进行详尽的学情分析，然后针对本班学生特点确定教学目标，制订教学计划，同时编制课中巩固提高用的学习材料。同时，也可以根据

"clouDAS 云端诊断分析报告"对个别学生进行个性化辅导。

在课中,教师与学生把发现的问题在课堂上提出来,由学生采用小组学习形式进行讨论交流。教师结合相关教学材料进行引导,然后有针对性地对学生的薄弱之处进行巩固练习。课堂上教师利用"IRS 即时反馈系统"进行即时统计学习情况,做出即时评价并即时调整教学计划。在课堂上让学生完成了知识的内化,发挥了教师的引导作用,突出了学生的主体地位。

在课后,学生根据"clouDAS 个人学习诊断报告"找出薄弱之处,进行自主补救。学生在"IES 云端补救平台"上进行自主补救学习,在 IES 平台上根据每个学生学习数据自动生成相关补救的学习资源,进行个性化辅导。可以在 IES 平台上回顾录制的课堂教学。也就是说,在这阶段是学生根据自身情况完成补救、巩固、提高,也体现了学生自主学习的能力。

智慧校园的应用场景:智慧教学

1.3.2 应用场景二:智慧实训

智慧校园在教学中的应用不单纯体现在理论教学上,在实训教学中,主要体现在开展混合式教学,进行教学设计和运用,线上线下双管齐下,实现传统教学与网络教学的结合,增加师生之间的良性互动与交流,提高学生的学习兴趣,在教学过程中更加积极主动,提升整体教学效果。随着数字化技术的发展,虚拟仿真实训课程逐渐进入实训教学领域并得以发展。

与传统实训方式相比,虚拟仿真实训具有成本低、灵活性高、安全性好、数据可追溯等优点,为实训教学"三高三难"(高投入、高损耗、高风险及难实施、难观摩、难再现)问题提供了解决思路。

虚拟仿真实训在国内的应用范围较广,应用场景包括普通本科院校的实验教学、工程实训教学、专业实习实践教学,职业院校的实训教学、竞赛教学、1+X 技能等级证书,学校教育中的安全教育、思政教育、创新创业教育以及继续教育与成人教育中的远程技能培训、企业职员培训等。

2022 年底,中共中央办公厅、国务院办公厅发布了《关于深化现代职业教育体系建设改革的意见》,其中强调要做大做强国家职业教育智慧教育平台,建设职业教育虚拟仿真实训基地等重点项目,以扩大优质资源共享并推动教育教学与评价方式变革。宏观层面,国内虚拟仿真实训资源主要包括国家智慧教育公共服务平台的在线仿真资源和各地方院校的虚拟仿真实训基地（中心）两大方面。

1.3.2.1　国家智慧教育公共服务平台的在线仿真资源

2022 年 3 月 28 日，"国家智慧教育公共服务平台"正式上线，提供了丰富的虚拟仿真实训资源，包括国家高等教育智慧教育平台的"虚仿实验"和国家职业教育智慧教育平台的"虚拟仿真实训中心"。"虚仿实验"的虚拟仿真实验资源主要集中于工学、理学类专业，学生通过计算机完成虚拟仿真实验，掌握实验原理和操作技能。截至 2023 年 10 月，"虚仿实验"服务已覆盖全国 2687 个高校，实验人次超过 1600 万。"虚拟仿真实训中心"的虚拟仿真资源包括 778 项实训软件和 779 项 3D 模型，服务职业教育本科、高职、中职三个层次，涵盖装备制造、土木建筑、电子信息、交通运输、资源环境与安全等 17 个专业大类，学生通过数字化仿真模拟实操训练熟悉操作流程，加深理解知识和强化职业技能。

1.3.2.2　地方院校的虚拟仿真实训基地

虚拟仿真实训基地（中心）在各职业院校已广泛开展且颇有成效。2017 年 8 月，教育部印发《关于进一步推进职业教育信息化发展的指导意见》，要求有序引导各地各职业院校开发基于职场环境与工作过程的虚拟仿真实训资源，并在全国遴选推广示范性虚拟仿真实训基地。截至 2022 年底，职业院校平均每个专业拥有的虚拟仿真实训室平均值为 13.69 间，虚拟仿真实训基地（中心）的专业平均拥有数量为 9.59 间；我国已经成功建成 1 个国家职业教育虚拟仿真示范实训基地，并启动 215 个职业教育示范性虚拟仿真实训基地培育项目。位于江西的国家级职业教育虚拟仿真示范实训基地共包含 28 个专业群虚拟仿真教学实验中心，可同时容纳 10000 名学生进行实习实训。215 个国家级示范性培育项目遍布 31 个省份，广东、四川、天津、江苏、浙江、山东等 7 个省份超过 10 个项目。从示范基地分布情况看，广东省、东部沿海经济发达省份以及四川省、河南省等职业教育发达内陆省份拥有更多的基地数量，而西部和部分中部省份的基地数量较少，这也反映了我国不同地区虚拟仿真实训资金投入力度的差异。参与这 215 个示范基地项目建设的学校包含高等职业教育专科学校、中职学校、高等职业教育本科学校和地市级公共实训中心，其中高职专科院校在虚拟仿真实训基地的建设中扮演着重要的角色。

　　总体而言，虚拟仿真实训在高等教育实验教学和职业教育实训教学中已广泛应用，对培养国民的实践能力具有重要意义，它满足了不同层次和领域的教育需求,为各领域的人才培养提供了强有力的支持。在未来,可能需要进一步促进虚拟仿真实训在不同地区的均衡发展,推动虚拟仿真实训资源的普及和共享,以确保更多地区和学生都能受益于这种现代化的教学手段,更好地满足不同地区和专业领域的人才培养需求。

1.3.3 应用场景三:智慧管理

我们这里说的智慧管理是指除了智慧教学之外的管理,主要包括教务管理和OA办公,这些都是智慧校园的内容,其作用在这些方面得到了充分体现。

1.3.3.1 教务管理

教务管理涉及排课、选课、成绩管理、评教等诸多方面。构建智慧校园,利用信息化技术平台实现信息化的教务管理模式,有利于推动高校持续、健康、稳定的发展,从而推动高校人才培养质量的进一步提升。

具体来说,在智慧校园背景下充分运用信息化技术手段,对于优化高校教务管理工作有以下几个方面的作用:首先,有助于高校教务管理工作更加规范化。将高校教务管理规范化模式充分融入高校管理系统当中,高校教务管理工作人员以及各位教师在日常实际使用管理系统的过程中,潜移默化地接受这种规范性的管理模式与管理流程,促使每项工作内容与工作流程更为规范与高效化。其次,促进高校教务管理工作的公平公开化。在高校教务管理工作开展过程中,依托信息化技术手段,遵循信息数据公开透明的原则,能够促使高校教务管理工作更加民主化与公开透明化,并且能够为各种历史数据信息的查找、存储等工作提供最大限度的便捷性。最后,推动高校教务管理质量与管理效率的稳步提升。在智慧校园背景下,经过教师与工作人员之间充分的沟通交流与信息反馈,能够及时发现并改善教务管理过程中存在的缺失与问题,从而助力高校整体教育教学质量的不断提升[①]。

图1-8、图1-9分别为甘肃省理工中等专业学校通过智慧校园发布的开课计划以及进行在线成绩管理的窗口。可以看到,排课完成后,平台会生成全校的总课表,课表支持多个维度查看,比如班级课表、教室课表、教师个人课表、学生个人课表等,方便师生随时查询课表以及组织课外拓展活动或者借用教室。学校通过依能智慧校园平台 YNedut 一键生成期末

---

① 关于高校教务管理信息化建设的若干思考［C］//.新课改教育理论探究(第四辑),2021:102–103.

成绩单，学生名单自动同步，教师在平台录入各项成绩，系统能自动计算出总评成绩、及格率、不及格人数、班级排名等。班主任、成绩管理员选择班级点击查询即可看到成绩汇总表，大幅减轻统计的工作量。

图 1-8　甘肃省理工中等专业学校开课计划

图 1-9　甘肃省理工中等专业学校成绩管理

1.3.3.2　OA 办公

随着智慧校园的发展，高校建立了 OA 办公自动化系统，使办公更加便捷化、标准化、规范化，提高了高校教育管理水平。

其主要作用表现在以下四个方面①：

（1）搭建信息平台，提高工作效率。在高校管理中，行政管理任务较重，每天有大量上级文件和待传阅资料，因此信息量较大。传统的文件信息管理需录入、传阅、归档，花费大量时间，还存在文件在传阅过程中丢失的现象。OA系统的使用便于大量文件资源的整理和储存，提高了信息资源的有效利用率。同时，各单位、部门也可在系统中发送通知、文件，其他人员可通过时间或类型随时进行查询，提高工作效率。OA办公自动化系统为高校构建了一站式办事服务大厅，搭建了管理的信息平台。

（2）降低办公成本，节省学校资源。办公自动化系统的构建，让信息传播的载体由原来的有纸化转换为无纸化。文件印刷量的减少降低了办公用品的消耗，大大节省了办公成本，进而节省了学校的资源。在无纸化信息的传输中，通过OA系统这个平台和网络的建立，也降低了高校行政部门工作人员的工作强度。原本需要当面传递文件、材料的线下行为，转移到了线上，基于OA平台可以让信息"多跑路"，让高校工作人员"少跑腿"，真正实现办公资源和工作时间都节省的良好态势。

（3）规范管理效能，优化业务流程。在原有行政管理模式下，部分高校存在工作分工不明确、责任落实不到个人的情况。在信息上传下达的过程中，会存在各单位、部门相互推脱、拖延时间的现象。办公自动化系统建立后，这种现象会得到良好的改善，每个业务流程的审批过程，明确审批单位、审批负责人，使业务审批程序更加清晰、合理、准确。同时，每个业务流程都有负责该业务的管理员进行跟踪、督办、归档。业务流转中对进度的查看也使工作管理变得透明、公正。OA系统规范化的流程设计，大幅提升了高校整体行政管理办公效率，也提高了为师生服务的质量。

（4）转换工作方式，实现灵活办公。在智慧校园的大背景下，高校的服务管理和教学办公向一体化方向不断发展，OA办公自动化系统也正改变着原有的工作方式。师生办理业务原本需要到办公室上交表单、提出申请，在OA中取而代之的是可以在系统中直接填写表单，然后提出申请等待处理。对于工作人员而言，在系统中读取到所负责的待处理事项时，即可立即办理。经过确认后，流程按照设计好的顺序到达下一审核部门，等待确认。最终流程结束后，提出申请者立刻得到消息提醒。因此，一个

① 时小凡，何旷怡.基于智慧校园背景下高校OA办公自动化系统建设的思考［J］.智库时代，2019（39）：60，63.

流程的流转完成就代表本次提出申请者的事项办结。与之前传统办公方式对比，即使负责审核人员出差时，也可在移动端进行操作，增加了办公的灵活性，提高了处理解决事项的效率。

当然，在OA办公自动化系统给高校办公带来以上优势的同时，也要加强对办公人员特别是各部门OA系统管理人员的业务培训，使其熟悉掌握电脑端和移动端的操作技术；还要保证系统数据的安全性，涉密文件不在系统中进行传阅；并且相关部门要定期对系统的使用情况进行检查和监督，确保系统对高校的工作提供最优质的帮助。

智慧校园的应用场景：智慧管理

【延伸阅读】

智慧校园背景下办公平台与档案系统对接策略
——以山东轻工职业学院为例

1.科学设置操作平台及系统

（1）全面提升办公平台的科学性与系统性，优化设计专业化的档案信息化管理软件。档案管理部门要参与到办公平台的设计过程中，防止办公平台设计功能和内部工作程序、系统之间存在不衔接或者是不兼容的问题。档案工作人员要和系统研发人员讨论档案自动化管理系统的需求以及功能，不仅要保证总体框架设计简洁，同时也要认真梳理整个流程，通过档案部门和研发企业之间协作，保证整个系统可以更快地处理文书和资料，同时也能够肩负起后续的归档管理工作，全面提高档案管理的时效性、科学性、准确性。

（2）确保档案管理系统的安全。一要全面提高电子档案办公平台管理的安全性。在健全系统软件功能的前提下，通过加密技术、防火墙技术以及区块链技术等，提高电子档案办公平台管理安全性。二要健全文书档案办公自动化管理的相关规章制度。办公平台与档案系统对接完成以后，档案管理部门要会同高校内其他部门共同健全规章制度，全面贯彻落实安全责任制，构建多部门集体参与的电子档案安全保密体系。三要强化对相关人员的安全教育工作，理顺使用与操作流程。不仅要加强技术层面的安全管控，同时也要防范人为因素造成的安全问题，全面保证办公平台与档案系统对接后的安全。

2. 合理选择对接模式

高校办公平台与档案系统对接的模式包括了以文件交换为核心的多系统并行模式、以办公平台为基础的单系统对接模式以及以档案系统为基础的多系统融合模式。在以文件交换为基础的多系统并行模式下，系统之间的交流采用文件交换的形式来实现，也就是按照标准文件格式，保证文件端的交换。从本质上看，其更加倾向于高校规模小、学生数量少、空间距离远、数据交换频率低的地方性职业院校和专科院校。在以办公平台为基础的单系统对接模式下，办公平台不再开发各种已经成熟的业务系统，而是通过接口的方式完成与这些系统的对接，保证功能的有效衔接。从本质上看，该模式为业务集成模式，适用于学生数量相对较多、空间距离比较近、档案文件数量较多的省级综合类院校。以档案系统为基础的多系统融合模式采用大数据思维，对高校二元档案进行综合性管理，在数据级整合二元数据，并且将档案系统作为基础，全面融合多种业务系统的综合性档案管理系统。在该模式下，档案管理是核心，除了原有的档案管理内容以外，拓展了其他综合性业务模块，使其能够成为模块化的管理平台。这种模式多运用于学生数量巨大、档案资料繁多、空间距离远、经费重复的全国性综合类高校。

山东轻工职业学院采取了以文件交换为基础的模式，学校档案室梳理对接要求，与信息中心进行一次次沟通，先是在学校办公平台建立了链接——"同步到档案系统"。为保证文件齐全完整，电子文件作为两个部分来实现，即文件本身转换成符合电子文件的归档格式，流转过程生成符合归档格式的电子文件，通过两个步骤，实现办公平台文件同步到档案系统。

3. 规范管理档案要求

传统档案多为纸质文件，档案管理人员需要从自身的经验出发对档案进行归档处理，档案管理进程中难以实现规范统一，对档案管理质量产生了不利影响。智慧校园的发展前景，对档案管理工作提出了全新的要求。纸质文档与电子文档被广泛关注。电子文档的生成、管理、传输以及开发进程都需要在计算机中自动完成。这就需要档案管理人员在电子档案的搜集、登记以及分类、管理等诸多环节都要依据档案办公平台的规范与要求操作，保证档案信息的系统与准确。山东轻工职业学院办公平台的公文包含收文和发文两种格式。收文包括在流转过程中经过审阅、签批等处理环节形成的材料，发文包括在制发过程中经过领导审批、签发等环节形成的过程性材料，以及重要的文件修改稿等电子文件材料。这些公文如果没有经过相应处理，不符合档案系统归档要求，就无法做到档案的完整性和可用性。同时，还需要明确档案管理人员的职责范围与具体职责，健全档案管理制度，充分结合档案管理系统的要求，健全办公平台中档案管理工作的相关机制，不断优化办公平台流程，提升档案的管理效率。

1.3.4　应用场景四：校园安全

校园安全是校园各项工作开展的重要基础。智慧校园在校园安全方面的作用主要表现为提高校园安全管理能力、减少校园安全事故的发生、保障校园安全，具体可以从信息安全、人员安全、固定资产安全、服务安全四个方面展开来讲。

1.3.4.1　信息安全

学校掌握着大量的学生个人信息，在以信息技术、网络技术和电子技术构建的智慧校园中，信息应用的频率变得更高，这虽然从很大程度上提高了校园安全管理的能力，便捷了校园工作的开展，提高了校园工作的质量和效率，但是也从很大程度上增加了信息泄露的风险，而信息泄露很容易危及学生的人身安全和财产安全。基于此，智慧校园更加重视校园网络安全系统的建设。校园信息安全管理

智慧校园的
应用场景：
校园安全

系统通过节点身份认证、网络访问安全、操作人员的身份认证、非法攻击事件的可追踪性等主要手段对平台的机密性、完整性、可用性、可控性、可审查性实施全方位的安全保护[①]。

智慧校园的信息安全管理系统能够实现的功能如表 1–1 所示。

表 1–1　校园信息安全管理系统实现的主要功能

序号	功能	说明
1	统一用户管理	统一管理校园内各种人员在信息系统中的数字身份，整合各应用系统的用户身份信息，这是实现用户权限管理、应用集成、单点登录的基础
2	桌面计算机补丁管理	校园网中由于没有及时更新软件或者升级软件而出现大量的安全漏洞，黑客通过对漏洞制造袭击，可以引发大规模的冲击波、震荡波，甚至造成整个校园网络的瘫痪。所以，实现软件的自动更新与升级可以极大地降低校园网出现安全隐患的概率

---

① 胡英君，滕悦然.智慧教育实践［M］.北京：人民邮电出版社，2019.

序号	功能	说明
3	服务器运维管理	学校的服务器上运行着很多业务系统,如邮件系统、数字图书馆系统、一卡通系统等。服务器一旦出现故障,会给整个学校正常的教学、工作、生活等带来很多不利的影响。为了保障服务器 7×24 小时不间断地正常运行,系统需要一套运营维护方案,为系统的正常和稳定运转提供一个监控、预警和排错的机制,极大地降低运营维护的成本、难度,减少维护人数并缩短时间,提高工作效率
4	网络安全管理	教育网络的正常运作在给学生和教师的学习和工作带来方便的同时,也造成了一些负面影响。例如:用户访问包含病毒等恶意代码的网页导致病毒进入教育网络;垃圾邮件、病毒邮件等通过电子邮件进入教育网络,严重影响了整个学校网络的正常运转。通过信息过滤系统实现网页内容过滤、邮件过滤、应用程序过滤和用户控制等,可有效地防止上述现象在学校网络中出现
5	防病毒及垃圾邮件	由于计算机应用的普及以及互联网的广泛应用,高校中计算机病毒呈爆炸性增长,曾导致多次计算机病毒暴发,这也反映出目前计算机系统和网络应用中的问题,计算机病毒已经成为全球性的安全问题。为保证校园网络健康高效的运作,学校需要一个综合、全面的反病毒、内容管理和电子邮件安全解决方案

1.3.4.2 人员安全

智慧校园安防系统建设中充分利用智能监控技术、大数据技术、人脸识别技术等先进的技术手段,保障人员安全。

智能监控是智慧校园安全管理的重点环节,也是保障人员安全的重要条件。通过动态实时监测,教师、安保人员可以更加及时发现校园当中的不安全因素,并加以解决,及时处理校园中的突发事故,避免安全事故进一步发生、扩大,减少安全事故产生的不良影响。

此外,在当前的校园安全管理工作中,学生的心理健康问题也是导致学校安全事件的重要因素。在智慧校园中,校园管理人员能够利用大数据技术对学生的思想学习、生活习惯、阅读方法等展开动态信息采集和分析,主要目的是分析大学生学习习惯,动态捕捉大学生不良思想、不良习惯、不良阅读等,发现问题、解决问题,避免大学生沾染不良嗜好而影响到其身心发展。还可以在学生心理异常信息的采集与录入中应用大数据技术,以及时发现学生的异常行为,针对学生出现的言语、行为异常情况,教师及时采取有效的干预、预防措施,并通过有效的帮扶措施,使学生能够打开心扉，消除安全隐患。

1.3.4.3　固定资产安全

在落实校园安全管理工作的过程当中，除了需要考量学生和教师的人身安全以外，固定资产的安全也是需要保障的。作为落实教育工作的重要物质基础，固定资产的安全管理对于各项教育活动的顺利开展会产生至关重要的影响。智慧校园在保障固定资产安全方面可以采取以下措施：

（1）引入智能感知系统。通过 RFID、二维码、无线传感、视频监控等技术的有效应用实时采集校园当中各项固定资产的状态信息，尤其是正在运行设备的信息。一方面，可以更好地保障固定资产的财产安全，避免固定资产丢失等问题的出现。另一方面，监测相应机械设备的状态信息可以及时地发现机械设备的故障问题，并及时地加以处理，从而既有效地避免不必要的资源浪费和物质损坏，也可以较好地保障机械设备的使用安全。

（2）建立相应的报警系统。设置限定数值，根据不同设备的实际运行情况、运行需求确立预警数值，一旦设备运行过程当中数值超过了预警数值，则及时地发动预警，进而让相关工作人员及时地做出反应，对问题进行有效处理，保证设施设备使用的安全性。

（3）建立相应的网络资源系统。通过连接感知系统和信息输入系统以及预警系统，让相关教师和学生更好地了解校园内部资源都有哪些，明确哪些资源可以用于教学或学习当中，将资源的效益最大化，为教育工作赋能，为后续其他业务开展提供更多的助力和保障。

1.3.4.4　服务安全

在大型院校尤其是高校当中，学生的生活和学习都是在学校中进行的，在这样的背景下，基于学生的生活需求，校园需要开放各种设施以及场所，为学生的生活和学习提供更多的便捷，如超市物品购买、食堂餐饮以及校车服务等，这也是智慧校园构建的主攻方向，同样也是安全管理工作实践过程当中需要考量的重点问题。针对服务安全管理，智慧校园可以从以下几点着手做出优化和调整：

（1）引入人脸识别系统，通过人脸 3D 信息绑定银行卡的方式，为学生和教师提供更多的便捷。让学生们在购买物品或是享受各种校园提供服务的过程当中更加高效。人脸识别系统作为一种身份识别系统，可以通过有效地优化和调整兼容支付系统。一方面，可以更好地保障校园内部学生的人身安全，避免不法分子混入校园，做好人员分流。另一方面，在为学生提供服务的过程当中，可以更加便捷，减少不必要的时间浪费。

（2）在大型考试或大型活动当中，为了更好地保障学生的人身安全以及学生的合法权益，还可以引入其他身份识别方式，更好地识别身份信息。例如，学费支付以及专业测试等资源共享平台、智慧教室录播课、在线教研、远程授课、校园综合管理平台、智慧图书馆等相应的应用系统。这些应用系统的建立，一方面为各项业务的开展提供了更多的便捷和帮助；另一方面，也可以通过对系统的数据监测和实时监控及时发现安全问题和安全隐患并加以处理。通过信息共享的方式，提高校园安全管理的时效性与科学性。

【延伸阅读】

青岛城市学院智慧校园安全管理系统建设中实现的技术功能

1. 移动端 HybridApp 技术

使用 nodejs、HTML5、CSS3、JavaScript、ECMAScript、jQuery 函数库、angularJS 等相关技术，搭建移动端 HybridApp，解决人员在校区内流动历史轨迹难以追溯的问题。通常 HybridApp 架构分成 3 层，分别为系统层、中间层、应用层。系统层就是底层，包括原生系统的功能调用、开发服务和功能扩展。原生系统的功能调用则包括了手机相册、通信录、摄像头、本地文件等一些手机本地资源的调用处理。中间层就是所选用的技术框架或者是技术平台，把系统层一些原生功能进行了二次封装，形成可以供 JavaScript 调用的模块。应用层是使用 HTML5 的技术，包括调用的 Native 的模块，最终提供一个界面和功能，形成最终稳定的 App 版本。登录界面如图 1–10 所示，首页如图 1–11 所示，人员轨迹如图 1–12 所示。

2. 二维码扫描技术

二维条码技术是条码技术发展过程中的里程碑，因信息容量大、保密好、防伪性高、成本低廉、容易制造、译码可靠率高、抗损纠错能力强等优点已经普遍应用于各个行业和部门之中。将二维码技术应用在高校安全管理领域，设计出智能安全信息管理系统，能够解决高校传统管理中存在的问题，提高高校人员管理方面的效率和安全可靠性。

图 1-10　登录界面

图 1-11　首页

图 1-12　人员轨迹

1.3.5　应用场景五：智慧生活

生活服务功能是智慧校园教育教学、管理、校园安全功能之外的另一个重要功能。校园生活服务包括校园内的食、住、行、用等，智慧校园的这一功能主要通过掌上校园和一卡通系统来实现[1]。

_____

[1]　王运武，于长虹.智慧校园：实现智慧教育的必由之路［M］.北京：电子工业出版社，2016.

1.3.5.1　信息获取

随着无线通信技术的发展，移动互联网和智能终端逐步普及。掌上校园是利用移动互联网和智能终端，提供校园信息查阅、业务办理、交流沟通等应用服务的 App，由移动管理平台和客户端两部分组成。掌上校园不仅仅是把 PC 上的应用在智能终端上实现，更是为了方便师生的校内外生活、提升用户体验。

智慧校园的
应用场景：
智慧生活

通过移动管理平台对数据的集成、应用的管理和用户的权限设置，用户通过账户登录可以自定义自己的快捷应用，不同角色的用户能够访问权限内的应用。系统自动推送重要的通知及各应用系统的提示信息。

教师可以查看考勤信息、奖惩信息、考评信息、工资、个人报账信息、日程安排、邮件提醒、学籍信息、财务信息、健康情况，进行公文处理、移动 OA 办公等。

学生可以通过在线咨询功能进行提问，与老师进行互动；查询校园卡余额、消费明细、在线挂失，查询宿舍、水电费缴纳情况、卫生检查结果等；查询自己的学分、课程表、成绩、考试安排、论文、辅修课程、空闲教室，进行教学评估等；还可以方便地下载到学校发布的各种教学资源，访问智慧图书馆学术资源数据库，真正做到移动学习。

掌上校园基于移动互联网，充分利用了智慧校园的基础网络和应用资源，实现智慧校园生活服务和移动学习无缝覆盖功能。

1.3.5.2　校园消费

校园消费通过校园一卡通，即在校园内，凡有现金或需要识别身份的场合均采用一卡来完成，"一卡在手，走遍校园"，实现用校园卡代替就餐卡、借书证、上机证、学生证、考试证、工作证、出入证等各种卡证，达到一卡多用的目的。通过与市内公交公司的合作，可以实现校园卡校外刷卡乘车；通过和第三方支付比如支付宝、微信等合作，可以实现校园卡充值、校外消费的功能。校园一卡通既实现了对师生员工日常活动的管理，又为教学、科研和后勤服务等提供了重要信息，同时又是智慧校园中信息采集的基础系统之一，对学校的管理和决策支持具有重大意义。

1.3.5.3　校内泛在导航

地理信息系统（geographic information system，GIS）通过使用地理信息综合管理应用平台，可以实现智慧校园 GIS 校内导航功能。GIS 服务是大

校园公共广播的主要作用

①发布作息钟声
②提供背景音乐（升旗、早操、眼操、运动会等）
③集会扩声
④转播新闻
⑤共青团、学生会自办广播节目
⑥发布通知、寻呼以及其他语音信息
⑦必要时播送通用的教学语音文件和语音听力考试文件
⑧必要时发布警笛及灾害性事故紧急广播

一般系统的基本要求

①应能发布实时的语音广播、录音广播，并能转播国家和地方电台新闻
②应覆盖教学区内的各个课室、实验室、功能室、教师办公室、图书馆、礼堂、操场和宿舍以及食堂和公共通道等地方
③广播覆盖区域应能分区控制，可视需要手动开通或关闭任何广播分区
④应具有强插功能，即能对任何选定的广播分区（包括已经关闭了的分区）强行插入寻呼广播或其他紧急广播。在发生突发性紧急事件时，应能强行发布警笛
⑤应能实现自动定时管理，包括定时接通/关闭广播系统的电源，定时播放已编排好的钟声/音乐铃声或其他节目

高级系统的基本要求

高级系统除应符合一般系统的基本要求外，还应具有下列功能。
①节目分区，即可同时在不同的广播分区播送不同的节目
②可进行录音和简单的节目剪辑
③配置不间断电源，与直接供电系统配合使用
④配置可以自动切换的备用功放
⑤可向绿化带或休闲区播放背景音乐
⑥与消防中心联动。当消防中心发出警报时，广播系统能自动对相应分区强插警报
⑦支持中央集控（可由局域网上的计算机远程监控广播系统的运行）

图 1-14　校园广播的作用及功能要求

学校各级单位负责发布信息的工作人员可以进行网络编辑并发布节目，智慧校园统一管理平台集中管理校园内不同地点的数字媒体播放器，有针对性地发布不同的信息，不仅支持图片、滚动字幕、视频、音频等各种类型的节目内容，而且支持接入实时的数据源。例如，可以在教室外播放实时的课程信息，也可以接入学校的其他系统（如视频会议系统），还可以在会议室外直播会议。系统有很强的扩展性，以便今后可以根据学校的发展需求与更多的系统进行兼容[①]。

智慧校园的
应用场景：
校园文化

① 胡英君，滕悦然.智慧教育实践［M］.北京：人民邮电出版社，2019.

1.3.7　应用场景七：智慧环境

建设便捷、协作、节能的校园环境，是智慧校园对校园物理环境的基本要求。这个物理环境实际上融合了网络和数据，目的是给学习及其辅助要素提供最高效、最简单、最易用的空间和环境。包括基础网络、环境感知与泛在导航、门禁与号牌识别、能源监管系统等。

智慧校园基础网络要达到泛在网络的程度，即网络无所不在，为泛在学习和移动学习及移动办公提供网络支撑。包括有线和无线覆盖：有线网络技术成熟、稳定、带宽高、相对安全，无线网络部署灵活，有线网络和无线网络相结合能发挥各自优点，无缝覆盖形成泛在网络，基本能满足移动学习和办公的需求。有线网络用于室内网络覆盖，对园区网而言，当前采用的技术主要是比较成熟的以太网技术和吉比特无源光网技术，主干带宽为万兆，桌面达到千兆或百兆，用户采用统一网络接入，即在校园内任何地点、任何时间，使用任何智能终端，只需一个账号登录一次，就能访问权限之内的所有信息和服务，比如选课、缴费充值、成绩等信息查看等。统一网络接入的前提是泛在网络，实现途径是统一认证系统，可以使用笔记本电脑、平板电脑或者智能手机等智能终端。

环境感知利用物联网覆盖、视频图像识别技术、射频技术、无线网络技术（WLAN、移动互联网、WPAN、WBAN、ZigBee）、二维码等，实时感知人或物附近环境或学习者动态。提供导航服务，如教室排课情况、图书馆座位、图书借阅信息的查询，外来人员服务如校内 GIS 地图导航，办事流程查询，科室教室职责查询等；提供学习者个性化学习服务，如捕获并分析学习者学习状态，提供个性化辅导、资源等，帮助提高学习者的学习效果；楼宇与室内环境的智能调控，如温度、湿度、亮度等；门禁系统主要针对楼宇各出入口，通过指纹识别、一卡通卡识别或者其他方式，对校内正常出入人员进行身份识别后放行，方便了人员出入，减少了不必要的安全力量；车辆号牌识别系统用于校门或者校内区域性的车辆出入或停靠的自动识别、放行、泊车。

能源监管系统主要用于技术上的节能管理。通过部署智能水表、电表等，对校内各房间或楼宇用水用电用暖等进行智能监控，发现问题，提前预警；通过感知系统，控制路灯、教室、会议室等的照明系统。管理人员通过智慧网络随时查看系统运行情况，掌握能源使用状况。

智慧校园的校园环境不再是信息化技术和设备的简单应用，而是通过先进理念，应用先进的信息技术和设备，实现人与人、人与物、物与物的全面、充分的协同，同时采集大量数据，通过对大数据的挖掘，对未来进行预测，指导教学、指导校园治理乃至指导教育决策。

智慧校园的应用场景：智慧环境

1.4 智慧校园的发展现状

智慧校园是教育发展的高级形态。目前，国内有一些意识领先的学校已经建成新一代智慧校园，部分学校处于从智慧校园向新一代智慧校园的过渡时期。下面，我们分别以中职学校、高职学院、应用型本科院校为例，调查智慧校园的发展现状。

1.4.1 上海市经济管理学校（中职）的智慧校园建设

上海市经济管理学校是一所国家级重点中专，是全国职业院校数字化校园建设实验校，也是上海市教委批复的首批上海市信息化建设与应用标杆学校。下面，我们以该校为例，进行中职学校智慧校园建设调查。

1.4.1.1 指导思想

上海市经济管理学校以"信息技术引领教育教学改革"特色示范校建设为基础，立足信息化标杆校建设，以教育信息化应用为抓手，坚持"以人为本，文化先行，环境智能，数据驱动，产教融合"这条主线，围绕"提升师生信息化素养"和"教学方式改革创新"两个重点，创新"全面联动""多方共建""引领激励"三项机制，凝练"基础建设工程——奠定数字校园基础""人文素养工程——实现学生美丽转身""混合教育工程——提升教育教学成效"和"智慧管理工程——提供师生精准服务"四大工程，形成了"数字校园示范""教学改革深化""媒体关注激励""应用成果辐射"和"教师学生成长"五大效应[1]。

---

① 上海市经济管理学校.我校校长沈汉达教授应邀出席第四十二届清华教育信息化论坛并作报告［EB/OL］.［2024-03-20］.https://sems.edu.sh.cn/Home/News_Detail?lmid=146&id=8111&ReturnURL=Home_SearchList.

1.4.1.2 建设思路及建设目标

上海市经济管理学校校园信息化建设的思路是：通过跨部门、跨系统、跨业务的整体联动，构建具有可持续性发展的校园生态环境，以精准智能服务方式，提高师生应用的满足感，促进学科专业体系的完善、教学内容的更新、学习形式的拓展、教学方法的转变。

建设目标是：

（1）聚焦应用体验，打造校园新生态。

（2）集结各类数据，赋能校园治理。

（3）打破学习空间，构建无边界学习环境。

（4）立足品牌专业，践行混合式教学模式。

（5）开发虚拟仿真，构建混合式教学实训系统。

（6）提升学生信息素养与人文素养。

1.4.1.3 规划实施及建设成效

学校将校园信息化建设定义为"一把手"工程，由校长负责，校长、校党委书记担任双组长，其他校级领导为组员，主要负责项目的决策和领导，全面规划发展蓝图，有序推进项目建设。

成立专家小组，定期召开专家会议，论证实施方案，为项目建设提供全程咨询与指导，以确保项目建设的科学性和规范性。

成立工作办公室，统筹、协调各项目的人力和物力，确保各建设应用项目按计划有序进行。学校信息化部门技术骨干、专业教师、一流企业三方通力合作，形成一支业务精湛、结构合理的教育信息化技术支持和深化应用的队伍。

组建各项目工作小组，实行各项目组责任制，每个应用项目配备对口支持人员，全方位提升学校信息化的应用层次，为高效开展信息化应用工作提供保障。

学校根据信息化建设的总体目标，围绕学校教育教学中的"教""学""管""评""考""服务""资源""家校"八大场景应用，要夯实基础建设工程，深化混合教学工程，打造信息化业务全流程，采集教育教学管理数据，提高师生信息素养。

在具体建设过程中，上海市经济管理学校师生使用本校"清华教育在线"综合平台、各专业实训平台开展混合式教学多年，并积极探索，切实利用各平台全面开展线上教学。例如，选用"清华教育在线"平台，使用校级资源以录播形式开展线上教学；选用实训平台、虚拟仿真平台以任务形式开展线上实训；选用市级平台，利用全市优质公共资源开展素质教育。以下是该校智慧校园建设的一些突出表现以下几方面：

（1）基础、内核一起抓，提升了线上教学的软硬件实力[1]。学校自2015年上海市示范校建设时，就以信息化作为建设主线之一，建立了教务管理平台、教师听课系统、东西部教学互动平台、师生服务平台。

2019年，在信息化应用建设中，通过顶层设计、统一标准、平台对接等方式，打造"一网经管"平台。该平台整合了已有业务平台，形成了统一入口，在应用和用户体验上有了更大的改进，为学生、教师、管理者提供一站式教育教学服务。同时，作为学校平台基座，不仅整合了原有平台，而且即将开发的系统与平台都在这一平台上完成。此外，制定数据中心接入规范，为与教育部、上海市统一数字基座对接做好准备。

2020年疫情防控期间，为满足系统大量录播课程的视频要求和数据库交换以及系统对内存处理的要求，对学校"清华教育在线"平台应用服务器和数据库服务器的CPU处理器、内存、硬盘空间进行升级。同时，综合考虑平台、教学资源的实际情况以及并发访问的师生人数，升级了平台的互联网专线宽带，并组织了平台压力测试，以确保系统运行平稳有序。

为保证每一位参与网上教学的教师学好、用好平台，能够使用最优软件录制符合学校教学要求的课程，线上教学工作组对比了近10个录屏软件，最终选定了剪辑师及微讲师两款录屏软件，作为首选工具推荐给全校师生使用，并迅速编写操作手册、录制了操作演示视频，帮助教师尽快掌握录课技能。还针对"清华教育在线"平台开发了面向不同教学应用需求的平台操作手册、录制操作演示视频，并组建技术服务QQ群，在线为全体教师提供技术支持，通过操作截图指导、远程协助，及时高效地解决教师在制作教学资料、录制教学视频、使用"清华教育在线"平台组织课堂、统计分析学习数据时所遇到的所有问题。

此外，线上教学工作专班要求并协助各教研室定期开展主题教研活动，共同研讨，主题包括：如何上一堂精彩的网课；录课时如何合理引用课程资源；如何调动学生线上学习积极性、提升学习成效；如何利用"清华教

① 马平川，徐君.中高职开展线上教学的实践探索：以上海市经济管理学校为例［J］.科学咨询（教育科研），2020（12）：18-20.

育在线"平台的分析统计功能，制定合理的线上教学评价方案；如何开展线上实训等。教师对首次大规模开展录课形式的线上教学非常新奇，也投入了很多的精力去研究和创新，并取得了可喜的教学效果。

（2）立足品牌专业，践行混合教学模式。学校拥有上海市三大品牌专业，基于此，信息技术、财经和商务三大专业群发展态势良好，根据相关课程的地位、性质、教学资源基础等特点，学校分别选择了上述专业的"电子电工""数据库技术""二维动画设计与制作""银行柜面业务处理""金融客户服务""金融服务英语""证券投资分析""职场日语"等课程进行混合式教学改革试点。学校不仅在整个教学过程中贯穿使用混合式教学方法，而且根据专业特点与教学需要，创新构建了线上线下深度融合的混合式教学模式。这种模式不再是信息技术与教学的简单叠加或生硬结合，而是根据具体教学情况将线上教学与线下教学有机融合，渗透于课前、课中、课后，服务于教学质量与效率的提高（如图 1-15 所示）。具体而言，学校依托计算机应用、商务日语、金融事务等专业分别构建了以"岗位体验""3D 元素情境""课程知识流"为典型特征的三大混合式教学模式。

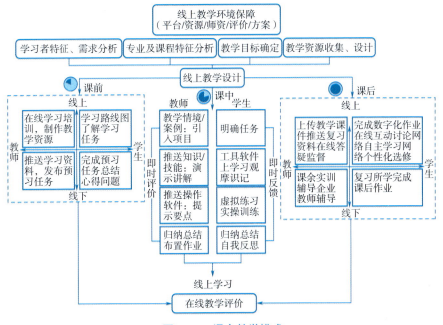

图 1-15　混合教学模式

（3）开发虚拟仿真，构建混合式教学实训系统。作为学校龙头专业、上海市品牌专业，物联网技术专业率先将虚拟仿真技术运用到实训系统建设中。通过将"实物实训"与"虚拟实训"相结合，构建了混合式教学实训系统。以网络施工岗位体验室为例，它不仅引进企业真实岗位设备，形成了真实的网络施工环境，还构建了集虚拟仿真系统、网络平台和可视化教学平台于一体的虚拟环境，模拟综合布线工程设计、网络跳线制作与测试等项目，通过"虚实结合"突破了传统实训方式的局限性。随着虚拟仿真技术、虚拟增强技术、虚拟现实技术的发展，职业教育课程资源建设进入了最佳时期。专业充分应用以上技术解决实践教学中难实施、难再现、难评价和难共享的问题。在前期电子课件、电子教案、视频教程、学习任务方案、习题库、练习操作平台等资源基础上，该专业积极与企业共同研制与开发了系列虚拟仿真课程资源，形成虚拟演示、虚拟互动、虚拟体验、虚拟考核的虚拟仿真教学形式。课程虚拟仿真系统建成后，有力推进了专业课程教学改革。2021年，在此基础上的物联网技术专业获批成为上海市虚拟仿真实训基地建设单位。同时与青海省重工业职业技术学校等兄弟院校共享，为其教学资源建设和课程改革提供了借鉴。

（4）进行资源整合，满足多元教学需求。作为上海市首批信息化建设标杆校，学校在信息化基础建设、混合式教学和虚拟仿真实训方面有一定的积累。根据全市统一部署，线上教学工作专班首先将市级优质资源与校级精品资源结合，语文、数学、英语和德育课程依托市级平台，校级专业课程则紧紧围绕人才培养方案，针对中本贯通、中高职贯通和中专等不同类型，结合专业课程的设置，采用"一班一设"的形式，重视师生互动，提升课堂教学的针对性和实效性。线上教学工作专班从学校师生需求出发，充分发挥平台优势，整合校内外优势资源，提供多元教学形式，大部分课程在"清华教育在线"平台采用录播形式建课，学生登录平台学习、提问、完成作业和测试；小部分课程借助超星平台直播授课。

（5）用信息手段还原教学过程和教学管理，保证了线上教学质量[①]。2020年疫情防控期间，线上教学工作专班充分发挥平台优势，结

---

① 马平川，徐君.中高职开展线上教学的实践探索：以上海市经济管理学校为例［J］.科学咨询（教育科研），2020（12）：18-20.

合学校教学管理需求，用信息手段还原线下教学过程，制订对应的解决方案。例如：在"清华教育在线"平台中，赋予线上教学工作专班人员、各系主任和各教研室主任课程观察员身份，对线上所有课程进行检查和督导，确保每节课课前都被"观察"过，并提出修改意见，切实保证线上课程质量。

1.4.2　吉林铁道职业技术学院（高职）的智慧校园建设

吉林铁道职业技术学院是一所具有优良革命传统和悠久历史文化的省属公办全日制高等职业院校，是全国职业院校数字校园建设实验校、吉林省"双高计划"建设学校、吉林省示范性高职院校。下面，我们以该校为例，进行高职院校智慧校园建设调查。

1.4.2.1　建设思路及建设目标

吉林铁道职业技术学院于 2013 年年底整体搬迁至占地 1300 余亩的新校区后，构建了校园基础网络、虚拟化平台、平安校园、一卡通等系统，但是信息化基础仍旧比较薄弱，面临校园网络速度慢、Wi-Fi 接入密度低、管理工作信息化水平低、系统建设分散、数据无法共通共享、缺乏信息化教学环境支撑、平安校园智能化水平低等问题。

面对教育信息化对职业教育的革命性影响，学院以问题为导向，制定了一系列的信息化建设目标，自 2017 年职业院校数字校园实验校项目起，开启了数字化转型的新征程。

建设目标包括：

（1）使师生全面享受无处不在的高速校园网络。

（2）使师生全面享受灵活便捷的在线服务。

（3）使师生全面享受融合创新的数据支撑。

（4）使师生全面享受泛在、自主、个性化的教学环境。

（5）使师生全面享受透明高效的学校治理。

（6）使师生全面享受方便周到的校园生活。

（7）使师生全面享受无死角的校园安全。

1.4.2.2　规划实施及建设成效

吉林铁道职业技术学院从一开始就做好了智慧校园顶层设计，构建了全域数据、万物互联、全面云化、集成融合、面向未来的智慧校园基座，使得未来智慧校园的建设得以通过模块化的方式弹性发展。具体表现在以下几个方面：

（1）构建了全域数据、万物互联、全面云化、集成融合、面向未来的智慧校园基座。智慧校园建设往往会遇到一些困难。首先，"烟囱式"的信息化系统建设仍旧普遍存在，既会导致大量的重复建设，又会使各个系统无法真正发挥其能力；其次，现有的建设条件往往会制约新的信息化系统建设及发挥其能力；再次，为了跟上学校快速变化的需求，系统要具备良好的弹性扩展能力；最后，在信息化系统实现大量关联后，单一信息化系统进行更换、升级往往会影响其他信息化系统。

为解决上述这些问题，吉林铁道职业技术学院在建设智慧校园一开始时就做好顶层设计，以提供完善的平台能力。构建了MPP分布式数据库、大数据平台、人工智能平台、私有云平台、地理信息系统、物联网平台、数据运营平台、融合集成平台等一系列的智慧校园基础平台（如图1-16所示），构建了SDN数据中心，在架构上保证了良好的软硬件弹性扩展能力，未来的信息化系统都可以像"搭积木"一样在这些平台基础上进行建设，运算、网络、存储、数据、安全等各种资源都可以有效满足新系统建设，并能够适应业务系统快速变化的需求。学校所有信息化系统无论是数据还是接口都与数据中心进行单独连接，在逻辑上形成"星形"结构，单一系统的更换、升级都不会影响其他信息化系统。

（2）构建了数据全面共享、全面融合、全面安全和全生命周期管理的数据治理体系。数据是智慧校园发挥其能力的核心，数据治理是每一所高校无法绕开的难题。首先，要对数据进行确权、确责，实现"一数一源"，这是解决数据孤岛问题的核心；其次，在数据经过汇聚、清洗、聚合从而完成充分的共享后，学校各个信息化系统将形成一个整体，某一数据的质量将不再仅仅影响本业务系统，因此要对各业务系统采集的数据进行质量监控，保证数据产生的准确性和时效性；再次，当聚合类数据出现问题时，要能够找到发生问题数据的真实来源，因此分析数据来源将是十分必要的；最后，数据的安全使用是一切工作的前提，因此必须进行数据的脱敏和安全性保障。

为此，吉林铁道职业技术学院通过数据治理，以大数据平台为核心，针对学工、教务、人事、科研、高职扩招、资产、图书馆、实习实训、财务、就业招生、微服务系统等20余个主要业务系统，经历了数据调研、数据确源、制定标准、数据采集、依标建表、数据清洗等工作，分层建设了数据中心仓库，形成数据资产沉淀到 MPP 分布式数据库中；大数据平台对汇聚来的数据进行监测，根据需要出具数据质量报告，用以督促各业务系统提升数据质量；数据形成了完整的血缘关系，通过融合集成平台，经过必要的数据脱敏，以服务的形式开放、共享、支撑上层的各类应用。

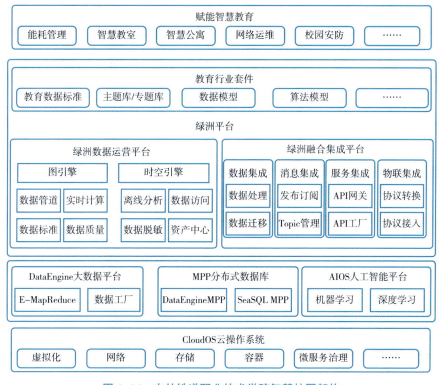

图 1-16　吉林铁道职业技术学院智慧校园架构

（3）构建了基于数据融合创新、深挖数据价值、数据可视化的智慧校园综合态势感知体系。为使复杂的校园管理业务实现可视、可管、可控，就要深挖数据价值，从而全面提升教育决策科学化、管理精准化、服务个性化水平，支撑构建高质量教育体系。

为此，学校搭建了一系列的智慧类决策支持系统。主要包括：通过智慧校园 IOC 平台和智慧校园三维空间管理系统，实现了校园整体综合态势感知，包括地理信息管理、安防态势、人员态势、车辆态势、物资态势、位置数据、校园导航等维度；通过物联网平台及相关设备对实训楼的资产进行了资产实时定位及管理；通过教学诊断与改进系统，将各种数据汇聚、分析并进行可视化呈现，支撑人才培养质量提升；通过智慧教室系统将线下教学过程数据化，为各类人员决策提供支持。

经过数据治理，在智慧校园基座上，学院建设了一系列的决策支持系统，使学校各管理部门的工作方式发生了改变，越来越多地运用数据分析结果辅助决策。例如：教学督导人员不再挨个教室地听课，而是利用智慧教室管理系统来巡课、听课和通过数据进行精准评价；学生管理人员常态化地使用人员态势感知平台了解学校当前人员情况和处理突发事件；安全保卫人员常态化地使用综合态势感知平台了解学校当前人员、车辆的情况并及时处理各种事件；资产管理人员更多地运用资产态势感知平台进行资产管理；学院领导和各部门领导常态化地通过教学与诊断改进平台的各类数据分析进行决策辅助；等等。

1.4.3　湖北工业大学（应用型本科）的智慧校园建设

湖北工业大学创建于1952年，作为湖北省"双一流"建设高校、国家"中西部高校基础能力建设工程"高校，被定位为"在湖北省高教体系中起龙头示范作用的、水平较高的骨干大学"，2022年入选首批国家级创新创业学院建设。

1.4.3.1　信息化"优等生"开启数字教育新征程

湖北工业大学的信息化建设意识萌发在全国高校前列，早在1995年其就启动了第一期校园网建设工程，是首批108所进入中国教育和科学研究网的示范高校之一，随后于1997年到2005年进行了二期工程建设，2005年到2011年进行了三期工程的扩建。正是在三期工程完工后，湖北工业大学建成了当时湖北省唯一、华中区规模最大的全万兆主干校园网络，全网开通18条万兆链路，是华中地区第一所实现图书馆到网络中心万兆对接的高校。

正是因为有深厚的数字化建设积累，2017年湖北工业大学开始了湖北省首个高校光网络试点，实现网络传输过程中无源和无噪声。2019年开始智慧校园探索，并进行湖北省高校首个"光+无线"融合试点。

面对线上教学改革、5G和Wi-Fi 6普及使用的大环境，湖北工业大学坚定持续推动信息技术与教育深度融合的大方向，提出支撑学校高质量发展，建立健全学校智慧校园治理体系，全面建设智联、智慧、智能校园，打造万物互联互通、学习无处不在、服务随需应变、创新引领发展的校园信息化新生态的建设目标。

为保障目标达成，首要任务是加强校园网、5G 和物联网等基础网络的覆盖、改造与升级，构建泛在互联的新连接，并确定了当前最根本的基础网络建设需求，即在绿色环保总原则下的高带宽、大流量、多并发的需求，稳定可靠的需求，多网融合的需求，简易智能运维的需求以及移动网络和固定网络相结合的需求五大核心需求。在此背景下，湖北工业大学开启新时代教育的新征程。

1.4.3.2　结缘 F5G，夯实智能校园承载网

湖北工业大学在 F5G 智慧校园建设前，整体网络技术和结构维持 2012 年校园网四期建设时的情况，校园网主要链路还是 2005 年建设的，存在设备老化、技术过时、性能匮乏、资源分散严重、复用率极低等问题，业务部门信息化建设各自为政，未能从顶层设计的视角规划设计，数据存放分散，无法共享复用，导致浪费。各部门信息化管理能力良莠不齐，出现建而不管的现象。已有软件系统缺乏明确的技术规范与要求，造成数据和服务集成的难度增大及系统维护成本不断增加等问题。由于没有建设无线网络，还存在无法满足师生强烈的移动办公、学习需求等问题。

从建设规模来看，湖北工业大学占地面积 1 500 余亩，现有在校生 28 000 余人，教职工 1 400 人，校舍建筑面积 100 余万平方米，全校共有楼栋 55 栋，其中办公区 22 栋，学生宿舍区 33 栋，庞大的建设规模也让湖北工业大学设备普遍面临设备使用年限高、老化严重，没有专用的弱电管道、光缆脆弱性高，设备串联、单点故障隐患大，师生带宽不足，电气安全隐患，噪声污染等诸多痛点与难题，亟需从基础架构上进行变革。

经过实地考察、多轮方案论证及技术路线比选，湖北工业大学最终联合华为打造了 F5G 智慧校园建设解决方案，采用最主流的 F5G 技术来做网络规划，XGS –PON+Wi–Fi 6 实现多网融合，在网络呈现点到多点的超简化架构；同时，学校核心机房铺设主干光纤，实现万兆主干、千兆接入、多业务融合承载，网络数据集中在核心机房统一管理，简化运维。

目前，整体网络架构基于需求导向、目标导向、绩效导向，取得了四大成绩：一是完成全校网络覆盖，全面提升全校师生的网络体验；二

是建设集约规范的弱电管网系统，做到校园网、物联网等全校区的融合承载；三是提升校园网络稳定性，建成具备高可用性的校园核心网络；四是规范建设一批搭载校园无线、摄像头、路灯和运营商通信设备的室外杆塔等通信基础设施，推进通信运营商在校园内规范、有序和可持续发展。

1.4.3.3 直面挑战，升维可复制性价值

从宏观来看，随着信息技术的不断发展，智慧校园已成为现代学校管理和教学的必然趋势。智慧校园建设不仅仅是校园管理和教学模式的升级，更是数字化转型和现代化管理的重要组成部分。

目前，智慧校园的建设中往往存在着技术难度大、投资成本高、安全风险大等诸多挑战，数字化转型的脚步稍显局促，在这背后往往也是因为智慧校园建设具有校本个性化、区域集约化、服务普惠化、互联网开放化与融合化等多样态综合发展特征，因此，个体智慧校园建设中，难以有整体意义上的可复制模式。

回看湖北工业大学 F5G 智慧校园的建设，其不仅建成了华中地区最大的上下行对等万兆无源光网络，还实现了网络终端接入设备集中供电、Wi-Fi 6 全覆盖以及网络用户的统一管理。该项目经过对全省其他院校半年时间的情况调研，历经一年多的打磨，结合多年先进建网实践经验开展建设，最终经受住全校 4 万多用户（含独立学院）考验，并积累沉淀了丰富的建设经验，总结出针对校园网基础设施建设特点的方案，使得项目可以成功被复制。

武汉大学信息中心副主任孟学军对此方案也明确赞扬并指出，采用光纤替代铜线的技术选型秉承了绿色发展道路，形成了"千兆接入，万兆汇聚，40G 主干，100G 核心"的校园网络，组建了一张更高效、更稳定、更可靠、易管理、更安全的校园网。湖北工业大学的 F5G 智慧校园建设方案，解决了传统以太网存在的很多弊端，解决了光网络在高校落地过程中存在的许多问题，有较高的应用价值和推广价值。

智慧校园应用型本科院校建设案例

【延伸阅读】

华南农业大学：以服务师生为导向建设智慧校园

以"服务师生"为导向促进智慧校园高质量发展，是高校贯彻落实党的二十大精神的具体举措之一。在智慧校园建设过程中，不仅是职业院校，普通本科院校也坚持着服务师生的导向。

一、华南农大"十四五"期间智慧校园建设

面对高校信息化发展面临的问题和挑战，"十四五"期间，华南农业大学以服务师生为中心，结合学校事业发展规划和需求，按照"轻、重、缓、急""急用先建"和"共享、安全"原则，对教育治理能力优化、智慧环境全面提升、智慧教育创新发展、网络文化与安全保障、一流学科特色创新系统分步进行建设或改造升级。

按照学校"十四五"事业发展规划总体部署，以《高等学校数字校园建设规范（试行）》为标准，突出"用户至上＋互联网思维"，以稳固的安全体系、合理的信息架构、贴心的业务系统协同打造"智慧华农"的阶段性目标，为学校事业高质量发展提供坚实的信息化支撑。

"十四五"智慧校园规划确立建设原则：目标引领、统筹谋划；整体推进、分步实施；以用促建、提升水平；服务至上，不断完善，让信息化全面服务学校人才培养、科学研究、社会服务和现代大学治理等核心工作。"十四五"学校信息化建设发展的总体目标是以服务师生为导向，强化学校数字化转型战略，构建全校数据驱动教育教学高质量发展的工作格局。华南农业大学智慧校园建设路线如图 1-17 所示。

为确保实现智慧校园建设的目标，"十四五"期间华南农业大学信息化建设主要围绕以下 3 大板块 12 项任务开展。

（一）数字底座保障能力提升

华南农业大学以"新基建"为契机，提升信息基础保障能力，建设与智慧校园需求相匹配的数字底座。构建系统完备、高效实用、智能绿色、安全可靠的现代化基础设施体系，加快推进新型基础设施建设，重点打造 5G 移动通信、物联网、数据中心等建设。具体任务如下：

1. 校园网络融合升级。遵循"保护已有投资，逐步升级改造"的原则，

逐步提升无线网络质量；分阶段对校园公共区域 AP 进行更新，逐步完成无线网络的改造和全覆盖；根据用户和业务需求，增加校园网出口带宽，构建出口网络高速路；通过融合有线和无线网络、4G/5G 网络、专用物联网，提升校园信息化业务承载能力，校园骨干链路及配套核心系统达到支撑 200G 带宽能力。

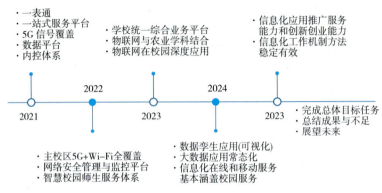

图 1-17　华南农业大学智慧校园建设路线示意图

2. 云计算中心建设。建设基于云计算的高性能数据中心与安全可靠的数据中心容灾备份系统，形成资源管理集约化、高效化的"双中心"云架构体系。整体计算能力不少于 1 200 核 CPU，11TB 内存，为全校 56 个二级单位各类应用提供 400+ 的虚拟服务器，实现至少 10 个核心业务系统容灾备份，应急接管时间 ≤ 30 分钟，数据备份频率达到分钟级。

3. 网络安全应急响应中心建设。以态势感知为主，结合数据治理和安全，构建"人机共智"的立体化网络安全运营体系，提高校园网络安全管理水平。重点支持校内关键信息基础设施保护、网络安全等级保护、常态化网络安全运营，实现风险持续可控、能力持续提升、价值持续可视。

4. 大数据中心建设。持续更新一套标准（《华南农业大学数据标准及使用指南》），建立两个体系（数据管理体系和数据安全体系），打造三级中心（个人数据中心、部门资源中心和校级决策中心），构建四库（基础库、主题库、专题库和指标库），助力建设校园"人人用数据，数据为人人"的数字生态体系；消除信息孤岛，提升学校信息数据运营效率。

（二）数据驱动校园服务能力提升

华南农业大学从服务师生需求出发，以数据要素为驱动，加强校级业务系统一体化统筹建设，以"互联互通、信息共享、业务协同"为目标，将业务按主题域划分梳理，按照统一数据交换、统一智能终端管理、统一规则管理、统一人脸库、统一精准身份识别的标准，借助统一消息、统一支付和统一数据等公共平台，推动管理服务流程在后台跨部门整合衔接，突破系统间壁垒，拓展延伸管理范围和服务内容，构建开放的、可拓展的一体化业务部署平台，实现流程动态控制、数据实时跟踪、服务灵活配置、业务有效融合。具体任务包括：

1.以数据为驱动、融合先进IT技术，提升校园服务能力和师生获得感。从服务师生需求出发，推进统一身份管理服务平台、融合门户、校园卡与统一支付平台，构建融合式智慧校园生态圈；推动管理服务流程跨部门整合衔接，实现流程动态控制、数据实时跟踪，构建一体化师生智慧公共服务体系。

2.推进数据治理与应用。持续推进"一表通"工程，加强数据源头治理，提升数据质量，严格执行"一数一源"的原则，落实各级数据的管理责任；建立学校一站式数据门户，实现数据标准和数据资源线上化、流程化管理；建立数据纠错机制，定期公布数据质量情况；建立数据全生命周期可视化管理，为学校提供全局式数据展示、统计和分析，辅助科学决策。

3.全面推进一站式服务。持续推进智慧办公办事系统建设和移动服务治理，推进统一身份认证系统及应用生态建设，实现一网办、一码办、一窗办、一次办，如图1-18所示。

4.建设决策支持平台。建设学校运行大数据仪表盘和大屏综合信息展示平台，推动学校内部控制管理体系的信息化落地，实现全校"人、财、物、事"数据可视化，让学校管理者对关键信息一目了然，逐步转变为"用数据说话、用数据决策"的工作模式。

（三）智慧校园多业务融合发展

华南农业大学以服务师生为出发点，融合学校教学、科研、服务和管理等，围绕"业务、管理、数据和技术"多维融合，推动信息化资源的平台化战略，扩展资源支撑能力，提升全校师生的幸福感、获得感，构建快捷、高效、智慧的校园环境。具体任务如下：

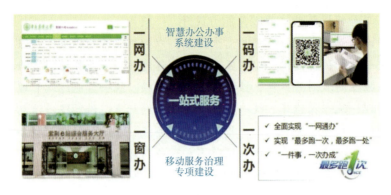

图 1-18 华南农业大学"一站式服务"示意图

1.智慧教学建设。建设本科教学大数据平台，优化教务和研究生管理的信息化业务，建设智能化教学支持环境与优质资源公共服务平台，加强教学资源数字化建设。

2.智慧科研建设。升级科研管理服务系统，优化实验设备仪器共享管理平台，建立农业科技成果转化平台，建立乡村振兴农技推广服务平台，建设 5G 无人农场示范基地，形成一流农业学科特色示范基地，推进智慧化教学科研基地建设，实现教学科研基地管理智能化。

3.智慧服务建设。建设学生社区智能门禁，构建物联网监控分析管理平台，建设智慧校园环境管理平台，升级改造校园智慧安防系统，建设"智慧图书馆"，提升智慧管理与服务水平，建设数字档案馆与数字农博馆。

4.智慧管理建设。以数据为驱动，打造全校统一的智慧管理体系，以信息化推动扁平化校务治理改革，再造业务管理流程，实现跨部门的应用整合，提升管理部门的信息化应用管理能力及科学决策水平。

二、国家战略引领特色发展

乡村振兴和数字乡村已经成为新时期我国农业农村高质量发展的国家战略。在国家战略的推动下，科技与农业农村的融合越来越深入，数字农业农村也成为数字中国的重要组成部分。农业高校应充分发挥专业优势，实施服务国家乡村振兴战略行动。作为国家双一流农业高校，华南农业大学智慧校园建设应突出特色，立足信息化支撑教育教学、人才培养，支持智慧农业技术发展。农业院校智慧教学支撑体系建设如图 1-19 所示。

图 1-19   农业院校智慧教学支撑体系建设示意图

（一）完善智慧教育体系和教学平台

构建数字化教育教学平台，实现线上线下混合教学高效融合，为师生提供快捷、全面、权威的信息资源，实现教学、科研和实训一体化，提供开放、协同、高效的数字化学习环境，促进知识的产生、传播与管理，服务校内外广大师生。

统筹考虑学校特色专业与优势学科，促进物联网、云计算、虚拟仿真、远程交互及大数据分析技术在教学全流程的应用，实现信息技术与教学的深度融合，构建开放、共享、交互、协作、泛在的智慧教育体系；发挥在线教育优势，完善终身学习体系，建设学习型校园。

（二）乡村振兴战略引领高校科研数字化发展

以信息技术为支撑引领，面向现代农业产业发展需求，以建设 5G 智慧农业示范基地、服务乡村振兴工程、农业学科科研云为抓手，加快构建新型大学科技成果服务体系，探索与政府及农业经营主体合作的长效机制，打造以产业为导向，多元化参与、面向全产业链的科技服务团队，坚持人才下沉、科技下乡、服务"三农"，发挥科技优势，助力乡村振兴发展。

IT 技术融合重构农业科技创新，发挥农业院校技术力量支撑乡村振兴战略。整合汇聚校内外科研服务大数据，通过科研成果与科技社会服务大数据分析平台，为学校优化科研管理与科学决策提供有力支持。图 1-20 为智慧农业大数据可视化示意图。

建成智能植物工厂和智能家禽工厂示范园，汇聚智慧农业感知技术、算法模型、装备及农机与农艺高度融合的精准管控平台，打造华农先进智慧农业重点成果展示、试验及应用推广平台，为乡村振兴和农业产业转型升级提供科技与服务支撑。

图1-20　智慧农业大数据可视化示意图

（三）构建常态化网络安全运营体系

全面梳理校园网信息资产，摸清家底，实现信息资产动态化管理，重点支持校内关键信息基础设施保护、网络安全等级保护、常态化网络安全运营。不断完善网络安全应急响应体系，完善常态化沟通和合作机制，梳理与各级主管部门、校内业务部门、安全保障支撑单位之间的沟通渠道，健全纵横贯通、多方联动合作体系。

基于网络安全运营平台，构建网络安全闭环体系，开展"九大能力"（安全评估、依法合规、资产管理、漏洞管理、威胁监测、主动响应、事件处置、攻防对抗、宣传培训）建设，对"四大要素"（资产、漏洞、威胁、事件）进行动态闭环管理，提升校园网络安全隐患监测能力和应急处置能力，为网络安全运营赋能，实现风险可控、能力提升、价值可视。

1.4.4　智慧校园存在的问题

综合分析智慧校园建设现状，可以看出，校园信息化建设处于新的阶段，呈现新的形态。各大高校的智慧校园从建设规划到上线运行都取得了一定的成就，但在实践中还存在不少问题，具体表现在以下方面。

1.4.4.1　缺乏顶层设计和平台化建设思路

教育信息化建设缺乏顶层设计，缺乏标准化、平台化的建设思路。例如，校园内同时存在多个应用系统，应用系统之间没有关联性，缺少统一性，甚至各项应用的认证方式以及界面均不相同，从而形成校园网上一个个"信息孤岛"，最终导致系统间互通性差、软硬件资源消耗高、成本高、资源效率低，后续维护改造困难。信息和资源无法实现高效共享，也造成了信息的重复管理，源数据获取困难。

1.4.4.2　重管理，轻教学，应用不够深入

在校园信息化建设时，重视以资产、人事、教育等管理方面的应用设计，缺乏教研、教学、师生互动的教学类应用的设计，大量优质教学资源被浪费，缺乏积累和沉淀，加之信息孤岛的存在，使得学校无法通过现有的系统获取学校真实的全局性统计数据，应用不够深入。

1.4.4.3　基础设施及支撑平台有待动态提升

校园基础设施及支撑平台建设不足，如没有实现网络的完全覆盖，包括没有搭建全覆盖的无线网络，校园网络存在多出口但未实现统一认证，不能采集用户上网行为，无法实现网络统一行为管理和网络监督，也不能实现落地查人，基础设施和支撑平台有待动态提升。

1.4.4.4　数据治理初见成效，但数据分析应用停留在初级水平

由于缺乏统一的顶层设计，校园网的各个系统各行其是，虽然很多数据都录入了校园网络，但各种数据杂乱无章，有用及无用信息共存，既占存储空间，也无法做到数据的真正整合，数据质量低下，无法为学校提供全局性的数据统计分析和决策支持。

1.4.4.5　信息化队伍薄弱，师生信息素养不足

信息化建设以实用为主，在进行校园信息化建设时，各个业务系统由使用部门的兼职人员管理，只限于会使用系统，对系统的架构、安全、代码基本一窍不通，出现问题时只能依靠开发公司；信息化管理部门更侧重于数据和安全的管理，对业务系统不了解。使用部门、管理部门的技术支持和服务支持不足严重阻碍应用系统的推广和使用。

很多师生认为智慧校园建设虽然能提高上网速度、可以使用 OA 系统、学工系统、教务系统等，但是会增加他们的工作量，因此他们对信息化热情不高，系统资源利用率很低。

数字校园发展中
存在的问题

1.4.5 原因分析

智慧校园建设之所以存在众多问题，主要原因就在于缺少对智慧校园智慧性设计的原则、方法等的研究，在建设中缺乏整体的智慧性设计。现阶段的智慧校园建设，总体上看都侧重于校园环境建设，虽然有比较超前的意识和崭新的思维，但还处于起步和摸索阶段，在内容上需要系统化完善，在应用上需要深入。同时，对智慧校园建设与规划不够系统；沿用已有的管理流程和组织，遵循标准缺失；对智慧校园的管理研究不充分，创新不足[1]。

1.4.5.1 理论研究不足

智慧校园的理论研究更多地停留在数字校园的内涵层面，与数字校园区别不大，"智慧"程度还有待提升。具体表现为以下几个方面：

（1）缺乏理论层面的指导和对理论的关注，设计很大程度上以信息技术的应用为中心，偏离了以用户为中心的正确方向[2]。

（2）对智慧校园的内涵认识不清晰，差别较大，导致对智慧校园的设计与建构在某种程度上有简单化、理所当然化的倾向，其应用还没有完全摆脱数字校园的思维。

（3）同教育教学及科研结合还不密切，很多情况下只是提供了简单的信息查询和交互平台，其管理也是自上而下单向的信息传输，还没有把改变这种信息化工作现象作为构建新的管理模型的意识。

（4）停留在数字而非数据层面，没有体现出大数据时代数据作为基础资源的重要地位。

（5）信息化专职人员需要转变观念，提升理论素养和技术水平，掌握更多的工程项目组织与施工过程管理乃至预算、验收等方面的知识和工具。

由于理论方面尚存在不少问题，且建设滞后于理论研究，还处于起步和摸索阶段，因此实践层面存在的问题更为繁杂。

1.4.5.2 缺少顶层设计

目前，关于智慧校园的平台建设缺乏统一标准，缺少顶层设计，各学校各自为政建设智慧校园，教学管理系统、固定资产系统、人事工资系统、

① 王运武，于长虹．智慧校园：实现智慧教育的必由之路［M］．北京：电子工业出版社，2016.

② 哈斯高娃，张菊芳，凌佩．智慧教育［M］．2版．北京：清华大学出版社，2017.

学工信息系统之间缺乏统一的数据标准。有些学校虽然制订了数据标准，但在实际工作中并没有严格遵守和执行，各个信息系统仍然在独立建设，数据不共享、不对接、不交互，导致信息孤岛现象依然存在。

1.4.5.3 建设力度有待加强

在学校资源建设方面，缺乏顶层设计和整体规划，与资源教学服务相配套的应用系统创新与融合应用水平较差，导致资源孤岛现象严重。在综合决策方面，当前少数学校的领导层与管理者在管理能力、水平上欠缺，对校园信息化工作的认知和相关知识的了解不全面，项目管理能力也有待提升。不同决策者对智慧校园的内涵认识不清晰，差别较大，导致对智慧校园的设计与构建在某种程度上有简单化、理想化的倾向，其应用还没有完全摆脱数字校园的思维。在资金投入方面，受整体信息化经费投入的制约，学校很多时候只能以信息化覆盖面为主，缺少重点投入、重点建设、重点使用的进一步安排；实习实训、校企合作、产教融合等方面信息化服务的认知水平较低，重视程度不高，导致人力物力投入不足，发展明显滞后。

1.4.5.4 信息化队伍建设滞后

学校对信息化队伍建设重视程度不足，专门的信息化人员设置少，水平不足。学校领导和教师对信息化管理的系统化认知和参与需求分析的素养有待提升。很多院校将校园网络基础设施交付给后勤部、安保处、外包运维、运营商甚至老师兼职管理，或是管理人员不足、管理不到位，或是管理仅限于常规工作、缺乏开发创新等，使得斥巨资建设的校园网成为摆设，难以实现加快信息化建设的初衷。

1.4.5.5 未完全脱离行政化

当前，许多学校仍然无法摆脱"行政化"的管理方式。由于服务流程已形成闭环，且数据孤岛林立，而学校内部跨部门服务数据又缺少高效的数据共享和互动，因此，仍然无法缓解行政事务管理过程复杂、跨部门办事麻烦，且工作效率明显降低的问题，学校师生成为社会公共服务的重要受体本应分享高校改革发展与信息化建设成果所带来的便利，却被无形套上了烦琐的工作流程枷锁。

随着学校教育改革的进一步深化，一些大型而复杂的服务信息系统将无法充分适应最新要求，需要改造更新；过去花费大把力气、巨额费用才建立起来的各类系统平台也将面临"大修和淘汰"；许多内容相似、功能相近的应用系统也亟待整合优化。这些变化必将导致学校基层教师和办事人员工作量大大增加。

1.5 智慧校园的建设目标与未来发展

　　智慧校园是高校信息化的高级形态，是对数字校园的进一步扩展与提升，它综合运用云计算、物联网、移动互联、大数据、智能感知、商业智能、知识管理、社交网络等新兴信息技术，全面感知校园物理环境，智能识别师生个体特征和学习、工作情景，将学校物理空间和数字空间有机衔接起来，为师生建立智能开放的教育教学环境和便利舒适的生活环境，改变师生与学校资源、环境的交互方式，实现以人为本的个性化创新服务。

1.5.1 智慧校园的建设目标

　　《教育信息化十年发展规划（2011—2020年）》提出了教育信息化的发展目标，这一目标涵盖了学校信息化的发展目标。具体到智慧校园的建设目标或发展目标，是构建一个智能、灵活、高效运转的信息化体系，包括智慧校园环境，实现智慧教学、协同办公和基于大数据的决策系统等。

　　具体来说，智慧校园的建设目标包括以下几点：

　　其一，将人、设备、自然和社会各因素之间互联互通，使他们之间互动的方式更智能化，他们之间的任何互动都有助于促进人、信息系统、设施环境三者之间数据的交互融合，使校园的运转能够实现智能化的感知、衡量和调度。

　　其二，对校园中人、财、物和学、研、管业务过程中的信息实现快速、准确获取，通过综合数据分析为管理改进和业务流程再造提供数据支持，推动学校进行制度创新、管理创新，实现决策科学化和管理规范化。

　　其三，通过应用服务的集成与融合，实现校园的信息获取、信息共享和信息服务，从而推进智慧化的教学、智慧化的科研、智慧化的管理、智慧化的生活以及智慧化的服务的实现进程。

　　其四，推进教育的数字化转型，通过在教育生态中充分利用数字技术的优势，助力学校在人才培养、科研、学校管理等方面进行转型，促进教育系统的结构、功能、文化发生改革创新，使教育系统具有更强的运行活力与更高的服务价值。

智慧校园建设的最终目标就是实现教育信息化和智能化。智慧校园的建设和发展要能够适应新时期网络技术的发展、社会的需要，以及学校管理、教学改革等方面的需要。

1.5.2　智慧校园的未来发展

当前，以数字化、网络化、智能化为特征的信息化浪潮席卷全球，推动人类正式步入了信息社会。信息技术不仅在改变现在的教育，同时也在塑造未来的教育。

未来的教育，必然是基于网络环境更加开放的教育，是更加重视学生个性化和多样性的教育，是引导学生主动探究和快乐学习的教育，是让所有学生都能享受到优质教育资源的教育，是更加强调终身学习的教育，是更加智慧的教育。新的时代背景和新的社会背景，对教育改革发展提出了新的要求，对创新人才培养提出了更高的目标。因应信息化社会发展，更新教育理念，变革教育模式，重构教育体制，培养创新创业人才，已成为必然要求和现实选择。

2017年9月，中办和国办联合印发了《关于深化教育体制机制改革的意见》，提出要营造健康的教育生态，大力宣传普及适合的教育才是最好的教育、全面发展、人人皆可成才、终身学习等科学教育理念，系统推进育人方式、办学模式、管理体制、保障机制改革，使各级各类教育更加符合教育规律、更加符合人才成长规律、更能促进人的全面发展。这就要求我们主动适应学习方式的转变，推行与互联网相融合的教育教学组织方式，构建数字化、网络化、智能化的教学环境，适时对传统教育进行变革和重组，构建新的教育秩序和教育生态。要着力提升学生的信息素养，做好应对信息时代的准备；保护好学生的好奇心和想象力，培养学生敏锐的观察能力、独立的思考能力、良好的沟通能力；树立对社会的责任感以及对国家、民族乃至人类进步的使命感，成为社会主义事业的合格建设者和可靠接班人，成为新时代的合格人才。

智慧校园是高校信息化的高级形态，是对数字校园的进一步扩展与提升。

1.5.2.1 智慧校园的发展方向

王运武等（2016）认为，智慧校园的未来发展主要表现为五个方面[①]：

（1）加强智慧校园理论研究。智慧校园的理论研究包含两个层面的含义：第一，是否有能指导智慧校园设计和建设的理论；第二，智慧校园建设能否催生新的理论。智慧校园还是较新的事物，为可能的理论构建提供了机遇，非常有必要在比较分析诸多理论的基础上，构建智慧校园自身的设计和建设理论。

（2）在数字校园的基础上提升，实现超越。智慧校园与数字校园相比，应有如下提升：第一，从数字化到数据化，以提供更好的服务和预测。第二，实现网络融合、数据融合，其目的是实现智慧感知和智慧管理，其途径是建设无缝覆盖的大数据感知与传输基础网络和统一智慧数据平台。第三，智慧校园的建设既要意识到数据作为基础资源的重要地位及其在教育管理、创新型人才培养、社会服务等方面的重要性，也要提高从来源广泛的数据中发现价值的能力。第四，智慧校园应成为信息技术教育的最佳平台和实验室。

（3）结合智慧教育理念，加强建设与应用的协同，为智慧教育提供支撑。在提供智慧感知环境的基础上，智慧校园应更多参与到教学、科研中并与之深度融合，理所当然、自然而然地成为提高教育教学效果的工具或者环境。建设人员同使用人员应加强协同，充分了解应用需求，缩小建设与应用的差距，共同促进智慧校园的建设效果达到使用人员的要求。

（4）借鉴智慧城市建设，建设开放型、引领型智慧校园。校园是社会的一个细胞、城市的一个组成部分，智慧校园的建设对智慧城市应当是开放的，并具有示范引领作用，也应有其独立性。佛山市禅城区智慧学校就是一个很好的例子，其服务就包含了"市民在线学习"。

（5）以用户为中心，内涵式发展。教育信息化进程中，对信息化认识的深入要求智慧校园必须内涵式发展。必须在教育目的和现代化教育理念及相关理论的指引下，以用户为中心，以人为本、教与学为中心，优先应用和服务提供，在满足用户需求的前提下，综合考虑技术和管理方案，以润物细无声的境界，将信息技术融入教学当中，构建稳定、灵活、

---

① 王运武，于长虹．智慧校园：实现智慧教育的必由之路［M］．北京：电子工业出版社，2016．

便捷、安全、科学、广泛参与的智慧校园。

1.5.2.2　智慧校园的发展趋势

哈斯高娃等（2017）认为，根据智慧教育当前发展状况及最前沿的信息化技术水平，可以洞见智慧教育在中国未来的主要发展趋势。他们将这一趋势归纳为"三普及，两结合"。

（1）普及翻转课堂模式，强调自主学习。在智慧教育的未来发展过程中，自主学习能力越来越成为学生所必须具备的基本技能之一。智慧教育的发展打破了传统教育模式下所有学生都采用线性学习方式学习相同内容这一局面，在各种交互式的学习环境下，学生可以按照自己的学习基础和兴趣来选择所要学习的内容，根据当前的学习水平和状态，灵活调整学习活动和进程，实现差异化的学习。

对于自主学习的强调意味着教育开始以学习者的兴趣与需要为中心，以每个学生的能力与个性的最大发展为目标，学生与教师的角色定位开始发生变化。教师开始升格为学生学习的设计者、指导者、帮助者和伙伴，需要采用技术手段跟踪学生的学习过程，挖掘学生个性，进行针对性辅导，以更好地支持学生的学习。

强调自主学习的突出表现形式之一，就是普及翻转课堂模式，将教育时序倒置，"先学后教"，遵循自主学习、课堂交流、课后练习的基本流程，实现"课前学生学，课上教师根据学情教"，学生运用 20% 的时间通过微课堂等方式在教室外对所学内容进行了解，而运用 80% 的时间依据自身对知识的了解情况与教育者合作，在教室内进行有针对性的知识内化，从而达到更好的教育效果。

（2）普及直录播课堂模式，重视远程互动教育。远程互动教育是智慧教育未来发展的又一大趋势，在真正意义上突破了时间和空间的界限，在使教育活动变得更加灵活、便利的同时，能够有效促进教育公平。

（3）普及互联网＋学习模式，推动终身教育。终身教育的实现是智慧教育发展的又一必然趋势。在过去的几年中，随着 MOOC、网络公开课、精品课程层出不穷，越来越多的学生开始适应并广泛地参与到互联网＋学习模式中，逐渐将其作为获取知识的主要方式之一。可以预测，未来互联网＋学习模式的规模和范围将会进一步扩大，逐步发展为线上线下相结合的混合学习模式，甚至颠覆现有的传统校园与教育模式。

【延伸阅读】

安徽省繁昌县直录播"在线课堂"应用案例

安徽省芜湖市繁昌县的主管部门携手奥威亚建设在线课堂，以 AVA 全高清录播系统为核心，打造区域专递课堂互动应用系统。中央电化教育馆馆长王珠珠对安徽繁昌县的"在线课堂"教学模式给予了大力肯定，认为其推动了"教学点数字教育资源全覆盖"项目的进程，是全国可借鉴可推广的教学模式之一。

与其他经济相对落后的地区类似，师资紧缺、课程不足、教学硬件设备落后、课堂效果不达标等突出问题是制约安徽省繁昌县教学点教育健康发展的关键所在，教学点的学生难以跟上城里学生的脚步。为了优化教学资源配置，缩小学校之间的师资力量差距，安徽省繁昌县做出有益的尝试。通过网络实时视频互动的方式，安徽省将城区学校的优质教育资源传输到教学点，让偏远地区的孩子也能享受到区域的名师资源。根据安徽省繁昌县教学点的实际需求，奥威亚提出 AVA 在线课堂解决方案，以 AVA 全高清录播系统为核心，打造区域专递课堂互动应用系统。通过城区学校辐射教学点的形式，实现一对一、一对多的优质课程覆盖。AVA 在线课堂解决方案切实满足了教学点的教学要求，以信息技术手段有效解决教学点师资紧缺问题。

AVA 全高清录播系统通过在网络上架构远程同步平台，实时将城区骨干教师的教学实况传输到教育点，为偏远地区的学生打造完美的"虚拟课堂"。通过教室的大屏幕，农村教学点的学生能实时加入课堂听课，和骨干教师进行远程互动。"在线同步课堂"能突破空间限制，让偏远地区教学点的孩子们跟城区学校的学生上同一堂课，有力地推动了城乡教育均衡发展。同时，AVA 教学视频应用云平台采用分布式的设计模式，将整个安徽省繁昌县的城区学校的优质教学资源集中管理起来。农村教学点学校的师生可以通过平台轻松观看到整个区域内骨干教师的课堂视频，有效缓解教学点师资力量薄弱的问题，有效实现城乡优质资源共享和城市整体受教育水平的提升。

【延伸阅读】

学堂在线：清华大学的 MOOC 实践

学堂在线是由清华大学基于 edX 研发出的中文 MOOC 平台，于 2013 年 10 月 10 日正式上线，面向全球提供在线课程。学堂在线自上线以来发展迅速，于 2016 年发布的"全球 MOOC 排行"中被评为"拥有最多精品好课"的三甲平台之一。截至 2016 年 10 月，在线注册用户数达到 500 万，选课人次 690 万，课程涵盖清华大学、北京大学、复旦大学、斯坦福大学、麻省理工学院、加州大学伯克利分校等国内外几十所顶尖高校的包括计算机、经管创业、理学、工程、文学、历史、艺术等多个领域，课程总数已超过 1 000 门。

学堂在线是一个以纯中文的中国学习者至少是华人学习者为主的平台，因此在平台设计层面基于 edX 的基础上进行了国际化与本土化的融合，主要包括课件、平时作业、考试区等几个模块。平台功能随着实践的发展逐步完善和成熟，较为突出的有课程搜索功能，可以对课程名称和课程介绍进行中英文字幕的搜索，以方便快捷地找到自己想学的课程；以及在线考试系统，模拟真实考试环境，并进行智能评分。

此外，学堂在线积极利用在线教育资源促进混合式教学模式创新，旨在通过更有效率、更为弹性的学习方式，充分利用并结合线上与线下学习的不同特点，提升学习效果。迄今，学堂在线为国内超过 100 个大专院校及机构搭建了小规模私有在线课程（SPOC）平台，使这些机构能借此开展 MOOC 建设并推进基于 MOOC 的混合教育学习实践。

（4）虚拟现实技术与教育相结合。虚拟现实技术与教育相结合，能够通过模拟情境与实施研究活动，为学生提供体验式、沉浸式的学习体验。

虚拟现实技术主要通过以下几个方面对教育实践发挥积极的影响：一是将理论性较强的知识以生动的形式表现出来，如以虚拟实验验证化学原理、立体化感受三维图形知识等，激发学生的学习兴趣；二是将学生以更低风险、更低成本置于无法实现的环境中，为学生创造学习机会并模拟特定的领域；三是凭借良好的浸入式特征，在儿童兴趣开发中发挥作用；四是广泛应用于职业技能类培训，使学生足不出户便"身临其境"完成实训课程;五是应用于特殊群体的教育活动,比如 VR 虚拟戒毒。VR 技术使观看短片的人员产生浸入式体验,于心理上形成强烈震动,以有效提升教育矫正的效果。

与虚拟现实技术相类似,增强现实技术与教育的结合也是智慧教育未来的发展趋势之一。增强现实技术能够在屏幕上把虚拟世界套在现实世界并进行互动。目前,我国增强现实技术仍处于起步阶段,AR+ 教育的产品也并不太多。2017 年,映墨科技在推出龙星人 VR 一体化设备后,围绕"寓学于乐"的产品理念推出了魔幻岛 AR 互动解决方案,落地产品包含互动沙盘和小龙魔盒等,算是一次具有积极意义的尝试。AR 产品有效解决了儿童教育市场中家长比较担心的 VR/AR 设备对眼睛的伤害问题,而采用投影技术加之 AR 交互的新鲜方式,可以让儿童在游戏中体验乐趣,获得成长。

虚拟现实技术

【延伸阅读】

微视酷 VR 课堂

VR 课堂是北京微视酷科技有限责任公司自主研发的 VR 教学系统,是中国第一个真正能上课的 VR。微视酷利用领先的 VR 技术,结合教育教学实际需求,自主研发微视酷 VR 课堂,拥有国家发明专利、独立知识产权和软件著作权。VR 课堂解决了教学中出现的学生学习兴趣不高、注意力不集中、效率低下等诸多难点,真正实现了简单、快乐、高效的教育过程。

微视酷 VR 课堂,是由一套 IES 沉浸式教育软件系统、一台教师用PAD 主控端、N 套学生用可穿戴式 VR 硬件设备联合构成。其中,IES 沉浸式教育软件系统是微视酷自主研发的中国首个 VR 教育系统,是微视酷VR 课堂的核心。IES 沉浸式教育软件系统又由 IEM 沉浸式教育管理平台、IEL 沉浸式教育课件和 IEC 沉浸式教育云端三个软件系统集合而成。VR课堂与 VR 教室相比投入成本较低,几十万元即可购买一整套 VR 课堂系统,而且无须固定教室,任意教室任意年级任意学校均可使用,VR 设备随上随走,安装拆卸方便;每个 VR 课堂只需配备一台教师用 PAD 主控端,即可实现上课需求;根据 VR 课堂规模大小、学生数量多少、教室场地不同,可穿戴 VR 设备的数量可以随意调节。

微视酷 VR 课堂应用领域十分广泛，不仅适用于小学高年级、初高中基础教育领域，而且适用于实践性强的石油、轨道、医学、机械、汽车、航天等职业教育、行业培训及高等教育领域。"微视酷 VR 课堂"被认为是"真正能上课的 VR"，其具备使 VR 上课的各项基本要素——教具与教学完美融合、课堂注意力管控、课件符合教育需求，以及强大的学习功能。不同于传统课堂，VR 课堂可以实现在 360 度全沉浸式环境里，教师和学生的随意场景内人机交流互动；可以收集每个学生每一秒的注意力情况，进行注意力统计；教师可以允许学生在 VR 场景中独立掌控、自主学习、自由探索，又可进行场景锁定，对学生注意力进行控制。此外，VR 课堂可以利用互联网优势实现优质资源的共享，中小学课件由一线教师和国家特级专家完全依据教育教学大纲编写，根据教学点进行设计、规划；职业教育和行业培训课件也完全根据学校需求、教师教案和教育特点由知名专家编写，并根据不同阶段需求进行更新，保证课程内容的贴合性、专业性、先进性。

【延伸阅读】

映墨科技的儿童 AR 教育实践

杭州映墨科技有限公司是国内专业从事增强现实、虚拟现实整体解决方案的高科技企业，主要致力于 AR/VR 硬件、场景、平台、系统乃至行业应用解决方案的研发。在 AR 方面的战略重点为多点触摸、体感识别、平面互动投影及 AR 互动沙盘系列产品。

目前，映墨科技旗下有魔幻岛 AR 互动沙盘系列和小龙魔盒系列两大系列的 AR 教育产品，两大系列产品下辖多款互动游戏，并且处于持续开发的过程中。魔幻岛 AR 互动沙盘采用 KINECT 体感外设，自主研发多款应用在娱乐领域的游戏内容，并开发情境互动模式，推出地理、历史、科学、艺术等学科，让课堂变得更生动、更魔幻。互动沙盘目前包含 5 款游戏，分别是挖宝特工、春夏秋冬、沙滩乐园、快乐捕鱼、积木交通，通过沉浸式虚拟世界，以游戏的方式为幼儿传授考古、自然、生物等相关知识。

小龙魔盒，是一款集成微型芯片、投影仪、摄像头的可携带式的具有平面互动投影效果的设备。可在地面、桌面、墙面等一切平面上进行投影，并且实现人影互动。设备采用最新的彩色图像动态智能识别技术，能够准确迅速识别动态物体的位置，当参与者进入互动区域时，可与投影幕上的虚拟场景进行交互，各种互动效果就会随着参与者的动作产生相应的变幻。参与者通过身体动作来与地面的图像进行互动，更具有娱乐性。目前，小龙魔盒包含三款互动游戏：疯狂打地鼠、太平洋战争、萌兔呆呆。

（5）人工智能技术与教育相结合。人工智能技术与教育相结合，可创造更贴近于人类行为的智能机器，也是智慧教育发展的重要趋势之一。

人工智能技术与教育的结合可以表现为两种基本形态：一种是嵌入到在线学习、自适应学习软件平台中；另一种是以智能机器人的形态展现出来。但无论哪种形态，人工智能技术通过不断发展，未来相比传统教育模式均可能具备以下优势：一是实现学习管家的功能，对学生学习状况与学习习惯数据进行统计和分析，进行个性化评估，得出定制化的学习内容与方法建议，并在日常学习中提供学习提醒、内容推送等服务；二是具有广泛的、定制的评估、反馈能力，随着技术的日益完善，人工智能技术将会针对所有学习者的语言、手势以及音调中的微妙差异，做出更好的解释和反应，足以淘汰各类传统测试项目；三是具备情感计算功能，即具备类似人类的观察、理解和生成各种情感特征的能力，最终像人类那样自然、亲切和生动地交互，并能读取人类的情绪，分析需求，这种功能在 K12 教育及特殊教育中可以发挥巨大的作用。

【延伸阅读】

能力风暴的教育机器人实践

能力风暴（Abilix）是上海未来伙伴机器人有限公司旗下的教育机器人品牌公司，始创于1996年，是全球第一个教育机器人品牌，也是教育机器人全球领导者。自1998年在全球率先发布第一台教育机器人开始，其产品已走进30多个国家，4万多所学校与培训机构，并编写教材50余套，创建1 200多所教育机器人实验室，累积培训了2万多名机器人教师。

能力风暴开发产品共120多种，不同系列的机器人均具有不同的特色。其创立的六面搭建体系的积木系列和不用一颗螺丝即能完成拼装组合的模块系列先后问世，皆为行业首创，为教育机器人产品市场建立了范本。

积木系列氪：着重提升少年儿童空间智能和数学逻辑智能等多元智能能力；其创新性的六面搭建、无限三维造型设计、便捷性人机交互，智能升级了传统积木项目，让少年儿童在快乐中训练成功能力，提升科技素养。

移动系列奥科流思：着重提升语言智能和人际智能等多元智能能力，具有超强的语音识别、人脸识别系统。

模块系列伯牙：着重提升少年儿童空间智能和数学逻辑智能等多元智能能力；其具有科幻外形、多自由度关节设计，可激发孩子无限创意潜力。

类人系列珠穆朗玛：着重提升音乐智能和身体运动智能等多元智能能力；作为类人形态的机器人，两自由度髋关节设计让他和人一样自由行走转弯，能歌善舞。

飞行系列虹湾：着重提升空间智能和自然探索智能等多元智能能力；其超科幻感造型、漂亮的空间移动飞行能力、良好的空间拍摄能力，增强了孩子探索世界、探索自然的欲望和想象力。

在过去的20年间，能力风暴专注于B端业务，致力于与学校进行合作，通过建立校内的教育机器人实验室来培养孩子的成功能力、提升科技素养。而在越来越多的孩子通过学校接触到能力风暴教育机器人之后，能力风暴意识到单纯的学校课程已经无法满足家长及孩子的迫切需求，进而进行对C端市场的开拓和布局。目前，能力风暴已建立自己的教育机器人活动中心，针对5~16岁青少年，以自主研发的教育机器人和教授课程体系为主，对其进行能力训练。此外，面向家庭市场，通过教育机器人体验店、互联网电子商务等形式，在线上线下铺开了全面的营销渠道，让越来越多的青少年可以接触、使用教育机器人。

近年来，随着数字技术的发展与应用，数字化、信息化已经逐渐成为人类生存与实践的主导方式，数字化转型成为世界范围内教育转型的重要载体和方向。华东师范大学终身教授、上海智能教育研究院院长袁振国认为，智能教育要向"教育＋人工智能"转变，发展有温度的智能。"教育＋人工智能"，就是要以人为中心，以学习为中心，以促进人自由的、全面的、个性化的发展为目的，不断创设和开拓新的教育场景、教育形态，以解决问题和实际需要为导向，以教育规律和人的发展规律为引导，让技术为育人服务，在促进人的发展过程中发挥智能教育的不可替代性。

【延伸阅读】

西安电子科技大学"四向发力"加快推进教育数字化转型发展

西安电子科技大学认真学习贯彻习近平总书记关于教育的重要论述、关于数字中国建设的重要指示批示精神，深入落实国家教育数字化战略行动部署要求，立足学校电子信息特色优势，综合运用物联网、大数据、人工智能、云计算等新兴技术，实施"教育数字化战略转型西电行动"，在组织领导、基座建设、教学改革、支撑保障等方面聚力用劲，着力推进信息技术与教育教学深度融合，加快教育数字化转型，推动学校事业高质量发展。

加强组织领导，完善体制机制聚合力。一是明确建设目标。将推进教育数字化转型摆在学校事业发展突出位置，在学校第十三次党代会明确提出"数字西电"的建设目标，将智慧校园建设纳入学校"十四五"发展规划，并专门制定学校教育信息化"十四五"发展规划，系统设计战略目标、机制创新、制度建设等方面实施举措，着力以"高位推进、务实推进、创新推进"的理念，推动"数智教育、数智治理、数智服务"共同发展。二是健全组织机构。成立由学校党委书记和校长任双组长的网络安全与信息化工作领导小组，每月召开一次推进会、每周召开一次碰头会，着力构建学校统一领导、信息化推进办公室牵头推进、信息网络技术中心提供技术支撑、各二级院系共同参与的四级联动信息化协同工作格局。邀请校内外相关人员组建学校信息化专家组，为各项改革落地见效提供有力指导。三是完善工作机制。不断汇聚资源力量，建立政府支持主导、学校主体应用、企业技术支撑、社会延伸参与的数字化转型推进机制，积极探索各类数字化应用试点，着力以先试先行促进创新发展。获批全国"区块链+教育"应用试点高校、"5G+智慧教育"应用试点高校。先后制定《信息化工作管理办法（试行）》《网络安全管理办法（试行）》等文件，持续完善工作制度体系，并从安全机制、内容管理、技术防护、责任体系等方面加强网络安全管理，努力保障各项工作安全有序开展。

筑牢数字基座，推进共享互通强动力。一是强化数据基础治理。依托"AI+教育中心"建立全校教育数据基座，按照"数据一个库、管理一张表、服务一个站、决策一个键"的思路，分类制定数据采集、加工、存储等标准，日均共享数据220万余条，努力以数据技术"新动能"打造精准化、科学化、便捷化、智能化的教育"新治理"模式。二是规范数据质量标准。持续加强数据制度建设，制定《数据资源管理办法（试行）》，明确数据标准规范，建立数据资源目录和溯源图谱，推动实现"一数一源"。对信息化建设项目数据清单进行滚动更新，持续完善公共基础编码标准规范，强化各职能部门对负责数据的维护和管理，切实保证各项数据客观准确。三是促进数据互联互通。建立学校、学院、学生、教师等主题数据库，不断强化数据的归集、共享，着力打通信息壁垒、消除"数据孤岛"。截至目前，系统已采集教学、学工、科研、人事等129个系统的6 952张数据表，贯通全校各类应用系统。积极挖掘各项数据价值，持续推进数据分析、集成和应用，强化各类应用系统的连接和复用，促进传统条块化、分离式管理生态革新，推动实现发现规律、预测趋势、辅助决策、服务师生。累计发布数据清单2 360个，覆盖全校289个应用，着力以大数据技术为驱动，给予师生更加精准、科学、高效的助学、助教、助管和助研服务。

赋能教学改革，聚焦提质增效添助力。一是推进平台资源建设。运用3D虚拟数字教师、智能翻译等技术建成智课平台，汇集音频、视频、习题、课件等课程资源727万余个；探索构建"教材＋题库＋案例＋项目＋思政"的教学资源体系，集成"基本概念＋问题分析＋复杂系统＋跨域知识＋瓶颈技术"5个层级教学资源内容，助力物理基础、工程数学、电子电路、通信信息、信号处理和电磁微波等优势学科领域专业课程群建设，加快推动优质课程资源更新迭代。积极参与教育部"慕课西部行计划"，牵头组建西北高等教育数字化转型联盟并建立"慕课西部行"网上平台，共享各类优质课程资源；推出电子信息类优质示范课观摩班，全过程开放34门课程，覆盖720余所学校、2 110余名教师。二是开发教学辅助工具。建立基于知识点在线学习和智能推荐、基于语义分析完成智能问答和在线自主测试的智课平台学习工具；围绕实验室团队、学科团队、科研团队、专业建设团队、学位点申报团队等5种典型教师团队，打造虚拟团队数据聚合平台，模拟汇聚团队成员相关数据，以互补效应快速建立和优化教学团队，努力满足学生多样化、个性化、精准化的学习需求。三是开展质量管理评价。探索建立学生综合性成长电子档案与电子能力证书，为本科生、研究生分类构建观测模型，运用大数据分析技术向师生生成、推送学生学习进展报告，全方位采集学生在线学习行为和能力等多模态数据，实时评估在线学习效果。对线下课堂教师讲授及学生学习状态进行全程记录，并进行系统分析，帮助教师全方位、多层次掌握学生学习情况，及时优化教学策略、改进教学过程，不断提升学生的学习体验和学习效果。

夯实支撑保障，坚持服务至上增活力。一是加强智慧环境建设。搭建物联感知平台，推动实现校园空间的设备接入和无线网络信号全覆盖，着力创建数据实时赋能的数字孪生校园。建立3D全息教室、沉浸式互动教室、远程互动教室等97间智慧教室，加快构建泛在多元、智能化、体验式的学习场景。积极推进数字图书馆、博物馆、书院等建设，努力为学生提供"时时可学、处处可学"的良好环境。二是推动业务流程再造。以数字化推动业务融合，建立部门协同治理体系，上线财资一体化平台，打通招标、合同、资产、财务、预算5个业务系统，实现相关业务工作全流程衔接。构建分析模型和决策模型，建成智能决策驾驶舱，涵盖科学研究、师资队伍、财务管理、事项预警等13个主题，实现400余项数据指标可视化呈现，切实为学校各项事业高质量发展提供重要参考和有力支持。三是提升公共服务质量。在校园移动门户上线336个服务应用，面向学生、教职工、校友、访客等17类群体提供606个服务事项；建设师生"一张表"平台，优化工作流程和表单设计，推动实现一次办理、快速办理，让数据多跑路，师生少跑腿。建立线上1234师生服务平台，围绕师生学习、生活等方面需求，累计回复师生咨询问题19.38万条，督促解决反映问题2 019件，以数字化技术提升服务效率和服务质量，不断增强广大师生的幸福感、获得感。

本章小结

本章介绍了智慧校园的产生背景、发展历程及建设意义；详细阐述了智慧校园的基本内涵和主要特征；深入分析了智慧校园在智慧教学、智慧实训、智慧管理、校园安全、智慧生活、校园文化、智慧环境等方面的主要作用；调研分析了智慧校园的发展现状、存在的问题及其原因；认真剖析了智慧校园的建设目标与发展方向。

关键词

产生背景、发展历程、建设意义、基本内涵、主要特征、智慧教学、智慧实训、智慧管理、校园安全、智慧生活、校园文化、智慧环境、应用场景、发展现状、建设目标、发展方向

思考与练习

1. 智慧校园的基本内涵是什么？
2. 智慧校园的主要特征有哪些？
3. 智慧校园的主要作用体现在哪些方面？
4. 智慧校园存在的问题有哪些？产生这些问题的原因是什么？
5. 智慧校园的建设目标有何特征？
6. 智慧校园的未来发展主要表现在哪几个方面？

2

智慧校园的基本架构和核心内容

学习目标

知识目标

➢ 了解并掌握智慧校园的基本架构；

➢ 了解并掌握智慧校园的核心内容；

➢ 准确理解并熟练掌握基础设施层、支撑平台层、应用平台层、应用终端层、信息安全体系和条件保障体系的基本组成和主要功能；

➢ 准确理解智慧校园的教学环境、教学资源、管理、服务、信息安全和条件保障的主要内容和基本要求。

能力目标

➢ 能够根据校园实际情况设计智慧校园的基本架构；

➢ 能够根据学校实际需求，设计智慧教学环境；

➢ 能够根据学校实际需求，设计管理和服务系统的主要功能；

➢ 能够为智慧校园设计信息安全体系和条件保障体系。

素质目标

➢ 通过学习智慧校园基础设施建设，增强珍惜资源和注重环保的意识；

➢ 通过学习智慧校园应用平台建设，提升信息技术应用能力和解决实际问题能力；

➢ 通过学习智慧校园应用终端建设，提升信息获取、分析、利用和创新的能力；

➢ 通过学习智慧校园信息安全体系建设，增强信息安全保护意识，提升网络安全管理与防范能力；

> 通过学习智慧校园条件保障体系建设，增强公共服务意识和社会责任感。

问题导入

2022年2月，《教育部2022年工作要点》提出"实施国家教育数字化战略行动"；3月，国家智慧教育公共服务平台正式上线；10月，党的二十大第一次将"推进教育数字化"写入报告。在这一背景下，以智慧校园建设及其现代化特征引领学校数字化转型与智能升级发展，正成为当下教育现代化进程的热点领域。

近几年，我国智慧校园建设方兴未艾，但是，随着我国对智慧校园建设的大力推进，各级各类学校在不断探索智慧校园建设方向的同时，也暴露出目标不清晰、盲目推崇新技术等问题，而如何突破智慧校园的建设瓶颈，明确其建设的认知框架、原则及路径是亟待解决的重要问题。

智慧校园的建设不是一个简单的信息化工程，而是新一代信息技术与教育管理相融合的复杂系统工程。智慧校园顶层设计就是要统筹考虑技术、业务、管理、服务、机制和文化等各方面环境要素，进行整体、全面、系统的规划设计，且各环境要素之间相互协调、匹配、支撑和融合，以"统一谋划、集约建设，统一部署、资源共享，统一推进、多方协同，统一实施、注重成效"为原则，是"自上而下"的设计方法和"自下而上"的可操作实施相结合的设计过程，具有顶层决策性、具体可操作实施性、标准规范统一性、整体推进协同性等特征。

图2-1展示了某校智慧校园的总体框架，你能从中读出该智慧校园的系统架构是什么？各层次之间又有什么关系呢？

2.1 智慧校园的基本架构

2018年6月7日，国家市场监督管理总局、中国国家标准化管理委员会公布了《智慧校园总体框架（GB/T 36342—2018）》国家标准文件，对智慧校园的设计与实施进行了规定，对如何构建智慧校园的基本架构，如何构建智慧教学环境，如何构建智慧教学资源，如何构建智慧管理环境，

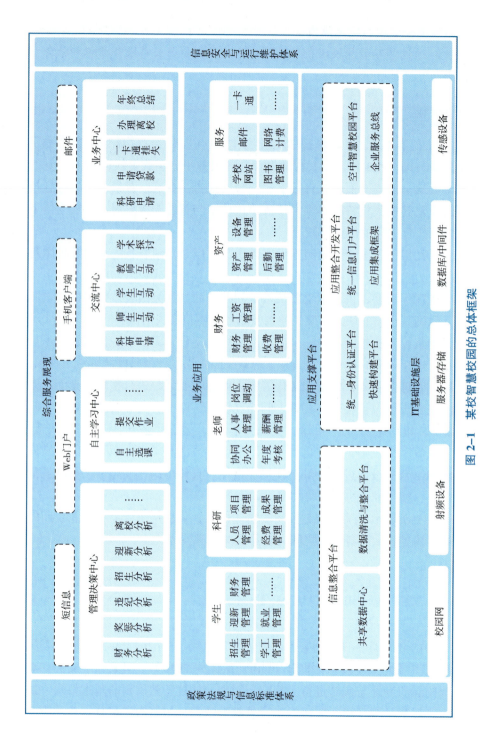

图 2-1　某校智慧校园的总体框架

如何构建智慧服务环境等进行了规范。《智慧校园总体框架（GB/T 36342—2018）》中规定的智慧校园总体架构如图2-2所示，分为基础设施层、支撑平台层、应用平台层、应用终端层、条件保障体系和信息安全体系等。

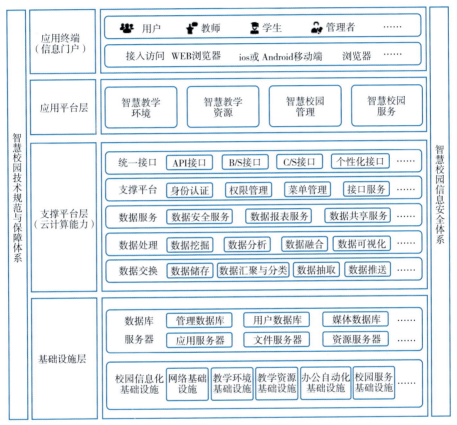

图2-2　《智慧校园总体框架（GB/T 36342—2018）》中规定的智慧校园总体架构

2020年6月16日，教育部发布了《职业院校数字校园规范》（教职成函〔2020〕3号），规定职业院校数字校园建设的核心内容是建设支持职业教育教学模式和管理服务体系的技术系统。为了保障技术系统的顺利建设和有效应用，还需构建相应的组织体系。数字校园为学生、教师、管理人员和校外人员等提供集成的数字资源、数字化教育教学、培训和管理服务，同时，促进学生和教师信息化职业素养的全面发展。上述建设内容及其之间的关系如图2-3所示。

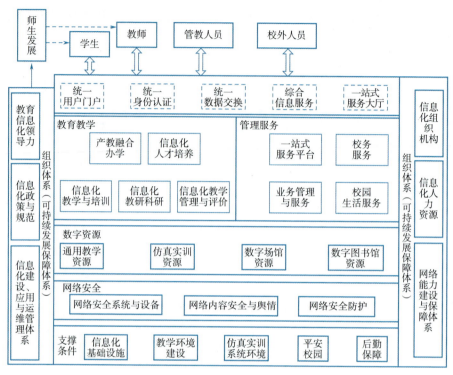

图 2-3 《职业院校数字校园规范》中规定的数字校园总体架构

2021年3月12日，教育部发布了《高等学校数字校园建设规范（试行）》（教科信函〔2021〕14号），规定的高等学校数字校园建设内容主要包括以下部分：

（1）基础设施。其包括校园网络、数据中心机房、教学环境、服务器等，是数字校园的物理基础。

（2）信息资源。其包括以结构化数据为主的基础数据和业务数据，以非结构化数据为主的数字化教学资源、科研资源、文化资源等，是数字校园的核心资源。

（3）信息素养。这是数字校园各类用户应具备的运用信息与技术的素养和能力，是充分发挥数字校园功能，获取数字校园服务的基本要求。

（4）应用服务。其包括学校统一提供的基础应用服务，各类教学科研、管理服务、校园运行等业务系统与应用，数字校园各类人机交互界面等，为学校各种业务活动提供信息化支持。

（5）网络安全。其包括网络基础设施安全、信息系统安全、信息终端安全、数据安全、内容安全和安全管理等，为数字校园提供安全保障。

（6）保障体系。其包括组织机构、人员队伍、规章制度、标准规范、经费保障、运维服务和评价体系等，是保障数字校园建设和运行的基本条件。

图2-4展示了《高等学校数字校园建设规范（试行）》中规定的数字校园总体架构。

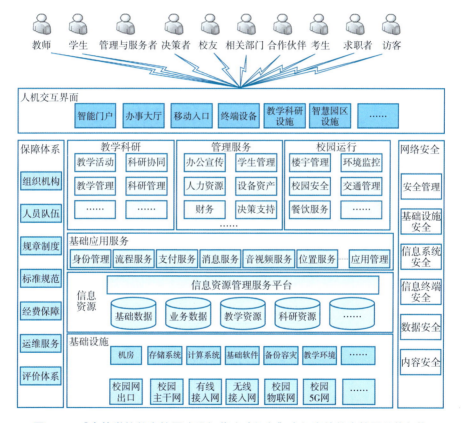

图2-4　《高等学校数字校园建设规范（试行）》中规定的数字校园总体架构

通过对上述三个标准文件中有关智慧（或数字）校园结构组成的认真对比和深入分析，我们可以将智慧（或数字）校园的基本架构分为基础设施层、支撑平台层、应用平台层、应用终端层、信息安全体系和条件保障体系六个组成部分。其中，基础设施层主要包括校园网络、数据中心机房、教学实训环境、数据库与服务器等；支撑平台层主要包括统一身份认证、大数据交换共享中心、统一信息门户、一卡通应用服务等；应用平台层主要包括一网通办、教学科研、财务资产、智慧教室、虚拟实训室等；应用终端层主要包括用户、接入访问等；信息安全体系主要包括网络基础设施安全、信息系统安全、信息终端安全、数据安全、内容安全和安全管理等；条件保障体系主要包括组织机构、人员队伍、规章制度、标准规范、经费保障、运维服务和评价考核等。智慧（或数字）校园基本架构的具体内容可参见图2–5。

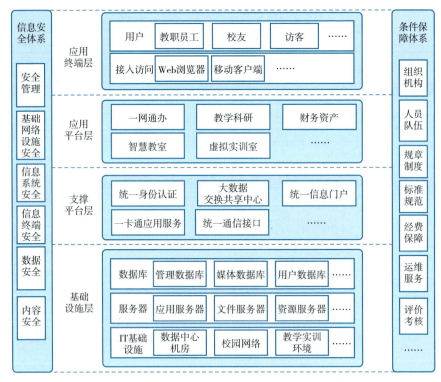

图 2–5　智慧校园基本架构

2.1.1 基础设施层

基础设施层

基础设施层是智慧校园平台的基础设施保障，提供异构通信网络广泛的物联感知和海量数据汇集存储，为智慧校园的各种应用提供基础支持，为大数据挖掘、分析提供数据支撑，包括校园信息化基础设施、数据库与服务器等（如图 2-6 所示）。

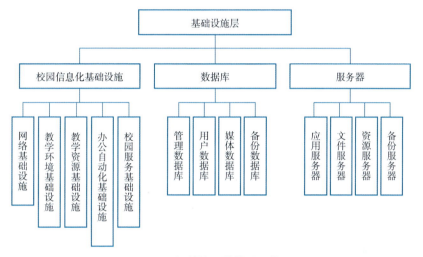

图 2-6　智慧校园的基础设施层

基础设施建设需要实现资源的集中化、规模化，实现对各类异构软硬件基础资源的兼容性和资源的动态流转，同时对静态、固定的硬件资源进行调度，形成资源池。

校园信息化基础设施包括网络基础设施、教学环境基础设施、教学资源基础设施、办公自动化基础设施、校园服务基础设施。

2.1.1.1 数据中心机房

校园网络数据中心（university-internet data center，U-IDC）由数据中心机房、安装在中心机房的服务器、网络核心设备、存储子系统、不间断电源（UPS）、空调、安防设备等构成。

复旦大学于 2002 年 10 月建设了校园网络数据中心（如图 2-7 所示），是最早建设校园数据中心的国内高校之一。经过近些年的建设，中心现拥有由 1 台 SUN F15K、2 台 SUN F6800、2 台 SUN V880、2 台 SUN V490、2 台 SUN F280R、SUN T3960 磁盘阵列、SUN T2000、2 台 IBM820 莲花宝箱以及多台 DELL、HP 等品牌中小型服务器组成的、总存储容量达 30T 的硬件集成环境；建设了规范、安全可靠的机房运行环境；具备了丰富的网络带宽资源；实现了系统的容灾、冗余和异地备份，并搭建了一个可服务于电子邮件、统一身份认证、共享数据库和 URP 平台等信息化校园关键应用和数据的运行环境。

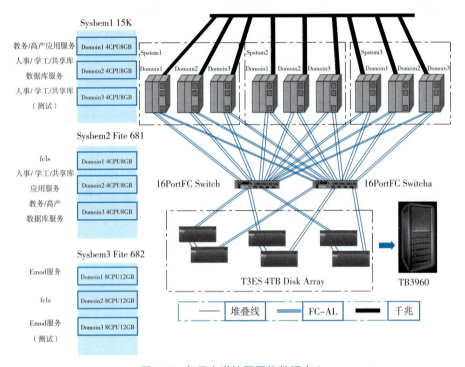

图 2-7　复旦大学校园网络数据中心

随着智慧校园向信息整合与服务集成建设阶段的迈进，复旦大学正朝着建设一个集高可用运行环境、全方位安全保障、管理流程规范和应用服务托管于一体的完整的校园数据中心的目标而不断努力。

2.1.1.2　数据库与服务器

就性质而言，服务器是硬件，数据库是可以在服务器上运行的软件。在服务器上安装数据库应用程序后，它可以成为数据库服务器。从功能的角度来看，数据库是一个仓库，可以根据数据库中的数据结构来组织、存储和管理数据；服务器是用于数据计算和处理的硬件，用于存储客户请求并做出响应的硬件。

概括来说，数据库与服务器是智慧校园服务的数据汇集存储系统，配置管理数据库、用户数据库、媒体数据库、备份数据库等和与之相对应的应用服务器、文件服务器、资源服务器和备份服务器等[①]。

2.1.1.3　网络通信系统

网络通信系统包括互联网接入，如有线接入、无线接入等。网络通信系统建设的目标是建设一个实用、高速、运行稳定可靠以及安全可控的校园网络，为学校的资源共享、教育教学、职业训练、学校管理和网络文化生活等校园信息化应用和服务提供满足服务质量要求的网络支撑环境。

例如，南京信息工程大学在建设智慧校园时，对网络通信系统进行了全面升级。该校采用了多种网络技术，如 IPv6、SDN、Wi-Fi 6 等，实现了校园网覆盖全校，带宽达到 10Gbps，同时加强了网络安全管理，保障了校园网络的稳定和安全。这样的网络通信系统可以为学生提供更好的上网体验，为教学、科研等提供更加便捷、高效的网络服务。

2.1.1.4　感知系统与物联网技术设施

感知系统包括物理环境感知、活动情境感知、设备感知和人员身份感知等。物联网即"万物相连的互联网"，是互联网基础上的延伸和扩展的网络，将各种信息传感设备与网络结合起来而形成的一个巨大网络，实现任何时间、任何地点，人、机、物的互联互通。

在职业院校中，感知系统与物联网技术设施的建设与应用可在以下几个方面促进校园智慧化的发展：

（1）在教学方面，应逐步在课堂及实习实训环境中布设感知设备，为智慧教室、新型实习实训环境的建设奠定信息采集、管理或控制的基础。

（2）在安防方面，应在校园重点及敏感区域布设感知设备，以对感知范围内的人员、设备、车辆、事件等各类重点信息进行监控和监测，逐步形成智慧化的校园管理与服务环境。

（3）在节能方面，应对学校的水电气等能源消耗控制部位部署感知设备，以实现远程自动监测和实时控制，并逐步形成校园智慧节能体系。

（4）在管理方面，各类感知设备所产生的数据可以通过有线网络和无线网络进行传输，并由校级物联网管理平台进行管理，且能按需与其他

---

① 引用自《智慧校园总体框架（GB/T 36342—2018）》。

系统实现数据交换和共享（如图2-8所示）。

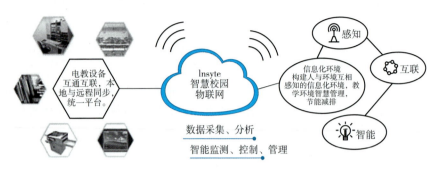

图2-8　智慧校园物联网

2.1.1.5　各类信息化应用专属基础设施

在学校的智慧教学环境、智慧教学资源、智慧校园管理、智慧校园服务体系的建设过程中，所发展的很多具体信息化应用往往需要配套进行专属基础设施的建设。在进行各类信息化应用专属基础设施建设的时候，要合理利用已有校园资源，避免浪费和重复建设，同时开发新资源要与旧资源协调配合、相互兼容。例如：

（1）优先使用校园网络数据中心的计算资源，以便于学校计算资源的统一管理与综合应用。

（2）优先使用已有的校园网络通信资源，对于需要新增和扩展的网络通信设施，也需要并入校园网络通信资源体系。

（3）对于与物联网应用相关的信息化系统，在信息化系统规划设计时，应考虑已有的校园感知系统与物联网设施的有效利用，对于新增和扩展的感知系统与物联网设施，应并入校园感知系统和物联网设施体系。

（4）对于需要公共终端资源的信息化系统，在信息化系统规划设计时，应考虑校园已有公共终端设备与设施的有效利用，对于新增和扩展的公共终端设备与设施，应并入校园公共终端资源体系。

教育部等六部门于2021年7月印发的《关于推进教育新型基础设施建设构建高质量教育支撑体系的指导意见》提出，建设智慧校园新型基础设施，支持有条件的学校利用信息技术升级教学设施、科研设施和公共设施，促进学校物理空间与网络空间一体化建设。

智慧校园新型基础设施建设，旨在鼓励信息化发展到一定阶段的学校，全面提升教学设施、科研设施、校园运行和服务等公共设施的信息化水平，加强对教学科研全过程的深度支持，增强校园实验室安全能力，优化师生生活服务体验，实现学校精细化管理和科学决策。

表2-1对比了智慧校园与数字校园在基础设施层上的差异。

表2-1　智慧校园与数字校园在基础设施层上的差异对比

校园信息化的核心构成体系		数字校园	智慧校园
基础设施层	数据中心机房、数据库与服务器	由于历史发展原因，很多应用系统的计算与存储资源都相对独立，没有实现资源共享	采用云计算技术进行计算资源、存储资源管理与应用，以及提供智能化运维服务支持
	网络通信系统	在学校建立了校园网的同时，还建立了很多相对独立的信息化应用的专属设施和网络通信设施，通信资源没有实现整合	将各类信息化应用的专属基础设施通信资源融合到整个智慧校园的网络通信体系，进行通信资源共享应用
	感知系统与物联网设施	少量应用系统发展了物联网感知应用	大量进行感知系统及物联网设施的建设，并与校园网络及软件系统融为一体进行应用，还建设物联网管理平台，对物联网设备设施、数据交换和资源共享进行管理

【延伸阅读】

信息感知与物联网

信息的概念存在于人类的意识中。对于一个物理实体，不同的人，出于不同的目的，可从中获取不同的信息。

例如：马路边一块废弃的、不规则的、锈迹斑斑的金属块。这句话含有位置、用途、形状、外观和属性等信息。

一位拾荒者看了一眼，估摸一下"重量"，根据废品价格计算一下收益，判断是否值得弯腰捡起来。这个金属块的"重量"便是拾荒者关注的信息。

一位几何教师看了一眼，估摸一下"形状"，柱、锥、台、球等不同形状快速比对一遍，判断是否可以用于几何教学。这个金属块的"形状"便是几何教师关注的信息。

一位物理教师看了一眼，估摸一下"形状"和"重量"，这个金属块的"比

基于大数据中心，学校各类应用系统与已经部署且开放接口的国家核心系统、上级通用系统在用户、数据、业务处理上能高度融合，实现无缝对接。

表 2-2 对比了智慧校园与数字校园在支撑平台层上的差异。

智慧校园的基本架构之支撑平台层

表 2-2　智慧校园与数字校园在支撑平台层上的差异对比

校园信息化的核心构成体系	数字校园	智慧校园
支撑平台层	通过综合信息门户、统一身份认证和数据交换服务等，实现应用服务集成	建设校园大数据中心，以此为基础实现智慧校园各类应用服务的集成以及数据融合综合应用

2.1.3　应用平台层

应用平台层是智慧校园应用与服务的内容体现，在支撑平台层的基础上，构建智慧校园的环境、资源、管理和服务等应用，为师生员工及社会公众提供泛在的服务。其包括智慧教学环境、智慧教学资源、智慧校园管理、智慧校园服务四大部分（如图 2-10 所示）。

应用平台层

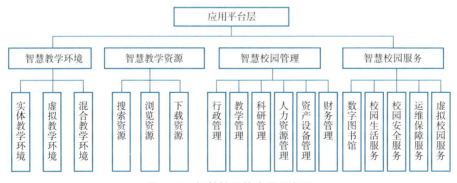

图 2-10　智慧校园的应用平台层

（1）智慧教学环境可以是实体的教学环境，也可以是虚拟的教学环境或虚实相结合的混合教学环境。常见的有多媒体教室、智慧教室和实训创客空间等。

（2）智慧教学资源指使用者可通过多种接入方式访问资源管理平台，

并搜索、浏览或下载所需资源。智慧教学资源应用功能如图 2-11 所示。

（3）智慧校园管理专指学校各行政管理部门的行政管理、教学管理、科研管理、人力资源管理、资产设备管理、财务管理等管理信息系统。

（4）智慧校园服务指以信息技术为手段，为教学提供基于互联网的智慧化校园公共服务支撑体系，核心内容是校园安全管理和设施设备运维。

图 2-11　智慧教学资源应用功能示意

2.1.4　应用终端层

应用终端层是接入访问的信息门户，访问者通过统一认证的平台门户，用各种浏览器及移动终端安全访问，随时随地共享平台服务和资源，包括用户和接入访问两个方面（如图 2-12 所示）。

智慧校园的基本架构之用户终端层

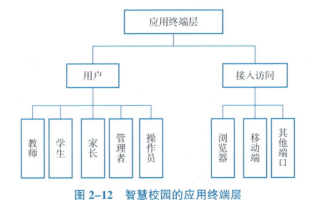

图 2-12　智慧校园的应用终端层

（1）用户：用户指教师、学生、管理者和操作员等使用群体；他们可以通过智慧校园平台进行学习、教学、管理和沟通等活动。例如，学生可以在平台上查看课程表、提交作业、参加在线考试等；教师可以在平台上布置作业、批改试卷、发布通知等；家长可以在平台上查看孩子的学习情况、缴纳学费等；管理者可以在平台上进行学校管理、数据分析等。

（2）接入访问：用户可以通过计算机网页浏览器或移动终端系统接入访问。例如，在学校内部，用户可以通过 Wi-Fi 接入智慧校园平台；在外部，用户可以通过手机 App 或网页访问智慧校园平台。同时，智慧校园平台采用多层次的安全措施，保障用户信息和数据的安全。

表 2-3 对比了智慧校园与数字校园在应用终端层上的差异。

表 2-3 智慧校园与数字校园在应用终端层上的差异对比

校园信息化的核心构成体系		数字校园	智慧校园
应用终端层	各类应用终端：台式机、笔记本电脑、手机、PAD、电子白板、手写输入设备、云桌面、多媒体视听设备、智能电视机、多媒体教学一体机、工业手持机、VR 设备、POS 机	应用终端的类型较少，并且大量应用终端分属于不同的应用系统	应用终端类型丰富，基于网络通信资源的共享与软件支持，可以实现校内各类应用终端的"一机多用"

2.1.5 信息安全体系

信息安全体系是贯穿智慧校园总体框架多个层面的安全保障系统。智慧校园信息安全体系包含智慧校园安全管理体系、智慧校园安全技术防护体系、智慧校园安全运维体系（如图 2-13 所示）。

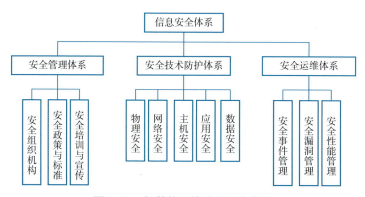

图 2-13 智慧校园的信息安全体系

其中，智慧校园安全管理体系主要包括安全组织机构、安全政策与标准、安全培训与宣传等。例如，智慧校园平台建立了专门的信息安全工作小组，制定了一系列安全管理政策和标准，并定期组织安全培训和宣传活动。

智慧校园安全技术防护体系主要包括物理安全、网络安全、主机安全、应用安全和数据安全等。例如，智慧校园平台采用了多重身份认证、数据加密、防火墙、流量监控等技术手段，保障了用户数据的安全。

智慧校园安全运维体系主要包括安全事件管理、安全漏洞管理、安全性能管理等。例如，智慧校园平台建立了完善的安全事件管理机制，及时响应和处理安全漏洞、攻击和异常事件。

智慧校园安全体系不低于 GB/T 22240—2020《信息安全技术　网络安全等级保护定级指南》规定的三级要求。

信息安全体系
设计基本思路

2.1.6　条件保障体系

智慧校园的条件保障体系包括教育信息化领导力，信息化组织机构与人力资源，信息化政策、规范与机制，信息化项目建设与运维管理，信息化安全保障体系等方面（如图 2-14 所示）。条件保障体系是智慧校园顺利实施、平稳运行和持续发展的保障，也称之为可持续发展保障体系。

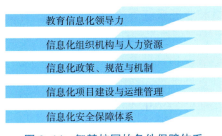

图 2-14　智慧校园的条件保障体系

2.1.6.1　教育信息化领导力

教育信息化领导力是指校级领导的信息化相关能力与素养，主要由信息化价值的认知能力、信息化工作的调控能力和信息化绩效的评估能力三部分构成。校级领导通过对信息化工作施加影响力，让信息化建设满足本校的需要，促进信息化要素充分发挥作用，支持学校的教学创新和管理改革。

2.1.6.2　信息化组织机构与人力资源

学校应当组建高效的信息化组织机构，以适应信息化引发的学校教学模式创新和业务流程再造等带来的变革需要，保障智慧校园的实施。信息化组织机构由学校信息化领导小组、负责信息化工作的校级领导、单独设置的中层管理机构（信息化办公室或教育信息中心）、学校业务部门以及监理与评价小组组成。

2.1.6.3　信息化政策、规范与机制

学校应制定信息化战略规划。战略规划既包括 3~5 年的中长期规划，也包括基于中长期规划所分解形成的短期规划与计划（每年、每学期规划）。

学校应制定智慧校园规划与建设机制、信息化建设管理规范、信息化应用激励政策、用户信息化岗位规范、信息化应用管理规章、人员培训制度、经费保障机制、研究与发展机制等系列校级政策、规范与机制，并且符合基础设施建设准则、应用服务建设准则、教育信息化标准与规范。

2.1.6.4　信息化项目建设与运维管理

智慧校园及其下属各个子项目的建设与实施过程，都应分为"规划与设计、建设与部署、应用与推广、管理与维护"四个阶段，在四个阶段循环进行过程中应始终有效果评价，并将其结果反馈给各个阶段加以改进，即"评价与改进"。

智慧校园运维管理是指针对智慧校园各系统采取相关的管理办法和技术手段，对运行环境和业务系统等进行维护管理，保障智慧校园稳定运转的工作。智慧校园运维管理体系的建设要求是：建立运维管理的组织机构，制定科学有序的规章制度和管理流程，实施统一的运行维护规范，应用运维管理工具搭建运维管理平台，保障智慧校园的稳定运转。运维管理体系的建设应遵循 ITIL[①] 和 ISO 20000 标准[②]。

2.1.6.5　信息化安全保障体系

智慧校园信息化安全保障体系是指为实现智慧校园安全保障的目标所建立的方针政策、组织结构、规章制度、流程规范和技术手段的总和，涵盖网络系统安全、计算机系统安全和信息安全等范畴。

---

①　ITIL（IT Infrastructure Library）是 CCTA（英国国家计算机和电信局）于 20 世纪 80 年代末开发的一套 IT 服务管理标准库，它把英国各个行业在 IT 管理方面的最佳实践归纳起来变成规范，旨在提高 IT 资源的利用率和服务质量。

②　ISO 20000 是面向机构的 IT 服务管理标准，目的是提供建立、实施、运作、监控、评审、维护和改进 IT 服务管理体系（ITSM）的模型。

【延伸阅读】

　　前面案例中的智慧校园的搭建，首先要在现有"IT基础设施层"的基础上，完成对于"应用支撑平台"的搭建，通过对"业务应用"的数据整合，实现数字校园信息资源的共享与交换，并且支撑数字校园对应用进行整合与开发，实现Web门户、手机客户端、短信息、邮件等方式的数字校园信息的"综合服务展现"。同时，该架构需要建设数字校园的"信息标准和安全运维体系"。

　　如图2-15所示，智慧校园系统功能结构由四部分组成。

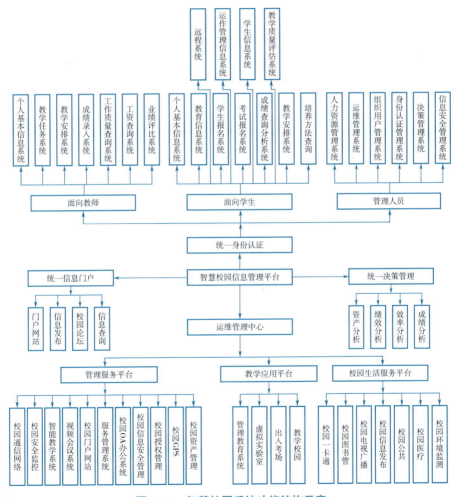

图2-15　智慧校园系统功能结构示意

（1）运维管理中心：综合集成校园管理、校园教学、校园生活服务平台。

（2）统一身份认证：面向教师、学生、管理者的统一认证管理平台。

（3）统一信息门户：提供面向校园的综合管理和信息服务。

（4）统一决策管理：为管理者的决策分析提供数据支持。

如图 2-16 所示，智慧校园网络结构分为接入层、汇聚层、核心交换层、数据管理层。

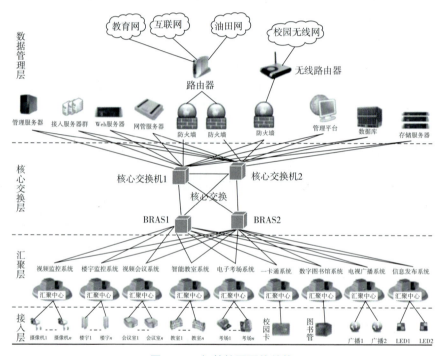

图 2-16　智慧校园网络结构

2.2　智慧校园的核心内容

2.2.1　智慧校园的教学环境

"一支粉笔，两袖清风，三尺讲台，四季耕耘"是传统学校教育给人们留下的印象。然而，随着人工智能、大数据的快速发展，传统的教学环境历经革新，兼具智慧化、信息化、移动化的新一代人才培养环境——智慧校园改变了传统的教育方式，对教育资源进行重新整合的同时，也为教师和学生带来了全新的教育、学习体验。

下面列举了三个智慧教室的教学环境建设情境，通过学习，可以对智慧教室的建设情况进行客观评价。

情境一：以智慧教室为主体的智慧教学环境建设

武汉某中职学校，在建设多间多媒体智慧教室的基础上，给每一间教室都安装了摄像头、传感器等感知监控设备，可以对上课全过程进行监视；同时建设了智能控制中台，可对设备运行情况和故障进行实时处理和排查，通过智能管理后台可对教室中教学设备的工作状态进行监控和预警。

情境二：以网络教学分析平台为主体的智慧教学环境建设

武汉某高职院校，在智慧教室建设基础上，建设了网络教学及分析平台来辅助课堂教学，教师和学生可不局限于教室环境开展教学活动，包括在线进行答疑、开展讨论、测试并在线批阅作业等互动活动；同时借助虚拟仿真软件、同屏教学管理系统等同步课堂环境进行教学互动，在平台上所产生的教学过程都可转化为数据自动存储和汇聚到教学数据分析中心，通过教学数据分析可形成学习情况分析报表，为教学决策提供数据支撑。

情境三：以智能实训为主体的智慧教学环境建设

武汉某本科院校，在智慧教室、智慧教学软件平台的建设基础上，提出可视化智慧校园平台的建设思路，基于校园物理环境，以真实校园整体为基础，利用网络技术完成了校园的可视化地理信息系统空间位置的搭建。实现了校园室内外一体化地图 +2.5D 虚拟仿真 +VR 全景漫游多维度的虚拟展示和呈现，并在此基础上完成了校园更加具象立体的物理网络线路、校园 AP 设备、汇聚交换机、多媒体教室、标准化考场等数据可视化。并结合可视化位置服务平台，实现基于空间位置的可视化消防巡更、可视化安防巡查、可视化视频调阅、三维可视化地下管网等应用的打造。

智慧校园教学
环境建设

智慧教学环境可以是实体的教学环境，也可以是虚拟的教学环境或虚实相结合的混合教学环境。职业院校在开展智慧教学环境建设时，重点进行多媒体及智慧教室建设、资源共享与网络教学应用体系建设、实习实训环境智慧化建设、远程职业培训体系建设等。

　　智慧教学环境的总体架构如图2-17所示，包含基础设施层、支撑平台层、应用平台层、应用终端、信息安全体系和技术规范与保障体系。作为独立部署的智慧教学环境，其总体架构与智慧校园的总体架构除应用平台层之外，其他模块完全相同。

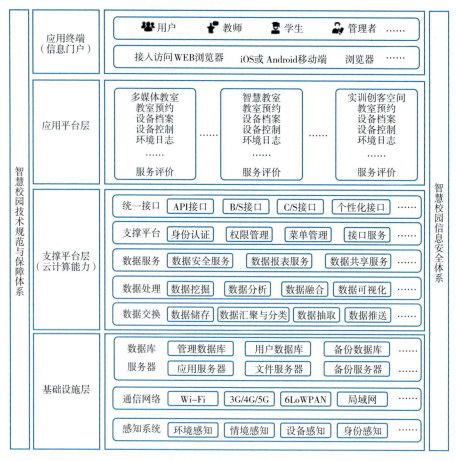

图 2-17　独立部署的智慧教学环境体系结构

2.2.1.1　智慧教学环境所能提供的功能与分级标准

　　智慧教学环境是集智能化感知、智能化控制、智能化管理、智能化互动反馈、智能化数据分析、智能化视窗等功能于一体，支持教学、科研活动的现实空间与虚拟空间融合的环境。按照国家智慧校园建设框架标准，智慧教学环境所能提供的功能如图 2-18 所示。

功能	要求
智能感知	能够实现对环境内所有装备（软硬件设备）及状态的信息采集，对环境指标及活动情境的识别、感知和记录
智能控制	能够实现对教学设备的控制和管理，且能实现对控制权过程及效果的监视
智能管理	能够实现环境内各类信息或数据的生成、采集、汇聚和推送，便于实现对环境内所有装备(软硬件设备)、环境指标及教学活动进行管理
互动反馈	具备受众通过互联网在任何地点都能根据权限许可加入的条件，支持教师和学生活动过程中的全方位交互，包括课程通知、课程互动、在线答疑、课程讨论区交流和获取所需的资源和服务，并及时进行信息反馈
跨域拓展	具备通过互联网跨域远程拓展同步教学活动环境空间或跨域构建虚拟教学活动同步课堂条件
环境条件监测与调节	具备基于室内自然光、照明、空气质量、温度及湿度等环境数据实现智能调节控制的条件
虚拟现实与增强现实	具备仿真、虚拟现实或增强现实系统，强化视觉、听觉及触觉等效果进行案例教学、实验教学或科研活动的条件
分析决策	具备综合运用教学活动的信息和数据，为数据分析和决策提供支持的环境与条件

图 2-18　智慧教学环境所能提供的功能

根据智慧教学环境提供的功能，将智慧教学环境分为以下三级：

（1）基础型（一级）教学环境。适用于各级各类院校的常规教学活动。

（2）拓展型（二级）教学环境。适用于各级各类院校的常规教学、案例教学及远程教学活动。

（3）高级型（三级）教学环境。适用于各级各类院校的常规教学、远程教学、实践实训教学活动和课堂教学管理决策分析等。

智慧教学环境分级标准如表 2-4 所示。

表 2-4　智慧教学环境分级标准

功能	基础型（一级）	拓展型（二级）	高级型（三级）
智能感知	必选	必选	必选
智能控制	必选	必选	必选
智能管理	必选	必选	必选
互动反馈	—	必选	必选
跨域拓展	—	必选	必选

续表

功能	基础型（一级）	拓展型（二级）	高级型（三级）
环境条件监测与调节	可选	可选	可选
虚拟现实与增强现实	—	—	可选
分析决策	—	—	可选

结合智慧教学环境分级标准，可对问题导入环节的案例作出判断，结果参见表2-5。

表2-5　智慧教学环境的分析结果

案例功能分析	案例一	案例二	案例三
智能感知	√	√	√
智能控制	√	√	√
智能管理	√	√	√
互动反馈	—	√	√
跨域拓展	—	√	√
环境条件监测与调节	—	—	—
虚拟现实与增强现实	—	—	—
分析决策	—	—	√
结论	基础型（一级）	拓展型（二级）	高级型（三级）

案例一：以智慧教室为主体的智慧教学环境建设案例属于一级，即基础型智慧教学环境，可以进行常规的教学活动。有些基础型校园还可以根据教室内的环境情况进行智能调节，比如空气湿度较低时，智能开启加湿器，室内温度较高时，智能开启冷风等。

案例二：以网络教学分析平台为主体的智慧教学环境建设案例属于二级，即拓展型智慧教学环境，该学校除了可以进行常规教学活动外，还可以进行案例教学及远程教学。有些拓展型校园还可以根据教室内的环境情况进行智能调节，比如空气湿度较低时，智能开启加湿器，室内温度较高时，智能开启冷风等。

案例三：以智能实训为主体的智慧教学环境建设案例属于三级，即高级型智慧教学环境，该学校除了可以进行常规教学活动、远程教学外，还可以进行实践实训教学和课堂教学管理决策分析等。

2.2.1.2　智慧教学环境应用平台层建设内容

智慧教学环境应用平台层建设内容主要包含多媒体与智慧教室建设、创客实训教学环境建设、教学资源共享与网络教学服务应用、实习实训教学服务应用、产教融合服务应用、远程职业培训服务等。

（1）智慧教室。智慧教室是为教学活动提供智慧应用服务的教室空间及其软硬件装备的总和（如图 2-19 所示）。学校可以将现有的多媒体教室上升级成智慧教室，或者新建智慧教室。相对于传统的多媒体教室，智慧教室通过物联网感知系统实现了物与物、物与人的泛在连接，实现了对各类对象的智慧化识别、跟踪、监控和管理，实现了教学活动开展的智慧化。

图 2-19　智慧教室（哈佛商学院）

学校智慧教室的建设可在以下各方面逐步形成智慧化建设特色：

第一，基础设施系统包括物理空间、桌椅装置、供配电、通风空调、灯光照明等子系统。

第二，网络感知系统包括网络接入、射频识别、人体识别等子系统。

第三，可视管理系统包括中控、能耗、监控等子系统。

第四，增强现实系统包括交互演示、视频会议、穿戴设备等子系统。

第五，实时记录系统包括课程录播、电子学档、课堂应答等子系统。

第六，泛在技术系统包括云端服务和移动终端等子系统。

学校在智慧教室实际工程建设项目中，可根据自身需求和经费的情况有所取舍，但应该做好智慧教室建设的可继承性、可持续性建设规划。

（2）教学资源共享与网络教学服务。教学资源共享与网络教学服务旨在实现校内及校际数字教学资源充分共享、有效应用，一般包含数字教学资源中心、网络课程管理与共享服务、校际资源与课程共享服务、基于共享资源的网络教学服务，以及针对数字资源、网络课程及网络教学的评价服务等。

在具体实现上，教学资源共享与网络教学服务应融入职业院校日常教学及专业建设的各类教学服务类信息系统之中，并且能够通过校内云服务模式或数据融合模式实现教学资源、网络课程在不同教学服务类信息系统中的共享，避免出现教学资源和网络课程资源的"孤岛"化建设。

通过教学大数据分析等方法可以提前预知学习者潜在的学习需求，学习者通过资源订阅和智能推送的方式，第一时间获取最新的学习资源，实现了教与学的立体沟通与交流，提供了个性化学习支撑条件，形成了智慧化的在线教学环境。

根据教育部职业院校教学发展的相关政策要求，教学资源共享与网络教学服务应在以下领域逐步加以深入应用：学校的公共基础课教学建设与发展、德育及素质教育建设与发展、专业建设资源管理与共享服务、在线开放课程建设与教学服务、专业建设指导委员会信息化服务、名师及大师工作室网络教学空间、现代学徒制网络化服务体系建设、校企合作实训基地服务体系建设、顶岗实习远程教学服务体系建设、校企合作订单班网络教学服务、技能高考网络教学与资源服务、技能大赛资源共享与教学服务、双创教育资源共享与教学服务、面向师生的网络学习空间人人通建设等。

以上各类教学服务类信息系统，可以由学校建设统一平台供各专业、教学单位或业务部门使用，也可以由各重点专业根据自己项目的建设要求，独立进行建设。建设的教学服务信息系统，应实现与学校大数据中心应用系统的集成。

【延伸阅读】

智慧思政谱写育人新篇章

如何让学生"进得去、留得住、学得好、离不开"是思政课一直以来的难题。习近平总书记在全国高校思想政治工作会议上强调,要运用新媒体新技术使工作活起来,推动思想政治工作传统优势同信息技术高度融合,增强时代感和吸引力。

智慧校园与高校思政教育相融合可以提升高校思想政治教育的有效性。高校思想政治教育的目的在于结合时代背景,根据大学生的心理特点对其开展教育、管理、服务和引导,培养社会主义的合格建设者和接班人。但"大水漫灌"式的信息传递是单向的,成效在很大程度上取决于教师的授课水平和学生的心理状态。智慧校园可以充分利用信息技术采集学生的校内生活数据加以甄别,及时发现特殊学生,进而有针对性地开展教育管理工作。当前一些高校基于学生校内生活数据分析,对家庭经济困难学生开展"无声资助"正是智慧校园在学生服务方面的现实应用。同时,智慧校园的智能化属性使得教务、学工、后勤等部门之间的数据得以共享,通过演算模型可以依据不同年龄段学生的偏好及时调整思政课的授课方式,让思政课真正"听得懂、读得透,能理解"。

智慧校园与高校思政教育相融合可以拓宽开展思想政治教育的途径。思政课是高校开展思政教育的其中一个环节,而思政教育是实现全员、全程、全方位育人的体系化工程,这就要求我们不断丰富高校思想政治教育的途径和方法。智慧校园不仅具有内部联通的功能,其强大的信息抓取能力可以为思政辅导员提供丰富的教育资料,开拓学术视野,学习先进的工作经验和方法,而这类素材多以短视频、海报甚至游戏等形式呈现,兼具通俗性和互动性,能被学生广泛接受,将教师的精力从以往的教案编写中解脱出来,专注于课堂氛围营造和思想引领上。

智慧校园与高校思政教育相融合可以优化思政辅导员的工作方式。思政辅导员具有广泛的学科背景和宽口径的知识储备,但现实情况是许多思政辅导员的大量时间和精力被花费在事务性工作中,用传统的方式处理纷繁复杂的数据,无力真正走近学生,联系学生。同时,智慧校园无形中为学生和思政辅导员搭建起新的沟通渠道,这种渠道相比线下的面谈更加便捷和私密,有助于打破学生和老师之间的天然隔阂,了解到学生的最新思想动态。当然，这种双向的交流渠道也是一种评价方式，将学生对思政辅导员的评价作为其考核的部分参考。

在智慧校园与高校思政教育相融合过程中，除了切实提高思政辅导员的素质和思想认识外，更重要的是转变工作思路，主动拥抱新时代，因势而为，因时而新，在精准把脉当代大学生的性格特点和行为思想动态的基础上，综合运用智慧校园等现代科技，努力营造体验式和沉浸式教学环境，成为一名"有态度"且"有温度"的思政辅导员，使思想政治教育"浇花浇根、育人育心"，以润物无声的方式提升我国大学生的思想道德水平，培养一代又一代社会主义合格建设者和可靠接班人。

（3）实习实训教学信息化。学校及各重点建设专业，能够有效利用互联网、物联网、移动通信网实现学生实习实训教学服务，为参加实习实训的学生提供在线学习、考核、交流平台；利用三网联动技术实现实习实训教学活动过程监控、信息管理以及在线远程观摩示范等，包括实习实训考勤管理、实习实训人员管理、实习实训项目管理、实习实训设备管理、实习实训教学管理和实习实训评价评估等。

仿真实训系统环境是利用计算机虚拟现实技术、仪器设备、模型以及利用场地、环境的布置，通过仿真实验软件、仿真实训软件和仿真实习软件等仿真实训教学资源模拟出真实的工作环境、工作程序和动作要求，支持模拟生产、教学实训和考核鉴定等教学活动。

学校在重点专业及专业群的建设中，可根据自身需求进行不同类型的仿真实训系统环境的建设。

比如，早在1978年，清华大学自动化系在我国高校中率先成立系统仿真实验室，为了在本科教学中开展高危、高消耗、极端条件下复杂先进自动化与控制系统设计、分析与实现的虚拟仿真实验教学，清华大学自动化系依托国家级实验教学示范中心，成立了"复杂先进自动化与控制系统虚拟仿真实验教学中心"。中心下设"复杂连续工业生产过程虚拟仿真实验教学平台""复杂离散工业生产过程虚拟仿真实验教学平台""复杂导航与制导系统仿真实验教学平台""复杂智能交通系统虚拟仿真实验教学平台"（见图2-20）四个平台，建设机械工程领域开放式、创新型的虚拟仿真实验教学中心。

图 2-20　复杂智能交通系统虚拟仿真实验教学平台

（4）远程职业培训服务。学校应建立远程职业培训服务体系，为非职业院校学员职业技能的持续提升提供在线学习服务，支持职业院校开展社区终身学习、高新技术培训、公益性培训、专业提升拓展型培训、岗位资格认证型培训、培训与学历（岗位）结合型培训等活动，通过数据分析挖掘可实时掌控培训开展情况和培训结果，为每一位学习者建立对应的学习档案，为职业培训服务工作提供智慧化的决策支持服务，最终使职业院校有效履行其社会服务职能。

学校在建立远程职业培训服务体系时，可以采用建立校一级远程职业培训系统来实现，也可以通过在具有相关应用服务的教学资源共享与网络教学服务系统中进行来实现。

2.2.1.3　智慧校园与数字校园在教学环境信息化上的差异（见表2-6）

表 2-6　智慧校园与数字校园教学环境信息化的差异

校园信息化的核心构成体系		数字校园	智慧校园
教学环境信息化	多媒体教室或智慧教室	以多媒体教室建设为主	重点建设基于物联网、云服务、虚拟仿真技术、大数据技术的智慧教室，并逐步人工智能化
	各类教学资源共享与网络教学服务系统	1.实现了基于基础互联网和移动互联网的教学应用，部分实现了云资源共享与教学服务。 2.在实训教学环境建设中，物联网和虚拟仿真技术开始得到了普遍应用。 3.不同网络教学平台之间、不同实训教学环境之间的数据融合与综合应用状态较差	综合移动技术、云资源服务、虚拟仿真技术、大数据和人工智能技术，构建新型教学模式，重构教学流程，并开展教学过程监测、学情分析和学业水平诊断，建立基于大数据的多维度综合性智能评价，精准评估教与学的绩效，实现因材施教
	实习实训教学服务，包括数字化技能教室、虚拟仿真实训室、互动体验室等仿真实训环境建设		

【延伸阅读】

随着"大众创业、万众创新"的提出，我国的教育迎来了创新驱动发展的新时代。国家对创新型人才的需求日益凸显，创客教育应时而生。

创客（Maker）是指努力把各种创意转变为现实的人或是"做中学"的一种方式。"做中学"秉承了自主创新、边学边创造体验的实践教育思想，是创客教育的核心理念。这种方式以项目实践的创造性为依托，通过创造性的实践学习，分享自创作品，帮助学生在做的过程中激发各种潜能，有效突破学习中的薄弱环节，突出其主体性，并快速提升学生的实践与创造能力。

创客教育注重各学科间知识的融会贯通，打破专业和学科间的壁垒，在相互融合的课程框架体系中，通过教师引导、创客课堂、创客文化、创客空间到实现"做中学"的方式，构建创客教育实践教学的新路径。

1. 创客空间的布置

创客空间的布置要满足创客教育的要求。要根据实际情况选择适当大小的场所，必要时，还可以根据需求分成几个不同类型的分工作室，如3D空间、数字加工空间等，但一般情况下，一个普通教室大小的空间即可，里面能容纳4~6张工作台，以及一些体积较大的加工工具，如激光切割机、3D打印机等，同时还有放置专业书籍或资料的书柜和用于数字创作或资料查询的计算机设备等。此外，还有用来存放学生的创客作品和半成品的储物柜。

在工具和器材方面，准备要尽量全面一些，应能满足大部分学生研究和实践的需求。

创客空间要制订合理的运营计划。理想的开放时间当然是一周七天，全天开放。但是为了确保学生的正常学习，在课余时间保证开放即可。若条件允许，在周末可以向学校周边的学生开放。

图2-21展示了面向创客教育的创客空间结构。

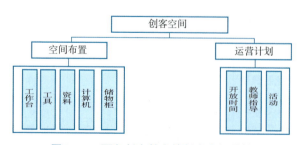

图2-21　面向创客教育的创客空间结构

2. 创客教育虚拟环境的构建

面向创客教育的虚拟学习环境主要是指网络学习环境，包括面向实践的虚拟实验室。面向创客教育的网络学习环境的构建应当包括学习资源、学习工具、学习服务三个方面的内容（如图 2-22 所示）。

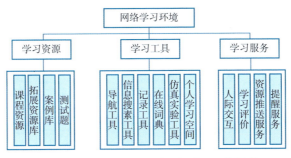

图 2-22　面向创客教育的网络学习环境结构

2.2.2　智慧校园的教学资源

智慧教学资源是智慧校园的重要功能单元，使用者可以通过多种接入方式访问资源管理平台，并搜索、浏览或下载所需资源。智慧教学资源的总体架构如图 2-23 所示，分为基础设施层、支撑平台层、应用平台层、应用终端、信息安全体系和技术规范与保障体系。其总体架构与智慧校园的总体架构除应用平台层之外，其他模块完全相同。

智慧教学环境的设计与建设

本节主要介绍智慧教学资源的应用平台层建设内容。智慧教学资源应用平台层包括资源制作、资源库、资源应用等应用单元，这些应用单元需在各类教学服务类信息系统中进行功能性实现。

2.2.2.1　教学资源的分类

教学资源分类如表 2-7 所示。

表 2-7　智慧教学资源的分类

分类标准	类型
内容形式	教学素材、教学课件、网络课程、虚拟仿真系统、教育游戏、教学案例、数字图书、数字教材、教学工具和学习网站，共计十大类
来源	校本资源、引进资源、开放资源、国家公共教育资源

续表

分类标准	类型
媒体类型	文字、图片、视频、音频、动画（2D、3D）、应用、综合
CELTS 分类	媒体素材、试题库、试卷、课件与网络课件、案例、文献资料、常见问题解答、资源目录索引和网络课程九大类
生产方式	预设型学习资源、生成型学习

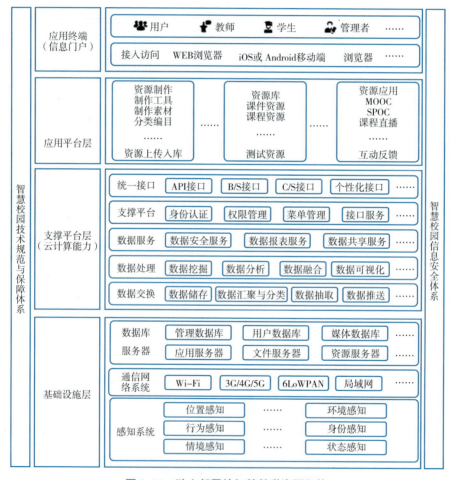

图 2-23　独立部署的智慧教学资源架构

2.2.2.2　教学资源的来源

（1）开放资源：基于非商业用途，执行开放资源版权要求，借助网络信息技术自由使用和修改的数字资源。

（2）引进资源：学校以购买、接受捐赠等形式从校外引入的教学资源。

（3）校本资源：学校自主开发的具有自主版权的资源，包括学校自主建设或与企业等单位合作研发的教学资源。

智慧教学资源

2.2.2.3 教学资源建设与应用的原则与要求

（1）开放资源的应用原则。

第一，提倡对开放资源进行有目的的再加工，使之完全符合教学需求。

第二，版权清晰、来源明确。

（2）引进资源的实施原则。

第一，确认是否存在开放资源。

第二，联合相关职业院校，实施联合引进，以降低引进成本。

第三，将引进资源计划纳入院校资源建设整体规划，防止盲目引进、跟风引进。

第四，从实际需求出发，有效利用资金，优先引进解决教学中进不去、看不见、动不了和高危险、高耗能、高污染的实践性教学资源。

（3）校本资源的建设原则。

第一，确认是否存在开放资源、引进资源。

第二，确认校本资源具有一定的应用群体、一定的应用寿命。

第三，确认具有日常维护、可持续开发的资金支持。

第四，确认可以组织科学、高效的开发团队。

第五，进行有效的教学设计并采用主流技术。

第六，制定资源建设、应用标准及推广方案。

2.2.2.4 通用性基础资源

（1）通用性基础资源的分类。通用性基础资源是指 CELTS-41.1 2002-09 中的教育资源，其含义为以数字信号在互联网上进行传输的教育信息。通用性基础资源有九类：媒体素材、试题、试卷、课件、案例、文献资料、网络课程、常见问题解答和资源目录索引。

媒体素材是传播教学信息的基本材料单元，可分为五种：文本类素材、图形/图像类素材、音频类素材、视频类素材和动画类素材。

试题是测试中使用的问题、选项、正确答案、得分点和输出结果等的集合。

试卷是用于进行多种类型测试的典型成套试题。

课件是对一个或几个知识点实施相对完整教学的软件。根据运行平台的不同，可分为网络版的课件和单机运行的课件。网络版的课件能在标准浏览器中运行，并且能通过网络教学环境被大家共享。单机运行的课件可通过网络下载后在本地计算机上运行。

案例是指由各种媒体元素组合表现的有现实指导意义和教学意义的代表性事件或现象。

文献资料是指有关教育方面的政策、法规、条例、规章制度，对重大事件的记录、重要文章、书籍等。

网络课程是通过网络表现的教学内容及实施的教学活动的总和，它包括两个组成部分：按一定的教学目标、教学策略组织起来的教学内容和网络教学支撑环境。

常见问题解答是针对某一具体领域最常出现的问题给出全面的解答。

资源目录索引是列出某一领域中相关的网络资源地址链接和非网络资源的索引。

（2）通用性基础资源的制作与应用。通用性基础资源制作包括资源实时生成和资源加工制作两个方面：

第一，资源实时生成：可以实现实时生成资源以及其即时分类编目；另外，实时生成资源具备同步上传存入资源数据库的条件。

第二，资源加工制作：根据教学设计需求，建立完备的编辑、加工的工具库、素材库；对加工制作的资源设置即时分类编目；并为加工制作的资源提供同步上传存入资源数据库的条件。

通用性基础资源应用包括资源访问和在线学习两个方面，其具体要求如图 2-24 所示。

2.2.2.5 仿真实训资源

广义来说，一切可用于职业教育教学实践环节的数字化资源均可成为仿真实训资源。仿真实训资源更多表现为专业类资源，体现职业院校的教学要求。提倡构建基于互联网的仿真实训资源，以便大范围共享应用。根据实践环节的不同，仿真实训资源可以分为仿真实验软件、仿真实训软件和仿真实习软件。

资源访问的具体要求

- 根据权限支持用户在不同操作系统平台以及主流浏览器等进行访问管理，用户无需安装插件即可通过浏览器访问平台的资源。
- 具有移动端App功能。
- 开放权限，为用户提供统一的检索目录，促进资源交易交换，提高资源流通效率。
- 资源浏览、下载：根据权限，支持用户对需求资源的实时浏览、下载，支持视频无插件播放。

在线学习的具体要求

- 在线课程：支持MOOC大规模在线课程和SPOC小规模限制性在线课程应用模式等。
- 现场直播：实时生成资源支持网络或微信现场同步直播。
- 互动反馈：支持在线讨论、辅导、答疑和相互评价。

图 2-24　通用性基础资源应用

（1）仿真实验软件。仿真实验软件是指将多媒体技术应用于实验环节中，以期达到观察现象、学会方法、自主操作的效果，其主要教学目的是验证理论、巩固知识、培养兴趣以及培养分析问题与解决问题的能力。软件的技术实现应以多媒体为主，使实验对象变静为动，变平面为立体，变抽象的符号、图纸、文字为具有真实感的三维实物。图 2-25 展示了仿真实验软件示例。

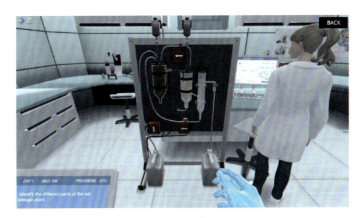

图 2-25　仿真实验软件示例

（2）仿真实训软件。仿真实训软件是指应用于职业技能训练过程的软件，以达到熟悉操作、技能养成的目的。仿真实训软件可支持学生对实训环境（包括工具、设备、实训场所、企业生产流程与数据）进行认知，以二维动画、三维可视化控制技术与三维建模渲染为主，注重交互性；实训项目可针对专业/工种的核心技能而设计，根据训练核心技能的需要，设置若干个任务、模块（单元），按照技能点层层展开。图 2-26 展示了仿真实训软件示例。

图 2-26　仿真实训软件示例

（3）仿真实习软件。仿真实习软件指用于生产性实习中的仿真软件，主要目的是缓解现场实习难的问题。仿真实习软件能支持学生对真实的生产环境（包括工具、设备、生产环境、企业生产流程与数据）进行认知。图 2-27 显示了仿真实习软件示例。

图 2-27　仿真实习软件示例

2.2.2.6 智慧校园与数字校园在教学资源信息化上的差异

智慧校园与数字校园在教学资源信息化上的差异见表 2-8。

表 2-8 智慧校园与数字校园在教学资源信息化上的差异

校园信息化的核心构成体系		数字校园	智慧校园
教学资源信息化	通用性基础资源	普遍使用通用性基础资源，包括媒体素材、试题、试卷、课件、案例、文献资料、网络课程、常见问题解答和资源目录索引	1. 注重使用虚拟仿真技术进行资源的开发与应用。 2. 各类仿真实训资源及应用向智能化教学服务发展。 3. 普遍实现各类数字资源应用状态的智能化分析与推送
	仿真实训资源	有一定的仿真实训资源的开发和使用基础	

2.2.3 智慧校园的管理

智慧校园管理可以作为智慧校园总体架构的一部分进行构建，也可以独立进行部署。独立部署的智慧校园管理总体架构如图 2-28 所示，主要包括基础设施层、支撑平台层、应用平台层、应用终端、信息安全体系和技术规范与保障体系。其总体架构与智慧校园的总体架构除应用平台层之外，其他模块完全相同。

智慧校园管理

2.2.3.1 智慧校园管理应用平台层建设内容

智慧校园管理应用平台层是智慧校园管理与服务的内容体现，在支撑平台层的基础上，构建智慧教学资源管理与服务等应用，为在线用户提供支撑服务。对于不同的学校类型，智慧校园管理有着不同的应用与侧重点。对于职业院校而言，应用平台层各类系统主要提供以下九个方面的服务：

（1）决策支持应用服务。学校的决策支持服务体系，应基于智慧校园的支撑平台层即大数据中心进行建设。决策支持服务体系的建设目标是面向职业院校决策层、各业务部门、教学单位甚至教师，通过校园数据沉淀和大数据服务，及时动态提供办学理念、办学条件、管理状态、师资队伍、教学质量、科研水平、后勤保障、学生风貌等各方面的现状数据，并能够进行在线数据分析和图形呈现，为学校的发展决策、管理与教学工作提供有力的动态数据支撑。同时，也可以为学生、教职员工以及校外人员提供快捷的网络信息综合服务（如图 2-29 所示）。图 2-30 展示了决策支持信息综合服务的核心功能。

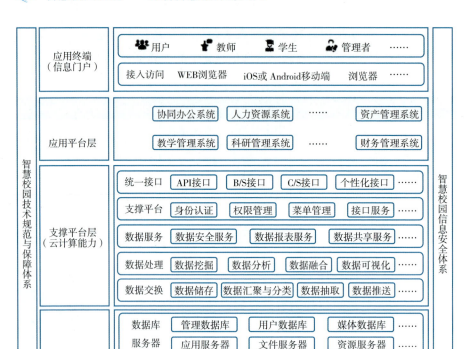

图 2-28 独立部署的智慧校园管理架构

职业院校决策支持服务体系的建设，应有效落实教育部在职业院校管理水平提升、职业院校教学工作诊断与改进等方面的建设工作要求。

学校决策支持服务中心可以与智慧校园运维管理平台、各类校园数字通信服务（含数字广播服务、网络电视服务、数字宣传服务、数字会议系统）、数字安防系统的中央控制环境一起，进行融合性规划与建设。

智慧教学资源的
设计与建设

（2）教学管理服务。教学管理服务通过信息管理和过程管理对教学管理工作中的主要教学活动进行信息化支持，实现教学管理的规范化和科学化。教学管理系统包括教师指南、学生指南、教务管理等模块。依据学校教务管理的体制不同，教学管理服务分为学年制、学分制和学年学分制三种类型。

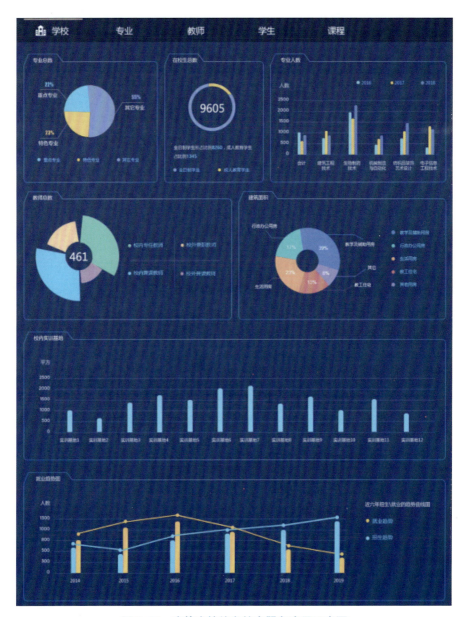

图 2-29　决策支持信息综合服务应用示意图

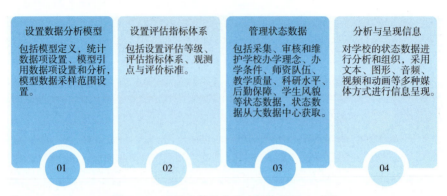

图 2-30　决策支持信息综合服务的核心功能

教学管理服务的功能设计具体如下：

第一，支持教学管理过程的主要环节，包括教学计划、教学任务、排课选课、考试、成绩、毕业审查和教学评价等。

第二，支持校级及其下级单位之间，如校、系部（专业）等多级管理模式。

第三，教学管理服务的类型应与教学管理模式相匹配。

第四，应具备教务公告、专业信息、培养方案、课程信息、教学过程、教室资源、学生项目和表格下载与数据统计等功能模块。

（3）学生管理服务。学生管理服务以学生招生、入学、在校、就业、离校的全过程为线索，支持学生开展在校学习和生活，支持学生管理部门开展各项管理工作。通过实时采集的学生各方面状态数据和分析模型，可形成学生个性化档案，便于学校开展学生管理工作。

学生管理服务的功能设计如下：

第一，招生阶段的管理应涵盖不同类型学生招生过程中的主要环节，包括招生计划、报名、入学考试、录取等。

第二，入学阶段的管理应实现新生入学过程中各个环节的管理，包括新生信息、新生分班、新生注册等。

第三，在校阶段的学生管理应实现对学生在校（包括学生校外实习）期间的学习、生活等各类信息的管理，包括学生宿舍、评奖评优、违纪处分、奖助贷、保险理赔、学生档案、辅导员考核、综合素质测评、心理健康咨询等方面。

第四，就业阶段的管理应实现毕业流程和相关毕业信息的管理，此外应为毕业生和就业单位建立一座信息桥梁，包括就业单位、招聘会、毕业去向、就业情况等信息的管理。

第五，离校管理实现毕业生离校各个环节在线办理及校友管理。

学生信息如图2-31所示，涵盖学生的入校、在校、毕业全过程。学校应建立包括以下信息的学生档案：

基本信息：姓名、年龄、性别、学历、社会关系、政治面貌等。

动态信息：学习履历、升学及其变迁、学习轨迹、荣誉和奖励等。

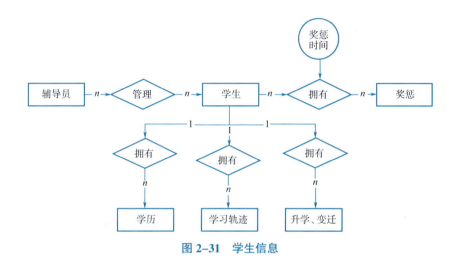

图 2-31　学生信息

（4）教科研管理服务。教科研管理服务针对学校日常科研活动的各个环节进行管理，整合学校教科研相关资源，为从事教科研的教师和学生提供教科研资源调度和信息服务支持，为学校教科研管理部门提供教科研管理决策支持。

教科研管理服务的功能设计如下：

第一，对校内教科研机构（包括实体机构与非实体机构）及校外联合研究机构的筹划、申请、申报、审核等进行管理。

第二，对校内教科研人员及校外教科研专家的信息进行管理。

第三，对教科研项目从项目申报、项目立项、项目中期检查到项目结项的全流程进行管理。

第四，对教科研项目的经费预算、经费到账、报销支出、经费决算进行管理。

第五，对刊物论文、会议论文、著作成果、专利成果、鉴定成果、获奖成果等教科研成果进行管理。

第六，对论文、专利、著作、作品、鉴定成果、报奖成果等进行获奖情况的管理。

第七，对各类教科研活动的管理。

第八，对教科研人员的工作建立量化指标并进行考核。

（5）人力资源管理服务。人力资源管理服务以教职工为核心，整合学校各部门的人力资源信息，为人力资源管理部门和教职工提供信息化管理和服务。通过数据挖掘和分析，为学校教职员工形成电子档案，为人力资源管理部门提供各类直观的学校人力资源情况统计报表。

人力资源管理服务的功能设计如下：

第一，实现招聘管理，支持制定招聘计划、报名、应聘考核与审批的管理。

第二，实现入职基本流程的管理。

第三，对校内教职工、校外兼职人员、校外兼课、临时人员等人员的基本信息进行管理，对校内教职工的年度考核情况、进修培训信息、获奖信息、职业资格证书、劳资信息、职称与专业能力等进行管理。

第四，实现离职基本流程的管理。

第五，实现面向学校教职员工的在线校本培训，包括培训课程的建设、在线自主学习、在线培训、考核与评价。

第六，对党组织信息、党员信息、党费信息、党校培训信息等进行管理。

为了实现上述功能，人力资源管理系统应该统筹管理校内所有与人有关的信息，系统具有自动生成各类表格和基于内容的查询的功能。

教职工信息如图2-32所示，涵盖教职工的入职、在校、退休（离职）全过程。学校应建立包括以下信息的教职工人事档案：

一是基本信息，如姓名、年龄、性别、学历、社会关系、政治面貌等。

二是动态信息，如工作履历、任职资格及其变迁、荣誉或成果等。

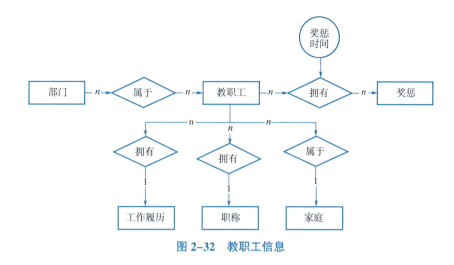

图 2-32　教职工信息

信息之间的流向如图 2-33 所示，由此，人力资源管理服务的基本功能得以实现。

图 2-33　数据流向

（6）办公自动化服务。办公自动化服务以表单或文档流转方式进行相关工作流程的执行，完成业务知识的积累和储存，为非固化业务工作的开展、非结构化信息的共享提供支撑，面向职业院校日常管理中办公室的业务提供信息化的支持。通过办公流程引擎运行可将学校日常办公业务固化为在线办公模式，工作过程和结果一目了然，可追溯性强，提高了日常办公的时效性。

办公自动化服务的功能设计如下：

第一，支持对公文流转过程中的收文、发文、督办、请示报告等进行管理。

第二，支持对会议安排信息、会议室信息等的管理。

第三，支持对车辆申请、审批、计划、调度、派车过程的管理。

第四，支持对单位的用印进行申请、审批、登记，实行规范化管理。

第五，支持对来访人员的接待信息进行管理。

第六，根据学校自身情况，支持对新闻动态内容进行分类，并对不同类别的新闻指定相应的人员进行管理。

第七，提供统一的通信平台，实现通信录、电子邮件、短信、即时通信工具的集成。

（7）财务管理服务。财务管理服务将学校财务管理、监督、控制、服务融为一体，为学校各级财务人员、财务主管、学生、教师和学校领导提供信息化财务环境。

财务管理服务的功能设计如下：

第一，支持对学校内部日常凭证、账簿的管理。

第二，对经费自给率、资产负债率、人员支出占事业支出的比率、公用支出占事业支出的比率等账务信息进行分析。

第三，对学校各部门的报销、资产、负债、工资、项目经费等总账在会计期间内进行分类核算。

第四，对学生的收发费用进行管理。

第五，对学校教职工的工资计算、代发等进行管理。

第六，对学校的报销信息、报销的审核流程进行管理。

（8）设备资产管理服务。设备资产管理服务支持管理学校各类设备和资产，使设备和资产资源更好地服务于学校的教学、科研、管理、服务、校园文化生活。通过物联网感知系统和大数据分析手段可直观呈现学校设备资产运维管理状态，实现学校设备资产管理智慧化。

设备资产管理服务的功能设计如下：

第一，对学校多媒体教室、实验室、数字化技能教室、虚拟仿真实训室、大场景虚拟仿真实训室、互动体验室、会议室、运动场馆等的仪器设备、人员等进行信息化管理。

第二，对学校设备购置审批、设备购置合同以及大型设备和低值易耗品的信息化管理。

第三，对学校教学用房、科研用房、办公用房、生活用房等进行信息化管理。

第四，对学校的各类用地进行信息化管理。

第五，对学校的专利、著作权、商标权、非专利技术、信誉、土地使用权等无形资产进行信息化管理。

（9）学校后勤服务。学校后勤服务针对学校后勤相关工作的管理和服务提供信息化支持，以保障学校的教学、科研、管理等工作顺利进行。可通过物联网感知设备实时采集各项后勤管理对象的运维数据，并进行数据挖掘与分析，提供各类预警和统计功能，使学校后勤管理工作便捷化、智慧化。

学校后勤服务的功能设计如下：

第一，提供物业信息的管理、查询与统计服务。

第二，提供修缮信息的管理、查询与统计服务。

第三，提供饮食信息的管理、查询与统计服务。

2.2.3.2　智慧校园管理分级标准

智慧校园管理可以按照学校所建设的业务内容进行分类，大体分为三类（三级），分别为基础型、拓展型和高级型。具体分类标准见表2-9。

表2-9　智慧校园管理的分级及业务内容

业务内容	基础型（一级）	拓展型（二级）	高级型（三级）
办公自动化服务	必选	必选	必选
人力资源管理服务	可选	可选	必选
财务管理服务	可选	必选	必选
设备资产管理服务	可选	可选	必选
学校后勤服务			
档案管理服务			
教学管理服务	可选	必选	必选
教科研管理服务	—	必选	必选
学生管理服务			

各级各类院校智慧校园管理应达到以下要求：

（1）基础教育学校应不低于基础型要求。

（2）中职教育学校应不低于拓展型要求。

（3）高等教育院校应不低于高级型要求。

2.2.3.3 智慧校园与数字校园在学校管理信息化上的差异

智慧校园与数字校园在学校管理信息化上的差异见表2-10。

表 2-10 智慧校园与数字校园在学校管理信息化上的差异

校园信息化的核心构成体系		数字校园	智慧校园
学校管理信息化	决策支持信息综合服务	基本实现了基于基础互联网及移动互联网的管理信息化应用，但是，人工参与数据录入、采集、管理和分析的比重较大，信息孤岛状态比较严重	1. 基于大数据中心解决了信息孤岛问题。 2. 实现了管理数据采集、管理、分析、应用和预测的智能化。 3. 能够为各管理岗位及教师个人、校内学生、校外人员等各类对象提供个性化的大数据服务与智能化服务支持
	决策支持服务中心		
	教学管理服务		
	学生管理服务		
	教科研管理服务		
	人力资源管理服务		
	办公自动化服务		
	财务管理服务		
	设备资产管理服务		
	后勤信息管理服务		
	校企合作服务		

2.2.4 智慧校园的服务

智慧校园的服务是指以信息技术为手段，为教学提供基于互联网的智慧校园公共服务支撑体系。它可以作为智慧校园总体架构的一部分进行构建，也可以独立进行部署。独立部署的智慧校园服务总体框架如图2-34所示，分为基础设施层、支撑平台层、应用平台层、应用终端、信息安全体系和技术规范与保障体系。其总体架构与智慧校园的总体架构除应用平台层之外，其他模块完全相同。

智慧校园管理的设计与建设

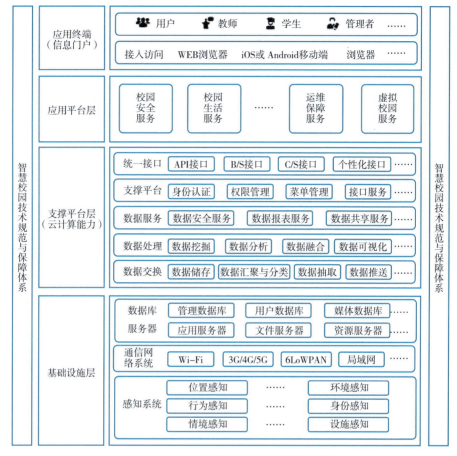

图 2-34　独立部署的智慧校园的服务架构

2.2.4.1　智慧校园服务应用平台层建设内容

智慧校园服务的应用平台层是智慧校园服务的具体内容体现，在支撑平台层的基础上，构建智慧校园服务体系的管理和服务等应用，为在线用户提供支撑服务。对于职业院校而言，智慧校园服务建设内容如图 2-35 所示。

智慧校园服务

（1）校园一卡通服务。校园一卡通服务将校内用户身份识别、校内小额金融结算、校务管理、金融服务集成为一体，为学校潜在的信息化应用建立关联或集成提供接口，实现"一卡在手，走遍校园，一卡通用，一卡多用"。校园一卡通应用平台层主要由系统平台和应用子系统两大部分组成（如图 2-36 所示）。

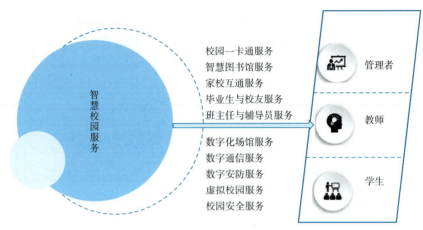

图 2-35　智慧校园服务建设内容

系统平台

　　校园一卡通系统平台主要包括数据中心、前置系统、卡务管理和第三方业务接口四个部分，与延伸在校内各个区域的人工服务网点和自助服务设施相对接。

应用子系统

　　校园一卡通应用子系统主要为校内小额结算交易和具备身份认证需求的系统提供支持，其应用涉及学校的教学、管理、学习、科研、生活等各个方面，其主要功能包括：注册管理、缴费管理、迎新离校、门禁管理、水（电）管理、餐饮服务、校内消费、乘车、自助查询、图书借阅、医疗、上机、考勤、洗衣、运动健身管理，支持银行转账、代扣代缴、财务报销认证、手机充值缴费、校园电子商务等服务，具备持卡人分级权限管理、持卡人信息黑名单管理、账务管理、各类分析报表等功能。

图 2-36　校园一卡通应用组成

　　校园一卡通，应基于智慧校园的数字化基础设施与支撑平台进行规划设计与部署。同时，在校园一卡通建设的过程中扩展建设和形成的计算资源、网络通信、感知系统、物联网技术设施、终端设备等资源，都应纳入学校智慧校园基础设施资源进行统筹管理与应用。校园一卡通应重点发展基于人工智能的多种形式的身份识别和认证机制，如人脸识别等，从而实现一卡通的"虚拟"化应用。

北航的一卡通服务是智慧北航建设中最为重要的应用之一，是集成化、网络化、融合化、智能化的集中应用体现。智慧北航一卡通的后台由硬件、软件系统、数据库、数据交换平台、终端机等软硬件组成，主要集各类卡、证、表、单、票等于一体（如学生证、借书证、就餐卡、洗澡卡、电卡、水卡、门禁卡、考勤卡、通勤卡、医疗卡、缴费卡、消费卡等），实现认证、管理、服务、消费、金融等一卡多用功能，做到了"一卡在手，校园无忧"。一卡通的应用贯穿师生从入校到离校所需提供服务的整个生命周期和每一个环节，通过集中共享各类数据解决了"信息孤岛"问题，重复利用各类资源避免了重复建设，整合融合各类业务诉求提高了教学质量和效率，规范优化各类流程标准提升了管理和服务水平，为广大师生的学习、工作和生活提供了便捷、高效、满意的个性化服务。

（2）智慧图书馆服务。智慧图书馆是一种以数字化、网络化、智能化的信息科学为基本手段，具有更加高效和便利特点的图书馆运行模式，它最本真的追求是用最绿色的方式和数字化的手段来实现阅读。图书馆的智慧服务通常是指在合适的时间、合适的地点以合适的方式向读者提供其所需的资源或服务，是图书馆、智能化设备、云计算和物联网的一个有机结合体，整个过程以一种自动的、人性化的、交互式的和个性化的方式提供，读者只需提出服务请求，或输入查询指令，系统就能通过历史信息、聚类信息或其他数据分析感知读者的需求并提供相应服务，通过物联网技术来实现智慧化的服务和管理（如图 2-37 所示）。

智慧图书馆服务应具备如图 2-38 所示的四个基本特征。

智慧图书馆系统模块包含出入口一卡通门禁认证器、读者自助借阅系统、馆员工作站读取器、便携式馆藏点检器、智能流通标签转换连接工作站、读者自助还书系统、手机移动图书馆、智能安全监测系统、应用服务器及校园借阅信息提示器。整个图书馆射频识别智能馆藏系统应用软件包括：智能流通标签初始化转换系统、馆员工作站应用功能集成系统、读者自助借阅系统、读者自助还书系统、手持设备查询及盘点系统、安全通道门系统（如表 2-11 所示）。

图 2-37　智慧图书馆服务

图 2-38　智慧图书馆服务的四个基本特征

公共性
图书馆所提供的服务是面向广大用户、社会群体和全人类的一种普惠范围服务。

资源丰富性
图书馆通过物联网、云计算等先进的信息技术，掌握丰富的信息资源，包括纸质资源、数字资源、网络资源等。

管理集群性
图书馆通过集群化综合服务平台实现知识的共建性整合、集约式显示、便捷性获取、无障碍转换、跨时空传递。

服务协同性
包括行业协同、地区协同、国家协同、全球协同等。在系统的顶层设计上整体推进，使资源由分散趋向于集约，由异构趋向于统一，克服资源在布局上的分散管理和重复建设弊端，实现智慧图书的管理目标。

（3）家校互通服务。家校互通服务为学生家长提供在线了解学生在校轨迹的记录，实现家校互联和互动数据记录的保存、挖掘和应用等服务。

表 2-11　智慧图书馆系统的组成

序号	组成部分	功能描述
1	射频识别图书标签	每一本书的信息可以存储在高品质及大容量的芯片数据存储空间中，这些数据可以不经过任何直接接触；射频识别图书标签稳定，可以使用 10 年以上；温度、光线不会对其使用产生影响，即使标签脏污、表面磨损也不会对使用造成影响。标签可写入的信息包括图书身份（ID 号码），图书信息（书名、书号等），所属图书馆身份，所属书架信息，借阅者信息，借阅日期及更多其他内容
2	借阅信息提示系统	使用一卡通认证可快速查询图书借阅时间信息，设备可独立工作，可在校园各处部署
3	智能安全检测系统	使用一卡通进行人员出入门禁的安全认证，同时检测是否有遗漏处理的系统图书带出；具有声音、灯光提示报警功能
4	便携式馆藏点检系统	支持图书快速查找、顺架功能；支持盘点业务的快速数据采集；具备数据备份和恢复功能，可离线工作
5	标签转换系统	条码信息扫描与射频识别标签信息写入同时自动完成；无线移动方式的设计使标签转换作业能在各书架前完成；支持可选的标签数据加密
6	馆员工作站	在线设备的实时监控管理；为读者提供更多更好的增值服务；辅助业务处理；提供条码处理兼容功能
7	自助还书系统	读者可自助还书，可在校园各处特别是在教学楼处部署，还书便捷；提供 7×24 小时还书服务功能，人性化的操作提示，可打印还书凭条
8	电子阅览室认证系统	使用一卡通认证，可实现快速认证登记，实现电子化管理

家校互通服务的功能设计如下：

第一，提供统一的通信平台，实现通信录、短信、即时通信工具的集成。

第二，提供向家长推送学校通知公告、学生出入学校、日常学习情况、日常生活情况等信息的功能。

第三，通过智能手机平台、短信平台，实现家长与教师间互动交流的功能。

第四，运用家长与学校沟通平台，接受入学、选择专业咨询，提供家庭教育咨询功能，为家长提供指导和建议。

第五，提供家长查询学生在校情况的功能，如课表、成绩、奖惩、考勤、消费等。

图 2-39 直观展示了家校互通功能示例。

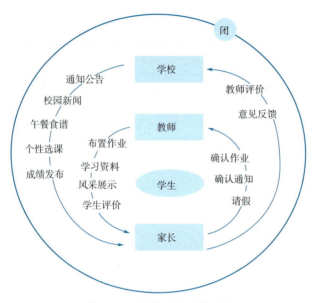

图 2-39　家校互通功能示例

（4）毕业生与校友服务。毕业生与校友服务是以应届毕业生与往届毕业生为服务对象，提供就业信息服务、就业与岗前培训服务。基于毕业生与校友服务平台，在为校友提供交流与协作发展的公共信息服务的同时，对毕业生及校友的就业信息进行采集与管理，实现面向毕业生的就业信息跟踪与分析应用，促进学校教学能力与水平的提升。学校的学生管理系统应与毕业生与校友服务平台进行对接，以形成毕业生完整的数字化档案。

（5）班主任与辅导员服务。班主任与辅导员服务为学校班主任、辅导员的日常工作提供在线学习、师生互动、学生活动组织、心理辅导与咨询、日常工作交流、团员活动等方面的信息化支撑环境。

（6）数字化场馆服务。数字化场馆的建设可以作为学校智慧校园及重点专业特色化的建设内容与项目。数字化场馆的建设可以采用学校自建的模式，也可以采用社会（行业企业）构建、学校引入应用的模式。各学校可以基于教育部《职业院校数字校园建设规范》中的相关要求，按需进行数字化场馆及配套数字化场馆资源的建设。

数字化场馆包括职业体验馆、数字博物馆、数字艺术馆和数字科技馆等（如图 2-40 所示）。

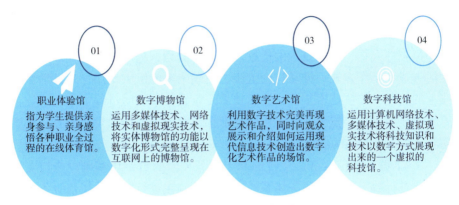

图 2-40　数字化场馆服务

职业体验馆一般采用企业行业构建、院校引入应用的模式。职业体验馆的建设应遵循国家职业标准目录，体现不同特色；突出新技术、新工艺、新生产流程的体验；设计体验过程必须符合职业过程的真实性，学生通过体验可习得规范的操作章程，熟悉真实的制作工艺，养成良好的职业操守；体验过程必须完整，允许学生按照生产者实际从事生产活动的流程推进该过程，得到确定的体验结果。

数字博物馆一般采用社会构建、院校引入应用的模式。数字博物馆的建设应提供泛在设备的接口和个性化界面；允许用户从虚拟博物馆收集内容信息，并存储到个人博物馆空间；能通过上下文语境感知，为用户推送相关资源；能为用户提供较高的参与度，如操作、旋转、移动对象，能组装和拆卸具体的展品，但不能破坏博物馆虚拟展品所蕴含的知识和文化。

数字艺术馆一般采用行业和社会构建、院校引入应用的模式。数字艺术馆的建设应利用多媒体、虚拟现实等技术展示数字艺术的发展历史、重要里程碑事件、各项成果，以及未来发展方向；能允许用户体验最新的数字艺术设备，布置最新和具有代表性的数字设备，进行数字媒体的体验、互动；展示各种艺术作品（如名画），播放普通、三维（3D）、四维（4D）等影视作品及动画；具有艺术作品查询功能，并能对查询结果进行展示。

数字科技馆一般采用社会构建、院校引入应用的模式。数字科技馆的建设应遵循职业教育专业目录，设置符合学校特色的主题馆；以职业领域的技术为背景，内容特色明显，知识脉络清晰，技术体系完整，技术思想和技术方法突出；充分展示某个职业领域的技术发展历程、主要的技术发明和标志性人物，展示技术的奥妙、神奇和威力，揭示技术对变革人们的生活方式和工作方式、推动社会进步、引领未来的巨大作用，激发学生对技术的热爱；传播技术知识，展示技术专家在技术发明过程中体现的技术思维、技术思想和技术方法；按照技术知识点或重要技术发明的方式组织内容，要具有明确的层次结构。

（7）数字通信服务。学校需基于智慧校园的数字化基础设施与支撑平台，进行数字化通信服务体系的建设。学校在进行数字化通信服务体系建设的过程中，扩展建设和形成的计算资源、网络通信、感知系统、物联网技术设施资源等，都应纳入学校智慧校园基础设施资源进行统筹管理与应用。智慧校园可以提供的数字化通信包括：

第一，数字广播服务。数字广播系统是具有数字化的单向、双向及多向音频扩声系统。数字广播系统除了用于正常的节目广播之外，还要支持分区广播、消防报警、紧急呼叫报警和其他紧急广播的功能。

第二，网络电视服务。以机顶盒、电视或电脑为终端设备，在校园通信系统基础上集流媒体和数据通信于一体，形成校园电视台综合平台，向校园提供数字电视直播等交互式服务。

第三，数字宣传服务。数字宣传系统由数字宣传平台主机和分布在学校不同地点或区域的终端组成。通过数字宣传平台主机，可以管理学校的数字化宣传资源库，并可以有序管理和控制各类宣传资源在不同区域、不同类型终端上的播放。数字宣传系统所能播放的宣传资料包括所有常见的多媒体文件类型，播放终端类型包括视频终端、音频终端、声光电效果与场景等。

第四，数字会议服务。作为一种集计算机、通信、自动控制、多媒体、图像、音响等技术于一体的会务自动化管理系统，数字会议系统将会议报到、发言、表决、翻译、摄像、音响、显示、网络接入等各自独立的子系统有机地连接成一体，由中央控制计算机根据会议议程协调各子系统工作。

（8）数字安防服务。数字安防技术系统是以校园网为传输平台，建设基于 IP 协议，实现对校园视频监控、入侵报警、出入控制、电子巡更、电子监考、消防报警、紧急呼叫（求助）报警、紧急广播系统的统一管理和控制，形成全方位的、立体式校园安全防范系统，具备实时的人员预警管控、车辆预警管控、应急指挥及应急方案等功能（如图 2-41 所示）。

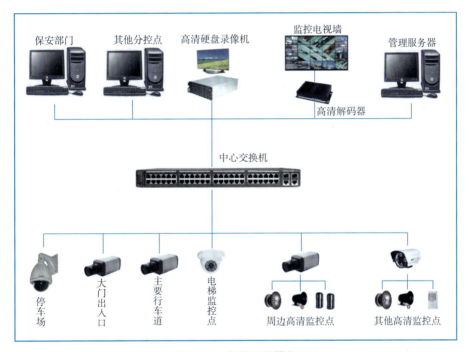

图 2-41　数字安防服务

（9）虚拟校园服务。基于地理信息系统技术、虚拟现实技术、宽带网络技术、多媒体技术、计算机图形学等高新技术，以真实校园整体（校园布局设计、交通、景观、教学及生活环境、建筑物内外、人文）为蓝本，将校园地理空间信息和其属性信息相结合，构建形成三维可视化的逼真校园环境和景观，为校园展示和校园导航提供支持（如图 2-42 所示）。

图 2-42　虚拟校园服务

（10）校园安全服务。校园安全服务包括校园安全教育和校园监控等。校园安全教育为全体教职员工和在校学生提供在线安全知识学习、点播相关安全节目和在线接受安全培训等服务支持。校园监控是利用摄像机、云台等监控设备对学校场所进行全方位、立体化管理和监控。

2.2.4.2　智慧校园与数字校园在校园服务信息化上的差异

智慧校园与数字校园在校园服务信息化上的差异见表 2-12。

表 2-12　智慧校园与数字校园在校园服务信息化上的差异

校园信息化的核心构成体系		数字校园	智慧校园
校园服务信息化	数字场馆服务	在数字校园的发展过程中，校园服务信息化系统建设与应用较少，系统之间的网络通信、数据资源、内容资源共享度不高，智能化程度低	重视校园服务信息化体系的建设，通过各类新兴技术实现所有校园生活与服务场景向智慧校园线上场景的映射，实现了"线下+线下"融合的一体化生活与服务
	校园生活服务，包括校园一卡通服务、家校互通服务、校园文化与后勤服务以及个性化服务等		
	校园安全服务		
	运维保障服务，包括日常巡视、现场技术保障、维修保养等		
	虚拟校园服务		

2.2.4.3　典型案例

目前，智慧图书馆建设于国内诸多知名高校中已存在诸多案例，中国科学技术大学图书馆建设项目便是其中较具代表性的例子。

（1）建设概况。中国科学技术大学图书馆始建于 1958 年 9 月，2010

年完成西区图书馆扩建，加大了图书馆网络化、自动化的发展力度，最终完成了由传统图书馆向现代化图书馆的转变，同时向数字化图书馆发展方向迈进，将图书馆建成融学术性与研究性为一体的、具有国内一流现代化服务水平的大学图书馆，成为全校乃至全国的信息资源服务基地。

（2）射频识别技术的应用。西区图书馆扩建的核心是图书馆射频识别自助系统。作为一个综合信息及业务平台，该系统集标签转换、借书、还书、防盗监测等图书馆应用于一体（如图2-43所示）。同时，数据总线的可扩充结构为图书馆的其他应用提供了综合接口，使所有的应用能够集中在统一的平台上。系统设计遵循高稳定性、界面友善、易于维护、先进性、低风险性、开放性、易扩展性、投资保护、安全性、灵活性等多项原则。模块化结构是整个系统的核心框架，每个模块可以单独使用，系统之间通过中间件相连。图书馆射频识别自助系统作为图书馆射频识别平台的有机组成部分，与图书馆业务系统中的其他部分有着紧密联系。

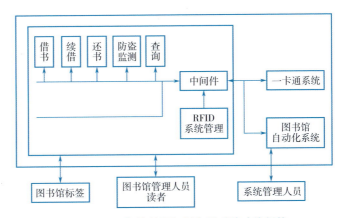

图2-43　图书馆射频识别自助系统功能架构

将射频识别技术应用于图书馆管理，可以帮助图书馆实现读者自助借阅、24小时读者自助还书、快速馆藏资料清点、智能导航、智能分拣，以及安全防盗等功能。充分发挥射频识别技术在统计读者利用率、协助完善入藏和下架等馆藏管理工作方面的优势，并通过扩充硬件设备、建立功能完善的数据库来进一步改善中国科学技术大学图书馆馆藏管理和流通管理的业务流程，为读者提供智能化、现代化的服务。

图书馆通过射频识别技术，进行全面数字化管理，有利于实现馆藏资源的智能化管理；有利于改善现有业务流程，简化借还书流程，提高流通效率，延长服务时间，提升服务水平；且能改变借阅管理和防遗漏流程脱节的情况，大幅降低图书盘点和查找工作量，大幅提升图书馆用户和工作人员的满意度。

智慧服务的设计与建设

2.2.5　智慧校园的信息安全体系与条件保障体系

随着《教育信息化 2.0 行动计划》《教育信息化"十四五"规划》等相关国家政策文件的出台，各学校加快了智慧校园建设的步伐。然而，在建设过程中还普遍存在"重建设轻安全"的现象，往往信息化程度越高，面临的安全问题也越严重。

攻击者可以通过窃取用户的口令和数据库的信息，篡改数据库内容、伪造用户身份，删除数据库内容、摧毁平台节点、释放计算机病毒等手段侵入学校网络和系统，影响整个校园的日常运作和教学活动。

2.2.5.1　智慧校园安全管理的复杂性

与学校应用的其他平台相比，智慧校园平台自身技术特点和使用特性使得其安全管理较为复杂，具体体现在以下几个方面：

（1）平台应用人群规模较大。学校智慧校园平台用户群体较大，使用人员分布较为密集。除校外的移动应用外，平台的大多使用者都通过校园网络进行登录和操作，很容易被不法分子通过网络宣传，散播不良信息，甚至引发群体事件，导致严重的社会问题。

（2）学校安全防范意识不足。由于学校的主要工作是教学和教研，其工作特点决定了学校的主要精力都投入在人才培养和科学研究中，而忽视了校园信息安全管理。从目前大部分学校的网络和软件管理来看，学校虽然建立了专门的管理运维部门，但管理还较为松散，缺少统一的安全防范意识和相应的安全防范制度来进行规范和约束。智慧校园平台在宽松的运行环境下，蕴藏着巨大的安全风险，必然会给安全管理带来难度。

（3）安全方面人才储备不足。学校信息中心（或信息化管理部门）都配备专人对学校网络、设备、应用软件等进行统一管理与维护。但由于学校的师资较为紧张，很多信息中心管理维护老师都不是专职，还需要配合学校安排从事其他教学活动，造成专职信息安全管理人才缺乏，让智慧校园平台的安全保障更为艰难。

（4）学生安全防范能力有限。学生是最活跃的网络用户，对网络和信息化新技术充满好奇，勇于尝试。如果没有意识到被网络攻击的严重后果，就会有意识和无意识地使用一些黑客软件、病毒网站，可能会对校园网络造成一定的影响和破坏。

因此，当前各学校亟须建立完善的网络安全管理体系，提升管理人员、技术人员能力，提高网络安全工作效率，降低网络安全风险，才能有效保障智慧校园建设。

2.2.5.2 智慧校园的信息安全体系

信息安全体系是贯穿智慧校园总体框架多个层面的安全保障系统。智慧校园信息安全体系包含智慧校园安全管理体系、智慧校园安全技术防护体系、智慧校园安全运维体系。其中，安全技术防护体系又包括物理安全、网络安全、主机安全、应用安全和数据安全等。智慧校园安全体系不低于GB/T 22240—2020规定的三级要求。

（1）安全技术防护体系各组成部分。

第一部分，物理安全：是指从校园网络的物理连接层面进行物理的隔离和保护，包含环境安全和设备安全等部分。

第二部分，网络安全：按照信息等级保护的原则，进行逻辑安全区域的划分和防护，包含结构安全、访问控制、安全审计、边界完整性检查、入侵防范、恶意代码防护以及网络设备要求等部分。

第三部分，主机安全：信息系统的计算机服务器等部署在安全的物理环境和网络环境。

第四部分，应用安全：对智慧校园的各应用系统（如科研系统、门户网站、招生系统、校园一卡通系统、教务系统、财务系统等）进行技术防护，使其免受攻击。

第五部分，数据安全：数据安全包括多个层次，如制度安全、技术安全、运算安全、存储安全、传输安全、产品和服务安全等。数据安全防护系统保障数据的保密性、完整性和可用性，按照信息系统安全保护等级，从三个方面对数据安全进行防护——对敏感数据进行加密、保障数据传输安全和建立安全分级身份认证。

【延伸阅读】

智慧校园建设中无线网络安全问题

如今，人们生活在一个网络时代，科技的进步使无线网络覆盖千家万户，便利了人们的生活。然而，事物总有它的对立面，无线网络亦是一把双刃剑。

无线网络是智慧校园建设的核心内容，占据着主要位置，在智慧化校园中发挥关键作用，智慧校园通过网络形成了虚拟的教育资源共享环境，为学生提供了便利。比如，目前无线网络渗透在校园的生活中，学校的食堂能够使用无线支付，虚拟教室为学生提供更加便利的研究场所，无线上网方便了人们的交流，学生可以通过无线网络的方式检索图书馆内的书籍，方便文献的查找与借阅。在校园中的学生往往对新鲜事物有着极大的好奇，移动性强、灵活性高的特点使无线网络成为学生日常生活中必不可少的事物。在这样的背景下，智慧校园与无线网络进行紧密的结合，各学校为了培养新型的科学技术人才，增加了更多网络技术的投入，这样既能够方便学生的学习，又能够加快智慧校园与无线网络结合的脚步。

但是无线网络带来方便的同时，也带来了相应的安全问题，影响了学生以及校园信息安全。

1. 数据信息的泄露

学校是学生活动的主要场所，学生在校园中使用网络的过程中，个人便会在网络中留下相应的痕迹，不法分子往往会攻击学校的无线网络，从中获取大量的信息牟取暴利。这种安全问题严重威胁了学生的人身安全以及学校网络的数据安全，阻碍了智慧校园的正常运转。

出现数据信息泄露的原因有两个，一是不法分子的手段多种多样，二是在无线网络建设的过程中缺少对数据信息的保护措施。所以，在进行智慧校园无线网络建设的过程中，要加强对数据信息的保护。此外，病毒感染无线网络也会造成信息泄露。智慧校园系统覆盖面广泛，能够快速散播网络病毒，而且网络病毒自身的繁殖速度较快，隐蔽时间较长，一旦发现便是大面积的爆发，并且需要花费大量的人力、物力、财力进行病毒的清除。在解决此类问题时可以定期维护无线网络的安全，设定防火墙，保障杀毒软件的正常运行。

2.软件失效

在智慧校园系统运行时需要数据网络提供相应的流量支撑，一旦流量支撑不能满足智慧校园相关软件的需求，将会导致软件失效的问题。智慧校园的软件失效属于局部问题，但会影响到智慧校园整体的运作，致使部分功能无法顺畅实施。因为智慧校园在建设的过程中需要不同软件之间的相互配合，所以在智慧校园无线网络建设的过程中也要考虑到软件之间的相互配合，促进各软件之间的相互协调配合，为学校的师生提供更好的服务。

3.系统瘫痪问题

智慧校园无线网络是否畅通与智慧校园的建设成效紧密相关。无线网络的位置、环境会影响智慧校园系统的运行。目前智慧校园无线网络建设的过程中网速忽高忽低，产生这种问题的主要原因是各个软件之间不能协调配合，网络的流量不能满足软件的需求，最终导致了系统的整体瘫痪问题，这将会严重妨碍智慧校园的建设。

总之，由于无线网络的开放性与公开性，不法分子利用非法手段切入校园内部的无线网络盗取信息，造成校园数据信息的泄露。开放性的网络导致了无线网感染病毒的概率增加，引发系统瘫痪等严重问题。所以，要定期维护无线网络，定期检查杀毒软件是否正常运行，设定防火墙，制定紧急预警方案，保障无线网络出现危机时能够得到快速处理。与此同时，还要注重无线网络的安全管理机制，明确网络安全管理的负责人，出现问题后进行相应的问责，保障无线网络的安全。

（2）信息安全防护架构与防护措施要求。智慧校园信息安全防护架构如图2-44所示。具体防护措施如下：

第一，结构安全保障。信息网络分域分级，按用户业务划分安全域，并根据安全域支撑的业务，通过有效的路由控制、带宽控制，保障关键业务对网络资源的需求。

第二，网络行为审计。提供可视化管理，对信息网络关键节点上的业务访问进行深度识别与全面审计，提供基于用户、访问行为、系统资源等实时监控措施，提升信息网络的透明度。

第三，边界完整性保护。系统具备与第三方终端系统整合功能，对非法接入的终端进行识别与阻断。

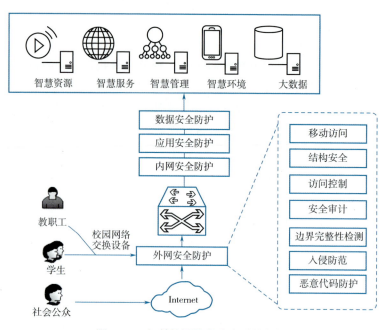

图 2-44　智慧校园信息安全防护架构

第四，攻击和入侵防范。提供基于应用的入侵防范，在实现深度检测攻击行为的同时，通过应用识别来锁定真实的应用，并以此为基础进行深度的攻击分析，准确、快捷地定位攻击的类型。

第五，恶意代码防护。提供基于流的病毒过滤技术，具有病毒检测性能，在边界为用户提供恶意代码过滤的同时，有效保障业务的工作连续性。

第六，远程数据安全传输。采用虚拟专用网络技术对远程访问的数据包实施机密性和完整性保护，防止数据在传输过程中被窃取和篡改。

第七，网络安全防护。具有内网防护功能和外网防护功能，能够进行VPN访问控制。

第八，应用访问控制。部署的防火墙设备还根据具体的应用类型来配置访问控制策略，针对用户多业务的特点，区分不同的业务类型，确定外网终端可进行的具体应用，杜绝非法的访问，保障业务访问的合规性。

第九，数据安全防护。数据中心出口针对具体应用，部署入侵防御系统，对访问数据包的内容进行深度检测，提升对攻击检测的准确性。

146

第十，移动访问安全防护。具有移动身份认证、移动数据安全传输、移动应用控制等功能。

（3）智慧校园与数字校园在校园信息系统安全上的差异（见表2-13）。

表2-13　智慧校园与数字校园在校园信息系统安全上的差异

校园信息化的核心构成体系	数字校园	智慧校园
校园信息系统安全	以网络系统安全、计算机系统安全为关注点	全面强化了信息系统的数据安全和应用安全

【延伸阅读】

保障智慧校园安全的相关法律

《中华人民共和国网络安全法》：该法规于2017年6月1日正式实施，是我国第一部网络安全领域的综合性法律。其中包括了对个人信息保护、网络安全保护、网络安全管理等方面的规定，对智慧校园信息安全具有重要意义。

《中华人民共和国保守国家秘密法》：该法规于2010年10月1日实施，是我国保护国家秘密的基本法律。在智慧校园信息安全方面，学校需要严格保护与国家安全相关的信息。

《中华人民共和国个人信息保护法》：该法规于2021年11月1日正式实施，是我国首部涵盖个人信息保护全生命周期的专门法律。该法规对智慧校园中的个人信息保护提出了更为详细和严格的要求。

《中华人民共和国反间谍法》：该法规于2014年11月1日实施，主要是为了打击间谍活动和保护国家安全。在智慧校园信息安全方面，学校需要注意防范间谍活动对学校信息的渗透和窃取。

《中华人民共和国计算机信息系统安全保护条例》：该法规于1994年2月18日实施，是我国第一部针对计算机信息系统安全保护的法律。虽然时效性较差，但其中的一些规定仍具有参考意义。

《中华人民共和国网络安全法实施条例》：该法规于2018年9月1日正式实施，是对《中华人民共和国网络安全法》的具体实施细则。其中包括了对网络运营者、网络安全检测等方面的具体要求。

第一，网络安全与信息化工作领导小组：制定学校信息化及智慧校园的有关政策、制度和规划，研究决定学校信息化及智慧校园建设、管理、实施工作中的重大事项，统筹、协调全校信息化及智慧校园工作。

第二，学校首席信息官（CIO）：是负责信息化工作的专职领导，其主要职责是明确学校整体信息化发展战略，领导制定智慧校园规划和标准，推进信息化环境下的组织体制改革，提升全体师生员工以信息化为新动力持续提升学校核心竞争力的战略共识，协调各个部门的信息化建设与应用。

第三，网络安全和信息化工作行政职能处室：是网络安全和信息化常设行政职能机构，负责制定智慧校园规划和标准，监控规划的执行，协调学校各部门之间的工作，评价实施效果，协调校内部门与校外机构之间的关系。

第四，智慧校园技术部门：是建设与运行的主要承担者，负责智慧校园规划的实施，包括智慧校园建设、运行维护、用户服务与培训，以及智慧资源建设、现代教育技术培训等。针对外购系统，还需负责与外部机构的协调与合作。

第五，学校业务部门：负责提出业务系统的需求、制定信息化政策、推进业务系统的应用，在业务部门应该设有信息化主管领导和专职信息化人员。

第六，监理与评价小组：负责技术系统和组织体系建设与应用的监控和评价，协调与校外聘请的专业化机构和相关专家的关系，在智慧校园建设与应用的各个阶段提供持续跟踪服务，并将获取的评价意见和建议反馈至相关部门。

（3）信息化政策与规范。具体包括以下内容：

第一，信息化管理与激励政策：应当制定相应的信息化激励政策，鼓励教职员工利用信息技术创新教育教学模式。

第二，基础设施建设准则：基础设施需符合相关国际和国内标准，并满足智慧校园整体建设、不断扩展、稳定运行的需要，在具体设计中要以应用为驱动、以需求为导向。

第三，应用服务建设准则：系统的功能设计满足业务部门的需求，符合本校智慧校园规划的要求；系统的技术路线符合本校智慧校园整体技术架构要求；系统的数据结构符合本校智慧校园规范；与相关业务系统接口符合本校智慧校园规范；系统的技术文档齐全规范。

第四，教育信息化技术与数据标准：在制定本校智慧校园规范时应遵循国家与行业相关标准，包括 GB/T 20518—2006、JY/T 1005—2012、JY/T 1006—2012、JY/T 0381—2007、JY/T 0383—2007、CELTS–22、CELTS–24 和 CELTS–3 等。

第五，用户信息化岗位规范：学校定期对教职员工进行信息化能力考核，考核通过者获得上岗资格；教职员工定期参加智慧校园的培训，增强信息化应用的意识，掌握相关信息系统的操作技能，提升信息化环境下的业务能力；教职员工定期参加信息化规章制度的宣讲培训，提高信息系统使用的规范性、安全性和保密意识；教职员工定期参加部门之间信息化应用交流活动，增强全校信息资源共享的意识与能力。

第六，信息化管理规章：信息化管理规章是指智慧校园建设与运行过程中应遵循的规章制度，涉及智慧校园各个参与主体的职责划分及评价办法。

（4）信息化人力资源。信息化人力资源是智慧校园的活动主体，包括两个方面的人员：智慧校园的服务对象和实施主体。

智慧校园的服务对象包括学生、教师、校园服务人员和管理人员，通过持续的应用和培训，使他们的信息化能力分别达到一定的要求。

智慧校园的实施主体包括信息化建设人员、信息化运行与维护人员、信息化培训人员和信息化研究人员，他们的信息化能力分别要求如下：

第一，信息化建设人员的基本要求：将学校智慧校园规划转化为技术方案的能力，信息技术系统顶层设计、需求分析、软件开发的能力，落实规范与规章制度的能力，团队协作与协调能力，技术系统应用效果评价的能力。

第二，信息化运行与维护人员的基本要求：技术系统问题解答与咨询能力，解决技术系统运行故障能力，沟通交流能力。

第三，信息化培训人员的基本要求：进行信息化意识和规范培训的能力，进行信息化基本技能培训的能力，针对应用软件使用培训的能力，结合业务模式的变革促进用户发展的能力，组织实施各类培训工作的能力。

第四，信息化研究人员的基本要求：进行智慧校园规划与设计的能力，起草智慧校园规范与规章的能力，将智慧校园研究的成果转化为实施建议与措施的能力，进行智慧校园评价的能力。

（5）信息化建设与应用机制。信息化建设与应用机制主要包括规划与建设机制、人员培训体系、经费保障机制、研究与发展机制。

第一，规划与建设机制是指智慧校园的规划与建设是以项目为单元进行的，从项目的规划设计到开发过程都应该提供管理保障机制。具体内容包括以下几个方面：

一是项目管理流程强调计划与过程管理，应合理制定计划、严格执行计划，抓好立项管理、项目计划、需求管理、质量管理、项目结题等重点环节，以确保技术系统的建设质量和效率。

二是项目建设过程应制定并遵循统一的项目管理规范。

三是对于学校自主开发的项目，需要遵循信息技术系统设计和开发规范，主要包括系统选型、软件工程规范、系统设计规范、开发环境规范、软件开发规范和系统测试规范。

四是在智慧校园建设过程中应当引进监理机制。项目监理方在项目的投资决策、招标、设计、项目管理与实施和评价验收全过程中，对项目的投资、计划、质量等多个方面，在事前、事中、事后进行全方位严格控制，重点进行质量控制、进度控制、变更控制、文档控制和安全控制等。

第二，人员培训是指在学校内实施，用以更新教职员工信息技术知识和技能，提升其信息技术环境下工作（包括教学、科研、管理、服务等）能力的学习活动。人员培训体系应包括以下三个方面：

一是培训管理体系包括培训制度、培训政策、管理人员培训职责、培训信息搜集反馈与管理、培训评估体系、培训预算及费用管理、培训绩效考核管理等一系列与培训相关的制度。

二是培训内容体系涉及信息化意识、信息化伦理、信息化知识、信息化技能，以及借助信息技术完成业务的能力等。

三是培训实施体系应包含确保学校培训制度实施，并通过培训活动的组织和落实、跟踪和评估、改善和提高，体现培训价值的一整套控制流程。

第三，经费保障机制是指院校建立的、确保智慧校园实施过程中有长期持续的经费投入的制度形式。建立经费保障机制时应考虑以下因素：

一是应设立常态化的智慧校园建设与应用专项资金，形成制度化的可持续经费投入机制。

二是应统筹考虑硬件经费和软件经费、系统软件经费和应用软件经费、教学平台经费和教学资源经费、建设经费和运行维护经费、系统建设经费和人员发展经费的合理比例，确保智慧校园建设与应用形成良性循环过程。

三是应加强经费投入的效益分析，形成项目应用效果的长期跟踪办法，建立专门的项目评估与审计制度。

第四，学校应建立针对智慧校园的研究与发展机制，内容包括以下几方面：

一是校内有专职人员或专门机构针对本校智慧校园的建设与应用开展规划与设计、规范与规章、人员素质提升、实施建议与措施、效果评价等方面的研究。

二是校本研究与校外专家指导相结合的机制。

三是中职、高职和本科院校之间的常态交流机制。

四是校内技术部门、业务部门与校外技术系统提供方的常态交流机制。

（6）运维管理体系。智慧校园的运维管理是指针对智慧校园各系统采取相关的管理办法和技术手段，对运行环境和业务系统等进行维护管理，保障智慧校园稳定运转的工作。运维管理、运维管理体系、运维管理体系的建设目标三者之间的关系如图 2-46 所示。

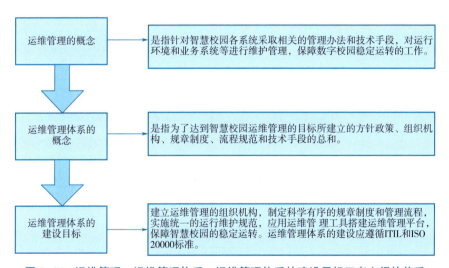

图 2-46　运维管理、运维管理体系、运维管理体系的建设目标三者之间的关系

智慧校园的运维管理体系包括运维管理的对象、运维管理的组织机构、运维管理的制度和流程、运维管理工具。其主要内容如图 2-47 所示。

（7）安全保障体系。智慧校园安全保障体系是指为实现智慧校园安全保障的目标所建立的方针政策、组织架构、规章制度、流程规范和技术支撑手段的总和，涵盖网络系统安全、计算机系统安全和信息安全等范畴。其主要内容如图 2-48 所示。

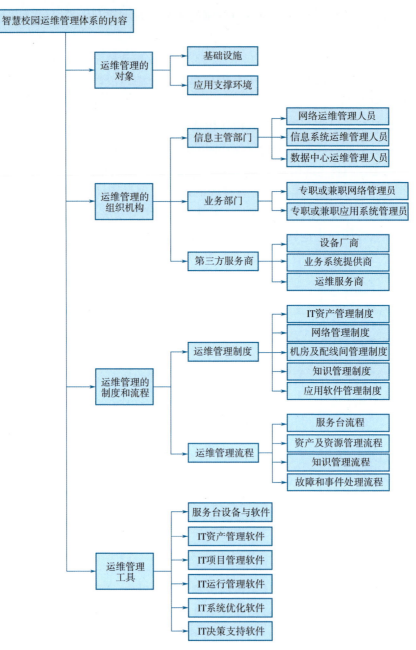

图 2-47　运维管理体系内容说明

第一，安全保障体系的建设应遵循 GB/T 22080—2008、GB/T 22081—2008 和 GB/T-21050—2007 等国家标准。

第二，智慧校园安全保障体系的组织架构分为三层：主管校领导和信息部门负责人、网络系统管理者和信息系统管理者、院系或部门网络与信息管理员及各业务系统管理员。

第三，智慧校园安全保障体系的规章制度包括三个部分：安全制度、安全策略和安全操作规范。

第四，技术支撑手段包括防火墙、入侵检测系统、防病毒系统、漏洞扫描系统等。

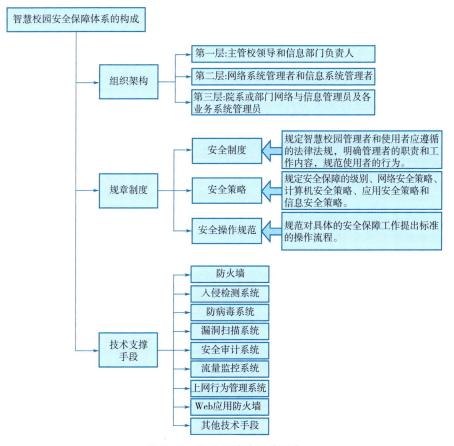

图 2-48　安全保障体系的组成

【延伸阅读】

南京邮电大学智慧校园体系结构[①]

    南京邮电大学智慧校园的建设思路是以物联网为基础，以各种应用服务系统为载体来构建集教学、科研、管理和校园生活于一体的新型智慧化的工作、学习和生活环境。利用先进的信息技术手段，实现基于数字环境的应用体系，使得人们能快速、准确地获取校园中人、财、物和学、研、管业务过程中的信息，同时通过综合数据分析为管理改进和业务流程再造提供数据支持，推动学校进行制度创新、管理创新，最终实现教育信息化、决策科学化和管理规范化。通过应用服务的集成与融合来实现校园的信息获取、信息共享和信息服务，从而推进智慧化的教学、智慧化的科研、智慧化的管理、智慧化的生活以及智慧化的服务的实现进程。

    智慧校园的核心特征主要反映在三个方面：一是为广大师生提供一个全面的智能感知环境和综合信息服务平台，提供基于角色的个性化定制服务；二是将基于计算机网络的信息服务引入到学校的各个应用与服务领域，实现互联、共享和协作；三是通过智能感知环境和综合信息服务平台，为学校与外部世界提供一个相互交流和相互感知的接口。

    建设智慧校园的基础是网络融合，即将校园内的各个应用网络整合在一起，实行统一的管理与控制，综合利用各种网络接入手段，提供开放的标准接口，为智慧校园应用提供网络通信保障。数据融合平台包括身份标识数据、应用数据、感知信息等的融合，以及数据存储、中间件以及支撑软件的融合。服务融合是智慧校园建设的目的，也是智慧校园的表现形式，通过服务融合可以实现将服务平台的服务提供能力与运营管理能力相分离，以及实现多业务平台互通和数据共享。统一门户服务提供统一的接入门户和业务界面，针对不同的授权角色，提供不同的个性化展示。

    建设智慧校园的核心基础之一就是数据融合平台的建立。数据融合平台的重要作用主要体现在：整合数据资源、统一信息管理、提供融合服务。由于智慧校园工程所涉及的数据与信息服务不仅源自学校业务管理部门，也源自那些与学校教育教学相关的外部实体，因此存在大量的异构数据源和不同的管理机制，缺乏统一的共享机制就无法支撑融合的服务。只有建

---

① 哈斯高娃，张菊芳，凌佩.智慧教育［M］.2版.北京：清华大学出版社，2017.

设一个统一的、完备的、共享的、标准的数据融合平台，才能有效地支撑智慧校园的建设工作。数据融合平台的建设由两部分组成，基础部分是面向应用领域的主题数据库建设，应用部分是统一数据服务平台建设。信息标准和安全维护体系是智慧校园建设的重要支撑。信息标准体系确定了数据建模、信息采集、加工处理、数据交换等过程的规范标准，最大限度地实现信息优化管理和资源共享，从而能够规范地建立应用系统的数据结构，满足信息化建设的需求，为数据融合和服务融合奠定基础。

1. 校园统一门户服务系统介绍

校园门户是一个为学校师生提供个人信息服务的平台。个人用户可通过智慧校园（http://my.njupt.edu.cn）登录并进入"个人服务门户"。教工、学生使用工号、学号或者"智慧校园卡"卡号登录访问，初始登录密码统一为身份证号码的后6位（如有字母均为小写，若无身份证，则为工号或学号），登录后需立即修改登录密码，以保证个人信息安全。用户个人可通过服务门户获得与个人相关的信息服务，通过一套用户名和密码登录多个系统，集中获取各业务系统提供的服务内容，如管理服务、教学服务、科研服务、生活服务等。同时，师生、同事、同学及科研团体等可进行文件共享、作业上传、日历共享等协作交流，形成信息积累。

2. 管理服务

管理服务是面向管理人员开放的服务，可以方便其管理及查看当前现有的服务项目。人事管理服务可以查看人事信息，科研管理服务包含与科研相关的信息服务，研究生管理服务包含与研究生相关的各种服务。

3. 教学服务

教学服务中包含很多服务管理项，管理员根据每个人的不同身份分配不同的权限，从而使用户可以查看与自己相关的服务。其中，研究生学习包含新生信息确认、网上选课、培养计划维护、学生成绩单打印等；研究生教学包含教师课表、成绩单打印等；本科学习包含教学评测、考试报名、网上选课、课表查询、成绩查询等；本科教学包含教务管理、成绩录入、测评查询、毕设系统等服务项目。

4. 科研服务

科研服务中包含多种科研服务类，如项目服务、成果服务、管理服务及资源服务。项目服务包含项目申请、项目变更、项目查询等；成果服务包含各类成果的登记、查询；管理服务包含与学术相关的管理；资源服务包含科研论文及获奖证书查询、科技动态、电子阅览服务。

5. 生活服务

生活服务包含图书馆服务、生活服务及信息服务。图书馆服务包含与图书馆相关信息,如违章缴费、新书通报等;生活服务包含学校班车服务、校园风光等服务;信息服务包含邮件服务、密码修改及工资查询等服务。

智慧教育的
特征

本章小结

本章介绍了智慧校园的基本架构和核心内容;详细阐述了智慧校园基本架构的基础设施层、支撑平台层、应用平台层、应用终端层、信息安全体系和条件保障体系的基本组成和主要功能;认真剖析了智慧校园的教学环境、教学资源、管理、服务、信息安全和条件保障的主要内容和基本要求。

关键词

基本架构、核心内容、教学环境、教学资源、管理、服务、信息安全体系、条件保障体系

思考与练习

1. 智慧校园的基本架构分成几个层级?

2. 智慧校园的基本架构具体组成有哪些?

3. 基础设施层、支撑平台层、应用平台层、应用终端层、信息安全体系和条件保障体系的基本组成各有哪些?

4. 基础设施层、支撑平台层、应用平台层、应用终端层、信息安全体系和条件保障体系的主要功能各是什么?

5. 智慧校园的核心内容有哪些?

6. 智慧校园的教学环境、教学资源、管理、服务、信息安全和条件保障各有哪些主要内容?

7. 如何理解智慧校园的教学环境、教学资源、管理、服务、信息安全和条件保障的基本要求?

3
智慧校园的技术应用

学习目标

知识目标
➢ 掌握移动互联网的定义，了解其发展现状；
➢ 掌握物联网技术的定义，理解其内涵与特征；
➢ 掌握云计算技术的定义，理解其本质与特点；
➢ 掌握虚拟仿真技术的定义，理解其本质与特点；
➢ 掌握大数据的发展史及关键技术；
➢ 掌握学习分析技术的含义及其在智慧校园中的应用；
➢ 掌握人工智能的发展史及关键技术；
➢ 掌握区块链的定义，理解其特点及应用意义；
➢ 掌握 AI 大模型的发展经历和在智慧校园中的应用。

能力目标
➢ 能够对智慧校园移动互联网结构进行拓展，开发新的应用场景；
➢ 能够设计校园物联网架构；
➢ 能够设计校园云计算的应用场景；
➢ 能够设计校园虚拟仿真的应用场景；
➢ 能够设计基于大数据支撑的智慧校园；
➢ 能够拓展学习分析技术的应用途径；
➢ 能够拓展人工智能的应用途径；
➢ 能够设计开发区块链技术的应用场景；
➢ 能够设计开发 AI 大模型技术的应用场景。

素质目标

➢ 了解我国在 5G、物联网、人工智能等新技术领域的发展成就，培养学习新技术的兴趣；

➢ 了解物联网技术在校园中的应用，能够根据校园的实际情况和发展需要，设计开发新的应用场景；

➢ 了解大数据应用所面临的挑战，能够居安思危思考解决之道。

问题导入

智慧校园作为数字校园的高级形态，其建设除了需要那些传统的数字化校园技术，还需要融合一些新技术。支撑智慧校园的若干关键技术是智慧校园建设的基础，在多种技术的支持下智慧校园才能真正实现面向师生个性化服务的理念。目前，已有很多新技术被应用于智慧校园，如物联网技术、云计算与虚拟化技术、大数据技术、人工智能技术、区块链技术。这些技术具体来讲都是什么？在智慧校园中的具体应用情况都是什么样的呢？

智慧校园的技术保障

3.1 移动互联网——便捷信息资源交流共享

3.1.1 什么是移动互联网技术

关于移动互联网，认可度较高的定义出自中国工业和信息化部电信研究院 2011 年发布的《移动互联网白皮书》："移动互联网是以移动网络作为接入网络的互联网及服务，包括三个要素：移动终端、移动网络和应用服务。"其中，移动终端是前提，接入网络是基础，应用服务是核心。

从移动互联网的定义可以看出，一方面，移动互联网是移动通信网和互联网的融合，用户以移动终端接入无线移动通信网络的方式访问互联网；另一方面，移动互联网还产生了大量的新型应用，这些应用与移动终端的可移动、可定位、便携性、高时效性等特点相结合，为用户提供个性化的相关服务，实现了人们不受时空限制地获取信息，进行事务处理的需求。

3.1.1.1 移动互联网相关技术

作为智慧校园搭建基础的移动互联网技术，可以帮助学校师生通过移动智能终端，采用移动无线通信的方式获取服务。

相对传统互联网而言，移动互联网强调可以随时随地，并且可以在高速移动的状态中接入互联网并使用应用服务，主要区别在于：终端设备、接入网络以及由终端和移动通信网络的特性所带来的独特应用。

移动互联网相关技术总体上分成三大部分，分别是终端技术、通信技术和应用技术。

（1）终端技术包括硬件设备的设计和智能操作系统的开发技术。无论对于智能手机还是平板电脑来说，都需要移动操作系统的支持。在移动互联网时代，用户体验已经逐渐成为终端操作系统发展的至高追求。

（2）通信技术包括通信标准与各种协议、移动通信网络技术和中短距离无线通信技术。2020年被誉为5G元年，人类社会步入了5G时代。5G技术是指第五代移动通信技术，它是一种全新的移动通信网络技术，具有大带宽、高速率、低时延、大连接、高可靠等特征。国际电信联盟（ITU）把5G的应用场景定义为增强型移动宽带（eMBB）、高可靠低时延通信（URLLC）和海量机器通信（mMTC），其中增强型移动宽带和高可靠低时延通信与智慧校园所提供的流畅逼真的教学体验密切相关。同时，5G技术也为智慧校园的建设提供强大的网络通信支撑（如图3-1所示）。

（3）应用技术包括服务器端技术、浏览器技术和移动互联网安全技术。目前，支持不同平台、操作系统的移动互联网应用很多。

3.1.1.2 移动互联网的主要特点

移动互联网既继承了桌面互联网开放协作的特征，又具备便携性、实时交互性、个性化服务、定位性、身份统一性等主要特点。

（1）便携性。移动互联网的基础网络是一张立体的网络，GPRS、4G、5G和WLAN或Wi-Fi构成的无缝覆盖，使得移动终端具有通过上述任何形式连通网络的特性。移动互联网的基本载体是移动终端。顾名思义，这些移动终端不仅仅是智能手机、平板电脑，还有可能是智能眼镜、手表、服装、饰品等各类人体可穿戴的随身物品，这些移动终端均体现出移动互联网的便携性。

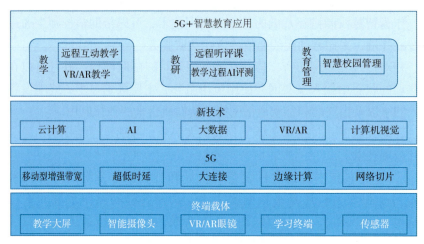

图 3-1　5G 教育信息化总体视图

（2）实时交互性。用户可以随身携带和随时使用移动终端，在移动状态下接入和使用移动互联网应用服务。现在，从智能手机到平板电脑，我们随处可见这些终端发挥强大功能的身影。当人们需要沟通交流的时候，随时随地可以用语音、图文或者视频进行沟通交流，大大提高了用户与移动互联网的交互性。

（3）个性化服务。移动互联网允许用户根据自己的需求和喜好定制服务。例如，用户可以选择安装不同的应用程序、订阅特定的信息源和设置个性化的界面。

（4）定位性。移动互联网有别于传统互联网的典型应用是位置服务应用。它能够提供的服务包括：位置签到、位置分享及基于位置的社交应用；基于位置围栏的用户监控及消息通知服务；生活导航及优惠券集成服务；基于位置的娱乐和电子商务应用；基于位置的用户环境上下文感知及信息服务。

（5）身份统一性。这种身份统一是指移动互联网用户自然身份、社会身份、交易身份、支付身份通过移动互联网平台得以统一。信息本来是分散在各处的，互联网逐渐发展、基础平台逐渐完善之后，各处的身份信息将得到统一。例如，在网银里绑定手机号和银行卡，支付的时候验证了手机号就可以直接从银行卡扣钱了。

【延伸阅读】

中国 5G 技术的发展成就

2023 年 3 月 5 日上午，第十四届全国人民代表大会第一次会议在人民大会堂举行开幕会。会后举行首场"部长通道"采访活动，工业和信息化部部长金壮龙、科技部部长王志刚、生态环境部部长黄润秋接受采访。

工信部部长金壮龙在回答有关 5G 发展的问题时说，目前，我们国家移动通信走过了"2G 跟随，3G 突破，4G 同步，5G 引领"的发展历程。可以说，我们现在已经进入了 5G 时代，我们国家已经建成了规模最大、技术最先进的 5G 网络，现在我们国家在 5G 方面已经走在世界前列。

在基础设施方面，我们国家已经建成了超过 254 万个 5G 基站；在应用方面，5G 移动手机用户已经超过了 5.75 亿；在行业应用方面，我们国民经济有 90 多个大类，一半以上都已经应用了 5G，比如采矿、港口、电力、大飞机等方面。

接下来的具体举措可以用三个字形容——"建、用、研"。

"建"就是指多建基站，今年将新建 60 万个基站，今后将超过 290 万个。现在很多城市都已经有了 5G，接下来要覆盖得更好，在农村地区现在已经实现了县县通，下一步我们要继续延伸，让 5G 在工业园区也要覆盖得更深。

"用"就是要在制造业方面下更大的功夫，"5G+工业互联网"对制造业的跨越式发展非常重要，我们计划在"十四五"期间建 1 万个以上的 5G 工厂。

"研"就是研发，要进一步发挥好政府、企业、研究机构的作用。我们正在总结推广 5G 经验，组建了 mt-2030（6G）推进组，已经在开展工作了。接下来，我们要继续产学研用集中发力，加强国际合作，加快 6G 的研发。

移动互联网技术

3.1.1.3 移动互联网技术对教育的影响

移动互联网在教育中的应用覆盖教学、科研、管理、生活等多个方面，兼顾个体、部门和整体性业务。移动互联网对教育的影响主要包括教育资源碎片化、教育场景移动化、教育模式按需化和教育形式互动化等[①]。

（1）教育资源碎片化（或称微化）。教育资源碎片化是指将学习内容进行分割，然后以正式或非正式的方式推送给学习者。其优势是有效利用学习者的碎片化时间，为学习者提供当前需要或感兴趣的学习内容，最有效地满足学习者对知识从不知到知，认识从模糊到清晰的需求。

（2）教育场景移动化。教育场景移动化是传统的互联网教育与移动网络相结合的产物，实现随时随地地按需教学。教育场景不再固定于学校、教室、图书馆等，可以扩展到家里、公交车上、公园中等。

（3）教育模式按需化。移动互联网的到来，智能终端的普及，以及社会化学习、社区化学习的发展，为人们随时学习带来可能和便利，同时也将改变人们的学习模式。传统的教育模式以教为主，忽略学生个体的差异性，导致教育缺乏个性化。而移动互联网支持学习者随时随地通过手机等移动终端搜索和查询学习资源，实现按需学习。

（4）教育形式互动化。传统的网络教育一般需要学员在指定的时间坐到计算机面前接受教育，多为单向的固定知识传授。而移动互联网和智能终端的普及使交互和互动更加便捷：在学习和生活中遇到问题，学生可以随时打开手机，通过搜寻、查找资料、提问等多种方式，从互联网、学校的教学资源库、专业教师、其他学生那里获得答案和灵感，通过与他人沟通、讨论、交流等过程互相学习。

3.1.2 移动互联网技术在智慧校园中的应用

3.1.2.1 移动互联网技术在智慧教育中的应用现状

移动互联网技术
对教育的影响

自 2019 年 6 月工信部向中国电信等四家企业颁发 5G 商用牌照后至 2020 年底，全国累计建成 5G 基站超过 71.8 万个，约占全球的 70%，5G 网络已覆盖全国所有县城区以上所有地市。

---

① 哈斯高娃，张菊芳，凌佩.智慧教育［M］.2 版.北京：清华大学出版社，2017.

5G 提升在线教育质量。在线教育在"5G+VR/AR/ 全息影像"等技术的辅助下，可以实现跨时跨地共享教学资源，学生在远程课堂中感受真实的师生互动，教师可以及时得到学生对于教授内容的反馈，高质量的教学课堂得以保证。在教育资源不均衡的背景下，5G 等新一代移动通信技术结合智慧教育可促进优质教育资源的均衡分配，教育资源匮乏地区的学生接受线上教育亦可享受到优质的教学资源。另外，在专业技能培训课程中，"5G+VR/AR/ 全息影像"的技术方案可避免在培训中使用昂贵的精密仪器，避免置身于真实的高危场景中，为各行业的专业培训带来便利。

5G 助力实现智慧课堂 / 教室。智慧课堂在传统课堂的基础上，利用 5G+ 超高清视频、AR/VR、语音系统、智能终端高效地进行互动教学，调节师生关系，强化学生在课堂的主体位置，强化人与环境的交互影响，提高教学质量。智慧课堂主要出现在校外教育机构，互动教学设备和方案的成功应用将逐步展现示范效应，相同模式将在行业内快速复制。智慧教室则利用"5G+AIoT"等技术设备实现对学生学习状态的感知，实时掌握学生情况。通过传感器、超高清视频等方式搜集数据，并将数据在边缘或云端进行处理分析，在平台展示。标准化考点是智慧教室的一个典型应用，5G 网络下的移动识别设备，配合超高清视频传输等可支撑身份认证、作弊防控、网上巡查、应急指挥等考务工作。

5G 助力提升校园安全。以安防场景为代表的智慧校园在 5G 时代有了新升级。在无人机、物联网、边缘云、人工智能等技术设备的支持下，全场景高清视频监控、智能视频分析、入侵探测报警、电子巡查可以有效解决当下视频模糊无法识别、陌生人进校、危险探测不及时等校园安全问题，因此智联化平台建设可有效提升学校的管理效率。

【延伸阅读】

基于 5G 的智慧教育应用情况

全息远程教学：2019 年 9 月 16 日，中国联通与北京邮电大学在合作共建的智慧教室首次采用 5G 全息直播技术实现西土城校区和沙河校区两校区同上一门课，为师生们呈现了一场知识、历史、科技的视听盛宴。授课教师 1：1 全息投影在教室内，科幻又真实，5G 网络充分展示大带宽、低时延特点，5G 全息课堂为学生提供了可交互、沉浸式的三维远程教育。

全息投影：华师一附中在武汉、福州两地通过"5G+ 全息投影 +VR"技术的远程教学示范课，虚拟老师栩栩如生地站在讲台上为同学们授课，位于福州和武汉的两位老师共同上课。两地师生在课堂上实现了异地互动，超越了时间和空间。

5G 智慧校园：广东联通联合广东实验中学打造 5G 智慧校园。智慧校园管理系统利用感知技术与智能装备对校园的方方面面进行感知识别。校园出入的人脸识别、访客管理，宿舍的人脸识别、作息管理、访客管理、紧急门禁一键开启，校园防控的集中监控、分布部署、预警智能联动、行为轨迹分析，校车安全管理（含司机行为分析）等信息全部通过 5G 网络传输实时分析记录。

现代移动互联的
常见技术及其
特性

3.1.2.2 智慧校园移动服务平台的组成架构

移动互联网环境下的智慧校园综合信息服务系统建设，是以大数据技术、物联网组网技术、云计算平台等为网络载体，搭建起涵盖智能感知层、网络通信层、大数据业务支撑层、智慧校园应用层、展示层的组成框架，不同层级内部还存在着多种用于数据挖掘、处理、分析、存储的软硬件，以及智慧校园服务的功能模块，可以实现财务、教务、教学、科研等业务功能。具体组成架构如图 3-2 所示。

智慧校园的实施应围绕技术系统和组织结构与体系同时展开，重视彼此之间的相互适应和匹配，既要不断完善组织结构与体系以适应飞速发展的移动互联网技术系统，也要尊重现有组织结构与体系的客观存在，理性分析学校自身最需要解决的问题，提出有针对性的、量力而行的技术方案，避免因赶时髦而追求技术先进性和完备性带来的浪费。

从图 3-2 可以看出，智慧校园移动服务平台主要包括以下层级[①]：

① 王新娟.基于"互联网+"背景的智慧校园移动服务平台构建分析［J］.设计研究与应用，2023（44）：135–137.

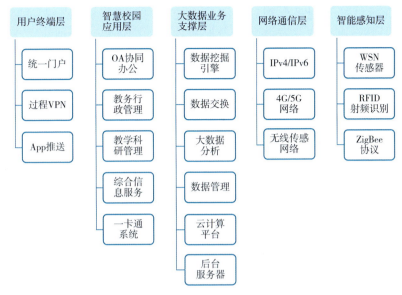

图 3–2　智慧校园移动服务平台的组成架构

（1）智能感知层。智能感知层包含一系列的硬件设施、智能感知技术，负责外部数据信息的读取、收集、近距离传输。其中 WSN 传感器、RFID 射频识别技术、GPS/BDS 定位等，是将教务教育人员、师生主体的校园活动信息，通过无线射频硬件设备识别、读取的方式，采集并整合校园不同部门的感应数据信息，识别与验证的安全性较高。而后依托于 WSN 无线传感网络、ZigBee 传输协议、NFC 通信技术，由无线传感器节点进行校园教务、行政、教学、科研数据信息的传输。

（2）网络通信层。网络通信传输技术包含通用网关接口协议、IP 网络协议、4G/5G 网络通信技术、CMCCweb/CMCC–edu 网络通信技术。校内教务部门、行政部门、教育部门、师生人员等主体，可以在任何时间、任何地点，接入 IPv4、IPv6 网络接口配置地址，完成稳定高速的互联网信息传输、业务服务。

（3）大数据业务支撑层。借助于大数据技术、云计算平台等建构完成的大数据业务支撑层，主要包括云平台服务器、存储器等硬件，以及 Spark 数据挖掘引擎、HDFS 分布式文件系统、Hbase 数据仓库、数据交换技术、大数据分析技术等软件。各业务功能模块分别负责对不同来源的数据信息进行数据资源整合、处理、分析与存储。

而云计算管理平台则针对海量的校园内部数据资源，先对网络计算机、后台服务器、存储器、数据节点等软硬件做出虚拟化。之后由虚拟化设备、任务调度节点进行现有数据信息资源、业务项目的任务运算处理，保证校内教务教育部门、学科教师、学生等主体的数据应用与管理。

（4）智慧校园应用层。智慧校园应用层是为智慧校园移动服务平台提供校务、教务、教育、教学、其他综合服务的管理层级。在大数据技术、云计算管理平台的基础上，首先通过校内身份认证系统，对教育人员、管理人员、教师、学生等进行多种信息整合、身份验证，然后利用教务管理、行政管理、教学科研管理、综合信息服务、OA 协同办公等业务模块，向师生提供 OA 协同办公、教学科研、日常事务处理等功能服务支持。

（5）用户终端层。校园网络客户端包括智能手机、平板电脑、PC 等设备。用户依托物联网组网技术，在接入智慧校园移动服务平台后，可根据自身拥有的数据访问权限，通过特定的通用网关接口协议、IP 网络协议、4G/5G 网络通信技术、服务查找接口，发送相关业务请求、数据处理请求，并接收教务管理、行政管理、课堂教学与移动化办公的响应数据，提高智慧网络化移动平台的综合服务水平。

3.1.2.3　典型案例

（1）案例背景。2018 年 4 月，教育部启动实施《教育信息化 2.0 行动计划》，这是顺应新时代智能环境下教育发展的必然选择，是推进"互联网＋教育"的具体实施计划，是充分激发信息技术革命性影响的关键举措，是加快实现教育现代化的有效途径。

无论是教育信息化 2.0 行动计划还是国家教育事业发展"十三五"规划和"十四五"规划、国家标准《智慧校园总体框架》，都在提倡加速建设智慧校园，推动高校智慧转型。

（2）案例情况。5G 网络的高带宽、低时延等特性，支持具有移动性的课堂灵活开课，随需随用，有效缓解传统双师课堂的交互体验问题，为双师课堂的优化发展提供技术保障。

基于 5G 网络的双师课堂远程互动教学场景如图 3-3 所示。某中学双师课堂的远程互动教学，由主讲老师在主讲教室进行授课，在其他 A、B、C 三个校区的设备终端部署 5G 通信模块，通过 5G 网络，可以在四个校区同时直播主讲教师的授课，使得教师的教学场地更加灵活，而学生则摆脱了传统专线模式的束缚。

图 3-3　某中学双师课堂远程互动教学

相比于传统有线网络以及 Wi-Fi 环境，5G 构建的远程互动教学解决方案具有以下优势：

一是 5G+ 云端部署，满足双师课堂所需的低延时、大带宽和高可靠性等要求，具备课堂的互动实时性，根本性地解决音/视频延迟、卡顿等问题，提升学生的课堂参与度和学习效果。

二是 5G 网络相比有线网络，可以适应教学场地的各种变化，灵活性、便捷性良好。

三是教育信息化成本低。据测算，5G 进入规模化部署应用后，无线代替线缆，教育信息化建设成本降低 50% 以上。

（3）案例总结。无论智慧校园体系如何搭建，均需坚持以人为本，以数据为中心，以流程为基础，以服务为目标，通过对校内用户需求的分析，总结智慧校园服务类型，构建高校智慧校园用户服务体系，旨在全面服务师生发展、教育教学、日常管理、科学研究。

移动互联网技术的教育应用

3.2 物联网——创建超时空万物互联互通新生态

3.2.1 什么是物联网技术

物联网最早是由我国中国科学院院士姚建铨提出的。广义上的物联网是指：凡是由射频识别技术（RFID）、传感技术及利用某种物体相互作用而感知物体的特征，按约定的协议，来实现任何时间、任何地点、任何物体、任何自然人，人与人，物与物以及人与物之间的互联互通，从而进行网络通信及信息互换，进而实现智能定位、识别、跟踪、监控和管理的一种现代网络技术。狭义上的物联网是指：通过相应的信息设备如射频识别（RFID）、红外感应、传感器等，实现互联网与相关物质之间的互通连接，并通过智能化的技术手段进行定位及追踪，从而实现人与物之间的数据信息交流以及共享。其主要目的就是通过传感设备及现代化的信息技术实现对所有物质之间的统一智能化管理[①]。2010 年，浙江大学描绘了一张令人振奋的智慧校园的蓝图。在智慧校园的信息平台中可以看到整个校园被网络覆盖，无处不在的网络学习、网络科研，高效透明的网络校务治理，方便周到的校园生活和丰富多彩的校园文化[②]。

物联网的基础和核心仍然是互联网，是在互联网基础上延伸和扩展的网络。物联网的用户端延伸和扩展到任何物品与物品之间，进行信息交换和通信。

3.2.1.1 物联网的体系结构

物联网可分为三层，即感知层、传输层和应用层，如图 3-4 所示。

（1）感知层。感知层相当于人体的皮肤和五官，主要用于识别物体，通过射频识别、传感器、智能卡、识别码、二维码等对有用的信息进行大规模、分布式的采集，并对其进行智能化识别，然后通过接入设备将获取的信息与网络中的相关单元进行资源共享与交互。

---

① 夏玉荣，杨印言，郭全 . 物联网环境下智慧校园建设与发展问题探索［J］. 数字通信世界，2017（11）：277–279.

② 周彤，刘文 . 智慧校园建设的现状与思考［J］. 信息与电脑，2011（10）：86.

（2）传输层。传输层相当于人体的神经中枢和大脑，主要用于传递和处理信息，包括通信与互联网的融合网络、物联网管理中心、物联网信息中心和智能处理中心等。

（3）应用层。应用层相当于社会分工，与行业需求结合，实现广泛智能化，是物联网与行业专用技术的深度融合①。

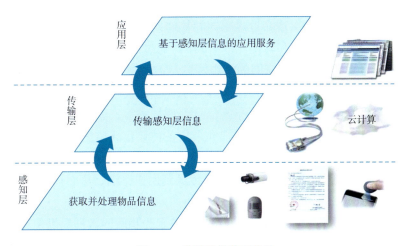

图 3-4　物联网的体系结构

物联网是下一代互联网的发展和延伸，因为与人类生活密切相关，被誉为继计算机、互联网与移动通信网之后的又一次信息产业浪潮。

3.2.1.2　物联网的关键技术

物联网的关键技术包括四个方面，如图 3-5 所示。

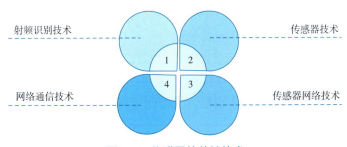

图 3-5　物联网的关键技术

---

①　贺志强，庄君明. 物联网在教育中的应用及发展趋势［J］. 现代远程教育，2011（2）：77-80.

射频识别技术：是一种非接触式的自动识别技术，具有读取距离远（可达数十米）、读取速度快、穿透能力强（可透过包装箱直接读取信息）、耐磨损、无须接触即可识别、抗污染、效率高（可同时处理多个标签）、数据储存量大等特点，是唯一可以实现多目标识别的自动识别技术，可工作于各种恶劣环境中。

传感器技术：传感器负责物联网信息的采集，是物体感知物质世界的"感觉器官"，是实现对现实世界感知的基础，是物联网服务和应用的基础。传感器通常由敏感元件和转换元件组成，可通过声、光、电、热、力、位移、湿度等信号来感知，为物联网的工作采集、分析、反馈提供最原始的信息。

传感器网络技术：传感器网络综合了传感器技术、嵌入式计算技术、现代网络及无线通信技术、分布式信息处理技术等，能够通过各类集成化的微型传感器协作实时监测、感知和采集各种环境或监测对象的信息，通过嵌入式系统对信息进行处理，并通过随机自组织无线通信网络以多跳（multihop）中继方式将所感知的信息传送到用户终端，从而真正实现"无处不在的计算"的理念。

网络通信技术：传感器利用网络通信技术为物联网数据提供传送通道，而如何在现有网络上进行增强，使之适应物联网业务的需求（低数据率、低移动性等），是现在物联网研究的重点。传感器采用的网络通信技术分为近距离通信技术和广域网通信技术两类。物联网的发展离不开通信网络，更宽、更快、更优的下一代宽带网络将为物联网发展提供更有力的支撑，也将为物联网应用带来更多的可能。

3.2.1.3　物联网的主要特征

物联网的特征主要有以下五点：

（1）用户、物体数字化与虚拟化。物联网是一个将人、物、信息、互联网实现无缝互联的网络化信息系统，并能向用户提供新型 IT 服务。而且物体的数字化、虚拟化使物理实体成为彼此可寻址、可识别、可交互、可协同的智能物，利用射频识别（RFID）、传感器、二维码等可以随时随地获取物体的信息[1]。

物联网关键技术

（2）泛在互联。物联网以互联网为基础，将数字化、

---

[1]　李刚. 物联网研究动态［J］. 计算机学报，2011（1）：13–21.

智能化的物体介入其中，实现自组织互联，将物体的信息实时准确地传递出去，是互联网的延伸与扩展。

（3）信息感知、采集与交互。通过嵌入物体的各种数字化标识、感应设备如射频识别（RFID）标签、传感器、响应器等，使物体具有可识别、可感知、交互和响应的能力，并通过与互联网的集成实现物物相连，构成一个协同的网络信息系统。在网络互联基础上，实现信息的感知、采集以及在此基础之上的响应、控制。

（4）智能信息处理与服务。支持信息处理，为用户提供基于物物互联的新型信息化服务。物联网利用数据融合及处理、云计算、模糊识别等各种智能计算技术，对海量的数据和信息进行分析、融合和处理，对物体实施智能化的控制，并向用户提供信息服务。

（5）自动控制。利用模糊识别等智能控制技术对物体实施智能化控制和利用，最终形成物理、数字、虚拟世界和现实社会共生互动的智能社会。

3.2.1.4 物联网技术对教育的影响

随着物联网技术在教育领域的广泛应用，智慧校园成为可能。通过传感器、射频识别等技术的应用，物联网可以将校园里的各种物件互联并实现智能化的数据传递和通信，完成网络内物体的识别、管理和应用，从而达到优化教学环境、提升实验实训教学、维护校园安全及管理、缩小区域间差距等效果。具体来说，基于物联网技术的智慧校园可以实现以下功能：

（1）使智慧校园具备校园水、电、气运行状况信息的传输、监控、预警能力。

（2）使智慧校园具备重要教学实验设备、后勤重要设备设施运行状态信息的传输、监控、预警能力。

（3）使智慧校园具备校园食品安全、危险物品和危险实训仪器相关信息的传输、监控、预警能力。

物联网及其
生活应用

（4）使智慧校园具备人员位置信息的传输、监控、预警能力。

（5）使智慧校园具备车辆进出和停车位置信息的传输、监控、预警能力。

3.2.2　物联网技术在智慧校园中的应用

物联网技术在智慧校园中常见的应用场景如图3-6所示。

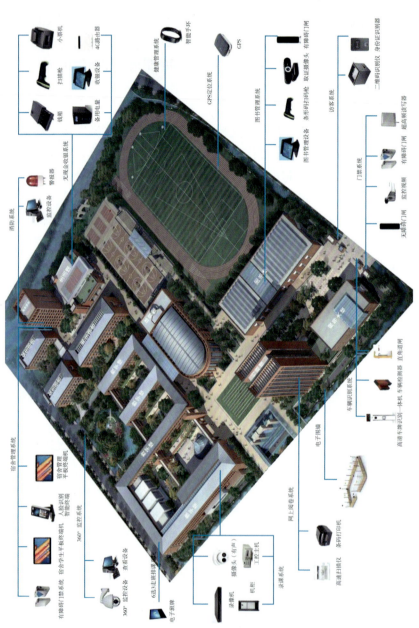

图 3-6 物联网技术在智慧校园中常见的应用场景

物联网在智慧校园中的应用可概括为课堂教学、课外学习和教育管理三个方面。

3.2.2.1 物联网在课堂教学方面的应用

（1）实时教学测评。课堂互动反馈是教学中的重要环节，有助于教师了解学生的学习情况，调节教学进程。传统教学模式中，教师常采用察言观色、课堂提问或课堂练习等方式检验学生的学习情况。这些方式存在猜测成分大、不能顾及全体、工作量大且反馈不及时等问题。实时教学测评系统基于学生互动反馈系统（interactive response system，IRS），通过学生手中的投票器（多采用有源射频方式）统计学生投票、答题情况，并在教师端设备上显示可视化的统计图形，以便于教师迅速分析结果、调整教学。实时教学测评系统还可通过学生佩戴的传感器手表、眼镜等设备记录学生的多重数据，如脑电图、血压、体温等生理信息及眼睛、手部轻微移动等运动信息，引入心理学相关测试技术，测试出学生的紧张程度、注意力状况、动脑情况等，教师根据这些反馈信息调整教学模式，对个别表现异常的学生进行辅导[①]。

在麻省理工学院的 Mobile-IT Education Classroom Applications 项目中，学生配置由显示屏和三个反馈按钮（精彩、无聊和迷失）组成的无线计票器，"迷失"学生数量达到一定阈值时，教师显示器会闪烁红灯报警。该设备也用于解决课堂问题，帮助教师修改教学计划和教学活动，从而进一步提高学生的注意力和参与度，促进学生间的交流，教师也可因材施教，定制教学模式并进行教学评价。

（2）智慧实验教学。物联网的引入丰富了实验平台，增加了实验安全性。物联网的应用表现在：通过让学生佩戴传感器设备，教师可以及时发现学生在实验过程中出现的错误，进而对其进行指导。教师还可以在实验器材上标明数字化属性和使用帮助信息；当学生使用实验器材不当时，实验器材自动报警，教师可以进行及时的指导。此外，教师可以通过分析实验过程中出现的典型问题，完善后续教学过程，提高教学效率。对于存在安全隐患的实验，教师可以通过物联网远程控制异地的实验器材，实时采集实验数据，并以适当的方式将实验数据传递给实验者，实现实验教学的共享性、安全性。

---

① 贺志强，庄君明.物联网在教育中的应用及发展趋势［J］.现代远程教育，2011（2）：77-80.

引入，使得教师可以远程布置、操控传感器节点，将远程设备通过物联网联系到一起，实时传输、存储和分析信息数据。学生对所布置的节点进行长期观测，查看相应的实验结果，收集实验数据。如此，学生通过观察相应的实验结果即可掌握课堂上枯燥、难以理解的理论知识。

（2）利用物联网建立移动、泛在的学习环境。泛在学习（U-Leaning）是指利用信息技术为学生提供一种可以在任何地方、任何时间使用手边可以取得的科技工具来进行学习活动的4A（Anyone，Anytime，Anywhere，Anydevice）学习模式。

它与移动学习的区别在于它可以利用智能标签识别需要学习的对象，并且可根据学生的学习行为记录调整学习内容，这是对传统课堂和虚拟实验的拓展。例如，生物课的实践性教学中学生需要识别校园内的各种植物，应用泛在学习模式的人员可以为每类植物贴上带有二维码的标签，学生在室外寻找到这些植物后，除了可以知道植物的名字，还可以用手机识别二维码从教学平台上获得这些植物相关的扩展内容。

在物联网时代，任何设备只要能够接入网络就能实现智能化操作，泛在学习的思想与物联网的核心思想不谋而合，因此物联网能更好地支持泛在学习模式。泛在学习系统可为学生提供智能化的学习服务，系统通过传感器自动操控电子白板、电子教材等各类学习辅助工具，并通过智能化和尖端化设备来构建智能化无纸教室；利用内藏电子标签或传感器的实验器材进行实验教学。总之，由于物联网技术的应用，学生的学习环境会发生天翻地覆的变化[①]。

3.2.2.3　物联网在教育管理方面的应用

（1）仪器设备管理。学校利用物联网可对仪器设备进行智能化管理。学校作为一个大的教学单位，拥有大量的仪器设备，包括教学仪器、会议设备、运动设备等，这些仪器设备分布在学校各个部门中，存在管理难度大、无人管理、无人及时保养等问题。利用物联网中的传感器或射频识别技术，学校可以统一管理和调度大量的仪器设备，从而有效防止仪器设备的丢失。当仪器设备出现故障时，系统自动报警，通知相关人员进行处理。

---

① 贺志强，庄君明.物联网在教育中的应用及发展趋势［J］.现代远程教育，2011（2）：77–80.

（2）学校安全管理。学校利用物联网对门禁进行智能化管理，包括近距离射频识别和远距离射频识别两种。近距离射频识别门禁系统普遍适用于各高校，如设立宿舍门禁系统，并辅以录像监控设备有效识别并防范外来人员进出。远距离射频识别技术主要用于中小学，因为中小学学生自我保护意识差，刷卡有效性较差，这类系统可与手机信息系统相结合。学生佩戴远距离无源感应卡，到达或离开校门时，附近的读卡器将感应卡的卡号输出给学生平安服务系统，并向学生家长发送其子女在校或离校等状态。

对于外来人员及车辆应用射频识别技术，在教学区和学生宿舍等校园管制区域安置多个感应节点，当外来人员进入时会及时通报安保人员及时处理；同时，可控制车辆进出，并将校园内所有车辆的停靠时间、停车缴费、准确停靠地点等信息及时准确地上传至管理平台。

校园火灾管理中心可将各传感器节点密集分布在检测区域内，检测自身周围温度和烟雾浓度等，并传送管理控制中心，以实现实时报警和准确定位。

（3）教室节能管理。节能教室是指通过光照传感器、温度传感器等实时监控室温、光线强度、空气质量等，并结合教室实际人数自动控制教室电灯、空调、风扇、报警系统等，起到自动节能、防盗效果的校园设施。系统具有上课模式、自习模式、夜间防盗模式三种模式，可根据时间以及校园自定义进行切换，如图 3-8 所示。

1.上课模式	2.夜间防盗模式	3.自习模式
在此模式下，防盗系统、人体检测模块不工作，光照传感器、温度传感器工作，此时不检测教师中的人数，系统根据温度、空气质量控制闸的开关，通过光照控制灯的开关。	在此模式下，防盗系统工作，人体检测模块、光照传感器、温度传感器不工作，系统自动启动红外报警装置监控整个教室的安全状况，当有人进入教室时，警报器会自动报警。	在此模式下，防盗系统不工作，人体检测模块、光照传感器工作，此时将检测教室中的人数，并根据人数、空气质量和温度控制对应灯和风扇的开关，起到节能的作用。

图 3-8　节能教室的三种模式

（4）智慧图书馆系统。为图书馆的图书安装射频标签，通过感应器或者手持智能端快速定位图书位置，使图书借阅和管理变得方便高效。

【延伸阅读】

中国移动物联网连接数占全球 70%

截至 2022 年底，中国移动物联网连接数达 18.45 亿户，比 2021 年底净增 4.47 亿户，占全球总数的 70%。移动通信基站总数达 1 083 万个，全年净增 87 万个。我国已经初步形成窄带物联网（NB—IoT）、4G 和 5G 多网协同发展的格局，网络覆盖能力持续提升。其中，窄带物联网规模全球最大，实现了全国主要城市乡镇以上区域连续覆盖；4G 网络实现全国城乡普遍覆盖；5G 网络已覆盖全部的县城城区。

移动物联网连接数快速增长，"物"连接快速超过"人"连接。统计显示，截至 2022 年底，我国移动网络的终端连接总数已达 35.28 亿户，其中代表"物"连接数的移动物联网终端用户数较移动电话用户数高 1.61 亿户，占移动网终端连接数的比重达 52.3%。

应用场景不断丰富，产业链持续完善。我国已形成涵盖芯片、模组、终端、软件、平台和服务等环节的较为完整的移动物联网产业链。窄带物联网已形成水表、气表、烟感、追踪类 4 个千万级应用，白电、路灯、停车、农业等 7 个百万级应用。移动物联网终端应用于公共服务、车联网、智慧零售、智慧家居等领域的规模分别达 4.96 亿、3.75 亿、2.5 亿和 1.92 亿户，行业应用正不断向更多领域拓展。

物联网在智慧教育中的典型应用

3.3 云计算——搭建资源共享、安全可靠的智慧化学习环境

3.3.1 什么是云计算技术

2006 年 8 月 9 日，谷歌（Google）首席执行官埃里克·施密特（Eric

Schmidt）在搜索引擎大会上首次正式提出"云计算"（cloud computing）概念，由此开启了一个时代的计算技术以及商业模式的变革。

"云"实质上就是一个网络，狭义上讲，云计算就是一种提供资源的网络，使用者可以随时获取"云"上的资源，按需求量使用，并且可以看成无限扩展的，只要按使用量付费就可以，"云"就像自来水厂一样，我们可以随时接水，并且不限量，按照自己家的用水量，付费给自来水厂就可以了[①]。

根据美国国家标准与技术研究院（NIST）的定义：云计算（cloud computing）是一种按使用量付费的模式，这种模式提供可用的、便捷的、按需的网络访问，将网络、服务器、存储、应用软件等计算机资源形成可配置的资源共享池，这些资源可被快速、弹性地提供，只需投入很少的管理工作或与服务供应商进行很少的交互[②]。

从广义上讲，云计算是互联网相关服务的增加、使用和交付模式，通过互联网来提供虚拟化且动态易扩展的资源，它意味着计算能力也可作为一种商品通过互联网进行流通。

简单来讲，云计算技术是一种在分布式处理、并行处理等技术基础上发展与拓展的新型技术。其利用先进的虚拟仿真技术将计算能力合理地分配给相应的网络设备，通过使用和扩展等方式，实现对业务的真实需求。

3.3.1.1 云计算技术的本质

云计算的本质可归纳为：通过网络提供可伸缩的廉价的分布式计算能力。云计算包含两个层面的含义：一是商业层面，即"云"；二是技术层面，即"计算"。云计算可以将各类资源集中起来，让用户在使用时可以自动调用资源，支持各种各样的应用运转，不再为细节而烦恼，从而专心于自己的业务。

云计算通过把计算分布在大量的分布式计算机上而非本地计算机或远程服务器中，使得各类使用单位能够将资源切换到需要的应用上，根据需求访问计算机和存储系统。这好比是从古老的单台发电机模式转向了电厂集中供电的模式。它意味着计算能力也可以作为一种商品进行流通，就像

---

① 罗晓慧.浅谈云计算的发展［J］.电子世界，2019（8）.
② MELL P, GRANCE T. The NIST definition of cloud computing［EB/OL］.［2024–03–20］. http://csrc.nist.gov/publications/nistpubs/800–145/SP800–145.pdf.

煤气、水电一样，取用方便，费用低廉。与煤气、水电最大的不同在于，云计算能力是通过互联网而不是有形的管道进行传输的[1]。

云计算技术

3.3.1.2 云计算技术的特点

被普遍接受认同的云计算技术具有以下特点[2]：

（1）超大规模。"云"具有相当的规模群体，能赋予前端用户前所未有的计算能力。目前，Google 云计算已经拥有 100 万台以上的服务器，阿里巴巴、IBM、Amazon 和微软等公司的"云"均拥有几十万台以上服务器。

（2）虚拟化。云计算无处不在，支持用户在任意位置、使用各种终端获取服务而不用关心计算源于何处。所请求的资源来自"云"，而不是固定的有形的实体，虚实高度融合。客户前端应用服务在"云"中某处执行，但实际上用户根本无须了解应用运行在具体的某个实体位置，只需要一部手机或是一台笔记本电脑等移动终端或联网某个固定设备，就可以通过网络服务来获取各种能力超强的服务及应用。

（3）高可靠性。与传统用本地计算处理模式相比较，"云"使用了硬件资源的虚拟冗余、数据资源的多副本容错、计算节点同构互备及可互换性等措施来保障服务的高可靠性，所有资源交错织网成云，使云计算源源不断，可靠和不中断。

（4）通用性。云计算不针对特定的前端用户应用，在"云"的支撑下可以构造出千变万化的应用，资源池资源高度协同，同一片"云"可以同时支撑不同物理位置及不同问题需求的应用运行。

（5）高可伸缩性。"云"的规模可以弹性部署，动态伸缩，以满足应用和用户规模增长的需要。

（6）按需服务。"云"是一个巨大的、分布广泛的资源池，用户可以像使用自来水、电和煤气那样，由基础架构服务商提供服务，客户按需购买计费。

（7）极其廉价。"云"具有前所未有的性价比，用户可以充分享受"云"

---

① 王续荣.基于云计算的资源动态扩展技术在高校信息化管理中的应用［D］.上海：上海外国语大学，2014.

② 中国云计算.云计算的概念和内涵［EB/OL］.（2014-12-26）［2024-03-20］. http:www.chinacloud.cn/show.aspx?Id=14668&cid=17.

的低成本优势。"云"基础设施可部署在电力资源丰富的地区，从而大幅降低能源成本。"云"数据中心实现自动化管理，使管理成本大幅降低；"云"应用特殊容错措施，可以采用极其廉价的节点来构成云；"云"的通用性和公用性可以减少重复投资，使资源的利用率大幅提升。

可以说，云计算是计算机网络技术发展到一定水平后的必然产物，因为它解决了很多个人电脑时代无法解决的问题。

云计算特点

3.3.1.3 云计算的服务类型

云计算的服务类型有三类：公有云、私有云和混合云（如图3-9所示）。公有云为公众提供开放的计算、存储等服务，如腾讯云、阿里云提供的各种云服务；私有云部署在防火墙内，为某个特定组织提供相应服务；将以上两种服务方式结合起来即为混合云。

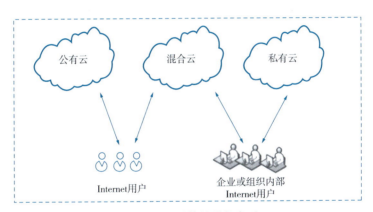

图 3-9　云计算的服务类型

（1）公有云。公有云是指云计算第三方提供商通过 Internet 以免费或低廉的价格提供给注册用户的云[①]，它通常由一个服务提供商维护。提供商通过自身的基础设施直接向外部用户提供服务，外部用户虽然不是真正意义上的拥有云计算资源，却可以通过网络享有云端提供的各种服务。

优点：除了通过网络提供服务外，客户只需为他们使用的资源支付费用。此外，由于用户可以访问服务提供商的云计算基础设施，因此他们无

---

① 岳冬利，刘海涛，孙傲冰 . IaaS 公有云平台调度模型研究［J］. 计算机工程与设计，2011（6）：1889–1892.

须担心安装和维护基础设施的问题。

缺点：与安全有关。公共云的基础设施可能驻留在多个国家，并具有各自不同标准的安全法规，所以信息安全可能存在风险。另外，用户对公共云只有使用权，在流量并发较大或者出现网络问题时，其稳定性缺乏保障。虽然公有云模型按需付费，性价比较高，但在大量数据需要转移时，所需的费用可能较大。

（2）私有云。私有云是指将云基础设施与软硬件资源建立在企业或机构的内部防火墙内，供内部成员使用，比如各部门之间共享数据中心的资源。私有云中基础设施的管理者可以是组织本身，也可以是第三方；部署的位置可以在组织内部，也可以在组织外部。由于私有云是完全针对特定个体或组织而单独部署的，因此在数据／服务的安全和质量方面都能做到可靠的控制[①]。

优点：提供了更高的安全性。私有云一般部署在企业或组织内部数据中心的防火墙内或安全的主机托管场所，私有云的拥有者是唯一可以访问它的指定实体。

缺点：安装成本很高。此外，用户仅限于使用已建设完成的私有云资源，相对于公有云其扩展性较差。

（3）混合云。顾名思义，混合云是公有云和私有云两种服务方式结合的混合模式。在这种模式下，私有云和公有云并不是各自为政，而是以协调工作的方式呈现[②]。在安全性方面，机密数据可以在私有云里实现存储、计算，非机密数据可以使用公有云的服务；在云端计算能力方面，在正常需求下使用私有云处理业务，在需求高峰期或计算、存储能力不足时使用公有云服务。

优点：允许用户利用公有云和私有云的优势，还为应用程序在多云环境中的移动提供了极大的灵活性。

缺点：因为设置更加复杂而增加了维护与保护的难度。此外，由于混合云是不同的云平台、数据和应用程序的组合，因此整合可能是一项挑战。在开发混合云时，基础设施之间也会出现兼容性问题。

――――――――――
① 唐元. 基于云计算的企业 IT 基础设施自动供给方案的研究与实现［D］. 北京：北京邮电大学，2010：77.

② 赵学敏，任翔，田生湖. 混合云计算模式下高校信息化建设新思路初探［J］. 中国教育信息化，2012（1）：7-9.

3.3.1.4　云计算的服务模式

云计算提供的服务模式可以分为三类：软件即服务、平台即服务和基础设施即服务（如图 3–10 所示）[①]。

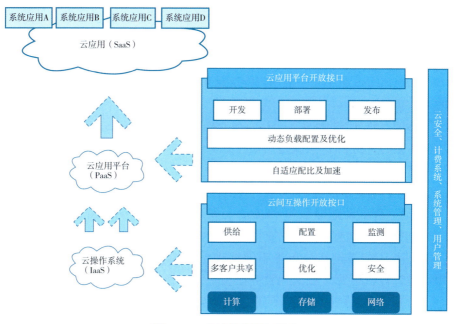

图 3–10　云计算的服务模式

（1）软件即服务（SaaS）。软件即服务（software as a service，SaaS）是一种软件交付模式，服务提供商将应用软件统一部署在自己的数据中心，用户经由互联网订购相应的软件服务，按照使用软件的数量、时间的长短等因素进行付费[②]。典型的 SaaS 有 SalesForce 提供的 CRM（客户关系管理）软件服务。

SaaS 的概念要点具体如下：

第一，SaaS 服务商将软件租赁给用户使用。

第二，用户通过互联网使用自己租赁的软件系统。

---

① GIBSON J，RONDEAU R，EVELEIGH D，et al. Benefits and challenges of three cloud computing service models［J］. IEEE computer society，2012：198–205.

② 罗军舟，金嘉晖，等 . 云计算：体系架构与关键技术［J］. 通信学报，2011，32（7）：3–19.

第三，用户能够租用到满足自己需要的软件。

第四，SaaS 服务商必须通过技术手段方便地创建满足用户需求的软件，而不是零散地管理着几百上千套彼此之间毫无数据关联的软件。

（2）平台即服务（PaaS）。平台即服务（platform as a service，PaaS）是一种将服务器平台或者开发环境作为一种服务提供给技术开发人员的商业模式 [1]。典型的 PaaS 有 Google App Engine 和 Windows Azure 平台。

PaaS 概念要点具体如下：

第一，PaaS 层不是一般用户能够操作得到的应用，属于软件研发范畴的一个概念。

第二，最通俗的理解就是运营商要提供给用户的 SaaS 应用产品应该是功能各异的，而 PaaS 层就是用来控制所创建的 SaaS 应用产品多样性的云平台支撑性服务体系。

第三，结论是没有 PaaS 层，就没有 SaaS 应用产品的多样性。

（3）基础设施即服务（IaaS）。基础设施即服务（infrastructure as a service，IaaS）是通过互联网获得云计算中完善的计算机基础设施资源的一类服务，主要包括分布于不同地理位置的各种 CPU、存储器、网络带宽等计算机资源。在这种服务模型中，用户不用自己构建一个数据中心，而是通过租用的方式来使用基础设施服务。在使用模式上，IaaS 与传统的主机托管有相似之处，但是在服务的灵活性、扩展性和成本等方面，IaaS 具有很强的优势。网络上类似网盘的云存储服务是 IaaS 中具有代表性的一种服务，一般以实际需要存储的硬盘容量来计算费用。典型的 IaaS 有 Amazon 提供的弹性云 EC2 和 Apache 提供的开源云计算框架 Hadoop。

IaaS 概念要点具体如下：

第一，IaaS 服务商将租赁基础设施服务给用户使用。

第二，用户通过互联网使用自己租赁的基础设施服务。

第三，用户能够租用到满足自己需要的基础设施服务。

---

① 侯炯 . SaaS 在手机上的应用研究［D］. 成都：电子科技大学，2011：113.

3.3.1.5 云计算技术对教育的影响

在教育领域，云计算技术使得教育资源与云平台融合，有利于资源的聚类、共享、升级、推送，解决教育资源分布不均、更新速度慢、共享程度低等问题，从而促进教育资源的优化与均衡发展。

云计算服务
模式

在智慧校园建设过程中，云计算技术也发挥着重要的作用，主要表现在以下四个方面：

（1）使用便捷，利于交互。云服务最大的优势就是简单易用。无须搭建复杂的环境或者安装巨型软件，就可以将自己的项目放在云端来运行，或者在线办公。教师可在课前将预习任务和材料上传至云平台，学生随时随地通过自己的移动终端获取预习材料进行预习。与此同时，学生学习的时长、内容、正误率等信息可被教师及时获取。

（2）对软硬件设施要求低，降低成本。学校现有的数字化教育资源共享建设成本主要来源于初期服务器、终端及网络接入等设备的购置、日常系统运营及维护、设备更新等。如果将职业院校数字化教育资源共享建设建立在云计算和服务的基础之上，可以将繁重的共享平台建设、服务器的配备、数字化教育资源的存储与管理等工作交给云服务提供商，无须大规模的硬件投入，甚至是零投入。另外，云计算对用户端的设备要求很低，只要拥有可以上网的终端设备、一个浏览器，将终端设备接入互联网即可实现想做的任何事情，客户终端几乎不需要任何升级。

（3）实现精准教学。云计算平台可以提供强大的数据分析和学习评估工具。通过对学生的学习行为、兴趣爱好、学科成绩等数据进行深度分析，教师可以更好地了解每个学生的学习情况和需求；同时，云计算平台可以提供个性化学习方案，根据学生的学习情况和需求，为每个学生提供适合他们的学习内容、学习方式和学习进度，从而实现精准教学。授课过程中学生通过移动终端与教师进行互动，学生在测试过程中每道题的计算时长、正误率等信息也会及时反馈至教师终端，教师能够准确掌握学生的学习情况并进行精准辅导。此外，通过云计算，对学生学习与生活等各方面信息进行收集、整理、分析，了解其生活与学习背景、学习风格、兴趣爱好等，并有针对性地提供个性化的资源与服务。

（4）保障数据安全。智慧校园内要达到高效互联、物联，其涉及的数据十分庞大。这个由大量结构化、非结构化、半结构化数据有机构成的系统，一旦某一环节出现问题，其维护工作将十分复杂且缓慢，这对于智慧校园软硬件设施及网络维护人员来说也是巨大的挑战。基于云服务，学校不需要花费大量的人力、物力、时间对软硬件及网络系统进行维护，云中数据安全可靠，不用再担心硬盘损坏、病毒入侵等多种因素导致的数据丢失等麻烦。

3.3.2 云计算技术在智慧校园中的应用

3.3.2.1 教育领域云计算技术的应用现状

相比物联网技术，云计算技术在教育中的应用更为普及和成熟。云计算已经在清华大学、中国科学院等机构得到了初步应用，并取得了很好的应用效果。广东省佛山市南海区教育云机构采用云计算技术建设了智能教育信息网络服务体系。华南理工大学采用 Rocks、Lustre 以及曙光等高性能计算管理系统，构建了适合各种科学计算的高性能云计算平台系统。

许多企业也推出了教育云解决方案，如思科教育云解决方案、微软教育云解决方案、华为 eSpace 教育云解决方案、阿里云职业教育 1+X 认证中心解决方案、腾讯通用云教育方案等。

目前，我国云计算技术在教育体系中的应用主要集中在教育资源（硬件、平台、软件、学习资源）的共享上，这可以有效解决我国教育信息化推进过程中长期存在的重复投资、信息孤岛等"顽疾"。

3.3.2.2 云计算技术的教育应用

如前所述，智慧校园与物联网技术密不可分，其首要目标正是通过物联网设备连接校园网中的各种基础设施，提供一个智能感知的一体化智能环境。除了智能环境外，智慧校园还必须构建一个为所有上层应用提供存储、计算、共享等服务的基础服务支撑平台，并考虑实现技术的先进性（如大数据处理技术、数据挖掘技术），这样才能实现智慧校园的其他智慧特征。

基于云计算的支撑服务平台，为智慧校园提供从应用端到基础设施端的基础云服务（如图 3-11 所示），这给智慧校园的功能带来了多方面的提升。

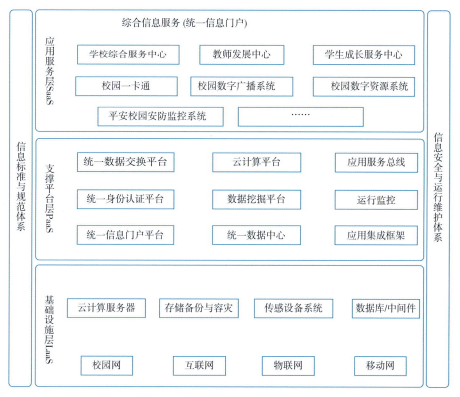

图 3-11　智慧校园云计算架构模型

（1）构建网络学习环境，智慧化教学资源。云计算技术允许人们随时随地从任意终端访问信息及其他服务，增强了网络学习的灵活性和敏捷性，能够实现学习资源和学习工具的"按需而用、即需即用、快速聚合"的目标，降低 Web 学习资源与服务的获取成本与难度，创建灵活敏捷的学习方式，从而提高学习生产力，最终改善学习效果。

【延伸阅读】

　　武汉市某高职院校为推进翻转课堂、泛在学习与精准教学的实现，从两年前起，开始在全校范围内借助云课堂系统来辅助教学。系统的用户端主要面向教师和学生两个群体。学生端具有登录课堂、选择课程、课程学习、在线作业、在线测验、在线讨论、时间统计、学习者分析等功能。教师端除具有与学生端对应板块的相关管理功能外，还具有使用云盘、课程设计等功能。云课堂是一个具有教学资源管理、流媒体播放、课程管理、学习过程监管、在线学习中心、个人空间、云端教室支持、开放接口等功能的基础数据管理与课程授权系统。其框架如图3-12所示。

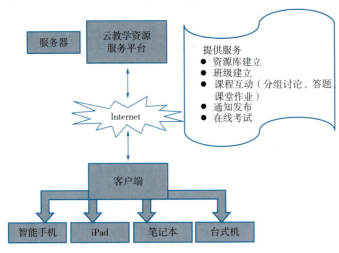

图 3-12　云课堂框架

教师无须通过QQ文件或U盘拷贝来向学生传递学习资源，学生通过云课堂，可以随时随地学习相应的教学课件、获取教学资源、扩展资源并记录笔记。在学习的过程中，可通过讨论区发帖与同学和教师进行讨论或问题求解，通过聊天功能可以实现即时聊天。教师通过平台向学生发布作业和测试，学生在线查看和提交作业、进行测试，并获得教师的反馈。

在课堂上，教师可通过平台向学生发布课堂测试，学生在线回答问题，其数据会即时反馈到教师的终端。通过学生回答问题的数据，教师可及时准确地了解各个学生对知识的掌握情况并及时调整课程进程。

学生在使用云课堂的同时，平台会记录学生各项操作行为信息，包括学习进程与时长、参加讨论频率与时长、测试与作业完成的时长与准确率等，教师基于一系列数据对学生进行精准分析并在课后给出个性化的作业及测试，这一系列数据也将会成为教师考核学生的重要参考。

（2）构建智慧校园信息管理系统。在构建校园网综合信息管理系统方面，云计算凭借其超强的存储和管理能力，可以帮助学校有效地存储和管理海量的学生信息、教职工信息、教学资源等数据。通过云计算，可以实现教务管理的自动化和集中化，提高教务工作的效率和准确性。云计算可以支持学校教务管理系统的课程安排、考试管理、成绩录入等。同时，云计算还可以用于学生信息管理系统，包括学籍管理、学生档案、奖惩记录等，实现学生信息的集中管理和快速查询，方便学校管理和监控学生的学习情况。针对所有应用，统一一个信息访问入口，只需要输入一次用户名和密码，实现"一次登录，全校通行，统一管理"，为校园管理系统的应用和数据提供一个统一展现的平台。

【延伸阅读】

以贫困生助学贷款为例，按照以往的流程，助学贷款只需要提交一次来自外部的纸质证明便可获得，其透明度、真实性都不高，而利用云计算技术，可以将学生的一卡通消费总额和消费次数之比作为消费因子，按照季度、学期、年度多个维度进行离线计算，根据学校政策制定出贫困线，以此来辅助贫困生助学贷款的评定。利用云计算的数据挖掘和数据计算技术，使校园决策更加透明和智能。

（3）建立校园云计算安全平台。云计算给校园提供了最可靠、最安全的数据存储中心，我们不用再担心数据丢失、病毒入侵等麻烦。云计算严格的权限管理策略可以帮助学校保证数据共享的安全性；同时，数据的集中存储更容易实现安全监测，学校可将信息存储在一个或者若干个数据中心，对应的管理者可以统一管理数据，负责资源的分配、负载的均衡、软件的部署和安全的控制。

（4）软硬件资源整合与共享。在目前的技术架构下，高校校区之间由于地理位置原因，很多硬件资源无法共享；由于数据标准、技术架构不同，应用系统之间的软件资源共享也存在不便。云计算将软硬件资源通过网络组织起来，形成一个虚拟的、巨大的资源池，达到资源的整合与共享。

在云计算的网络应用模式中，数据只有一份，其保存在"云"的另一端，用户的所有电子设备只需要连接至校园网，就可以同时访问和使用同一份数据，从而实现数据更深层次的共建共享。共同应用云计算的扩展性非常强，各院系可以将现有的硬件资源共同加入一个云中，减少各个院系在资金和时间方面的投入，并实现真正意义上的资源共享。

云计算在智慧校园中的典型应用

总之，校园云计算建设有助于学校提升校园管理水平和公共服务水平，可以有效提高教育、科研的水平和质量，创造一个更加和谐的校园环境。

3.4　虚拟仿真——塑造沉浸式交互学习体验

3.4.1　什么是虚拟仿真技术

虚拟仿真技术是将多媒体技术、虚拟现实技术与网络通信技术等信息技术进行集成，构建一个与现实世界的物体和环境相同或相似的虚拟环境，并通过虚拟环境集成与控制众多的实体，构成一个虚拟仿真系统。

虚拟仿真技术是一门交叉学科的研究，虽然早在 20 世纪 60 年代人类就开始了相关研究，但直到 20 世纪 90 年代初，虚拟仿真技术才真正作为一门比较完整的学科体系出现。计算机图形学、计算机仿真技术、人机接口技术、多媒体技术以及传感技术等都为虚拟仿真技术奠定了技术基础。

虚拟现实技术

3.4.1.1　虚拟仿真技术的类型

简单来讲，虚拟仿真技术能够在计算机中构建三维的虚拟世界，并且可以让用户通过各种感知设备进入虚拟世界中。

在教育领域中，虚拟仿真技术主要包括虚拟仿真和虚拟现实。

（1）虚拟仿真（virtual simulation）。在多媒体技术、仿真技术与网络通信技术等信息技术的基础上，用一个系统模仿另一个真实系统的技术，是一种可创建和体验虚拟世界的高级计算机系统技术[①]。

---

① CHOI W，LI L，SATOH S，et al .Multisensory integration in the virtual hand illu-sion with active movement［J］.BioMed research international，2016，81:1–9.

（2）虚拟现实（virtual reality，VR）。虚拟现实就是结合人工智能、网络技术、传感技术等高级人机交互技术而生成逼真的视、听、触觉一体化的虚拟环境，使用户与虚拟环境中的客体交互作用，从而产生身临其境的感受和体验[①]。

3.4.1.2 虚拟仿真技术的特征

我们可以从以下三个方面来理解虚拟仿真技术的内涵：第一，为使用者的视觉、听觉、触觉多种感官带来刺激，刺激的由来是使用各类信息技术开发的虚拟世界；第二，利用这种多感官刺激让使用者有真实的沉浸感；第三，人们能用动作和言语与虚拟环境中的对象交流。由此可知，虚拟仿真技术主要有三个特征，即沉浸性、交互性和构想性。

（1）沉浸性。从用户的角度来说，其置身于计算机技术所营造的虚拟场景，用户的听觉、视觉甚至触觉、力觉等多种感知与真实环境隔离，虚拟场景能够提供人类具备的全部感知能力，使用户完全置身其中。

（2）交互性。从人与机器的交流角度来说，使用者可以像在现实世界中一样，通过鼠标、传感器等输入设备与虚拟场景中的各类物体发生相互作用。

（3）构想性。构想性指它能使用户在虚拟场景中感知新的知识和体验新的发现。使用者通过沉浸体验和交互操作，对场景中的物体或者知识体系产生新的体验与发现，从而得到感性和理性的认知。这是基于沉浸和交互的一种高级表现。

虚拟技术的
内涵与特征

3.4.1.3 虚拟仿真技术对教育的影响

在教育领域，虚拟仿真技术能通过实物虚化、虚物实化等技术手段形象生动地表现教学内容，有效地营造一个跟随技术发展的教学环境，提高学生掌握知识、技能的效率，优化教学过程，提高教学质量，调动学生的学习积极性，突破教学的重点、难点。在教学实践中，展现出极大的积极作用。

（1）激发学习兴趣。相对于传统教育中知识的扁平性，虚拟仿真技术的应用使得智慧校园的呈现更立体。将虚拟仿真技术引入教学，在实现人与机器交流、人与人交流的同时，让学习变得游戏化、情境化，真正做到寓教于乐，促进交流、知识表达及应用。

---

① 张力.应用虚拟现实技术提高网络教学质量的研究［J］.电化教育研究，2003（6）：56–60.

（2）增强学习体验。虚拟仿真技术可创设逼真的场景，提供动态的高交互设置，学习者在其中显示出较高的学习动机和参与度。除问题解决外，学习者在智慧校园中学习，往往伴随着角色扮演。学习者被赋予明确的角色，学习者尤其是青少年学习者常习惯于这种自我表达方式，且会通过角色表达所思所想所感。更重要的是，这种学习体验会激发学习者的创造力和想象力。

（3）拓展学习的多维空间。虚拟仿真技术的应用彻底打破时间与空间的限制，消除时间与空间造成的认知阻断。大到宇宙天体，小至原子粒子，学生都可通过虚拟现实进行观察。一些需要很长时间才能观察清楚的变化过程，通过虚拟仿真技术可以在很短的时间内呈现给学生。通过虚拟仿真技术，以往只能通过书本了解到的知识如今可以给人直观展示，带给学习者沉浸式体验。利用虚拟仿真技术建立起来的虚拟实训基地中的虚拟设备和部件可根据需求随时更换，教学内容也可以不断更新，使实践训练与时俱进。

（4）提供更安全的学习环境。虚拟仿真技术可模拟某些真实情境，在安全的前提下让学生学会应对某些现实场景中不可预知的危险。在虚拟实验室，学生可以用虚拟实验器材进行实验，避免危险化学品可能引发的安全问题。另外，利用虚拟仿真技术，可以解决学校普遍存在的实验设备不足、型号落后、教学场地缺乏、难以跟上科技发展速度等问题，使学生足不出户便可以在安全的虚拟环境里做各种各样的实验，获得与真实实验一样的体会，加深对教学内容的理解。

3.4.2　虚拟仿真技术在智慧校园中的应用

为满足智慧校园的智能化服务和开放性体验，虚拟仿真技术的应用成为一种推进智慧校园建设的关键技术[①]。虚拟仿真技术利用互联网构筑一个多媒体、全方位的没有明显校园界限的校园，该校园具有高度的信息开放性、时间自由性和学习自主性。

虚拟技术的
教育应用

目前，虚拟仿真技术着力应用于智慧校园建设中的环境共享、教学服

---

① 吕伟.虚拟现实技术支撑下的"智慧校园"标准特征研究［J］.现代教育科学，2016（8）：77–82.

务、科研展示、智慧阅读、会议交流和信息管理等多个方面[①]。

3.4.2.1　开放共享的虚拟智慧校园环境

校园环境不仅承载着一所学校的人文自然景观,还积淀着教育实践过程中演化和创造出来的精神文化素养,是学校育人的重要抓手。虚拟现实技术的发展,使得智慧校园的环境建设能够实现物理校园和虚拟校园的有机融合,能够突破时间和空间的限制,通过虚拟三维空间的塑造和虚拟人物动态的呈现与交互展示一所学校的文化底蕴。图 3–13 展示了北京信息技术学院虚拟校园系统界面。

图 3–13　北京信息技术学院虚拟校园系统界面

运用虚拟现实技术、Web 3D 技术和数据库技术,对学校的建筑物数据、校园网络结构、属性数据和其他数据进行处理,建立基于网络的、可交互操作的、三维数字化虚拟校园信息查询系统,实现视图操作(平移、旋转、渲染、光照、雾化、视点变换)、三维漫游(绕点漫游、沿路径漫游、自由漫游)及漫游控制等功能。

用户可以在系统中通过行走、鸟瞰以及选择不同的摄像机视图来多视角观看校园景观,以达到全方位认识校园的目的。数字化三维虚拟校园对于建设和谐校园、校园庆典、校容校貌的展示等具有非常重要的作用,必将成为校园信息化建设的重要组成部分。

---

① 雷培梁,伍朝辉.虚拟现实在智慧校园中的应用与创新[J].长春大学学报,2020(4): 36–44.

3.4.2.2 生动直观的虚拟智慧教学服务

从传统的"听讲"课堂，到多媒体可视化设备进入课堂中，再到虚拟仿真教学设备和资源的应用，越来越先进的科学技术被应用到教师的授课过程中，改善了学生的学习体验，提高了学生的学习兴趣。

【延伸阅读】

思政 VR 实践教学

思政 VR 实践教学中心是一种以思政数字化教学资源、VR 教学资源为教学内容载体的专用多媒体教学环境，该教学环境主体可以由思政教育 VR 体验馆、思政教学 VR 教室两部分构成，通过集中运用数字化思政资源、VR 虚拟思政资源等信息化成果，使得教材及教辅内容变得鲜活、可体验和可虚拟参与，能够有效促进课堂教学效果的提升，实现传统思政课教学模式与方法的创新，并可以进一步向思政虚拟互动实践场景等领域探索与发展。

思政教育 VR 体验馆：是个体在形体、情绪、知识上的参与，学习者通过参观、操作、使用体验馆中的多媒体设备、VR 设备，以及通过展品的文本、动画、视频、VR 虚拟场景等形式的解释性说明学习思想政治内容。以思政教育的要求为目标，依托 VR 技术沉浸式教学的优势，对思政教育 VR 体验馆进行了整体布局（见图 3-14）并提出了以下要求：

（1）根据真实场馆或遗址设计虚拟展馆；

（2）以学生的体验式学习为核心进行功能性设计，学生可置身于 3D 虚拟场馆中，以不同视角和线路参观学习；

（3）三维场景逼真，展品内容丰富、形式多样；

（4）集成文字、图片、视频、背景音乐、语音解说等多种媒体，立体化、多方位呈现信息；

（5）图片及其中的文字需清晰可辨，视频需依据知识点剪切成微片段嵌入相应位置；

（6）系统界面设计贴合主题、美观大气，需包含展厅切换的按钮、视音频链接热区以及讲解语音切换的 UI 元素等。

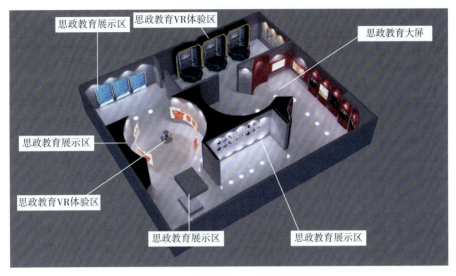

图 3-14   思政教育 VR 体验馆布局

思政教学 VR 教室：构建有数字化体验式教学平台和一系列经过互动化设计的思政课，搭配思政课理论教学资源包，教师可充分利用智慧教室互动设备和多媒体资源，采用双师课堂、云端思政课、翻转课堂等方式，由灌输式的单向教学模式变为双向互动；在思政教学 VR 教室配备 VR 眼镜和 VR 系列课程，采用集中教学或自主体验的方式，学生可通过 VR 眼镜主动、沉浸式学习党和国家的历史等 VR 课程。思政教学 VR 教室布局见图 3-15。

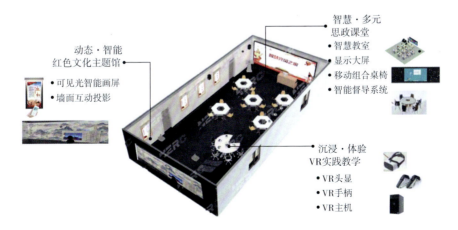

图 3-15   思政教学 VR 教室布局

3.4.2.3　身临其境的虚拟实践教学

虚拟现实技术的有机运用，可以为科研实验的讲演展示、控制实施提供有力支撑，既能够突破时空局限，又能够增加真切深刻的实验操作体验感，同时可以有效避免实验操作风险带来的安全隐患[①]。目前，北京航空航天大学、浙江大学等已经相继建立了分布式飞行模拟实验室、建筑虚拟规划研究室等虚拟实验室，并取得了显著成效[②]。虚拟现实技术打破了昂贵的技术设备瓶颈，相比真实技术设备有着可复用、成本低、操作简单、易维护的优势。

思政 VR 实践教学

【延伸阅读】

中职汽修虚拟仿真实训教学

"汽修虚拟实训课"即"面向实训课堂的汽车虚拟教学互动体验"，让学习者具有身临其境的真实感受。学习者可以在电脑上进行汽车的拆装、部件的维修、日常保养等训练工作，充分了解整体过程，掌握操作技能。计算机虚拟实训技术能够在一定程度上为中国汽车维修职业教育解决实训设备人均台套数少、实训教学师生比例小、实训室面积不足等因素造成的实训效果差问题。简单地说，"虚拟实训课"教师将原先放在实训室进行的实物操作，改在计算机机房进行，而学生利用相关的虚拟软件学习相应的实验训练课程。

中职汽修虚拟仿真软件由基本结构、虚拟展示、原理介绍和考核四个模块构成（如图 3-16 所示）。

图 3-16　系统功能设计图

---

①　吴宇，孙凤.虚拟现实技术在智慧校园建设中的应用［J］.无线互联科技，2022（8）：78-80.

②　杭中士.VR 技术在创建智慧校园中的运用［J］.信息与电脑，2019（18）：132-133.

　　基本结构模块对汽车保养所涉及的整车部件名称、所使用工具的具体操作方法、各项仪器读数的含义，以及保养具体部件的结构进行逐一的分析和介绍（如图3-17所示）。按照多种车型真实的实物尺寸，提供完整的仿真三维模型，表现整车及各部件的真实结构。提供了汽车各个零部件的三维实物模型，不但包括了发动机、变速器、ABS等汽车主要零部件的模型，而且包括了各类传感器、油路、电路等较小的零部件的实体模型，所有模型都按照实物尺寸建模，反映了部件的真实结构。为了便于用户全方位地观察模型，软件提供了灵活多样的三维模型视图操作方法，特别是智能旋转功能使得三维视图的旋转操作更加自如，并且提供了实体、剖面、透明、爆炸图等方式。

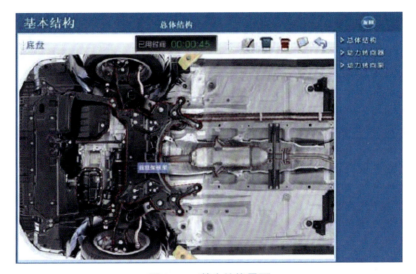

图3-17　基本结构界面

　　虚拟展示模块主要以两种车型（大众帕萨特车型、丰田卡罗拉车型）二级保养流程教学录像结合二维和三维的具体部位工作要求向学生展示完整的保养工作过程（如图3-18所示）。本模块还提供了发动机运行和点火启动、空调运行、ABS系统运行、变速器油路等系统的原理演示动画。动画演示采用了交互式技术，生动形象地演示了各系统的运作过程和原理。用户可以自己操纵油门、刹车、离合器和挡位来控制原理动画的演示过程。基于开放性的题材库和软件的练习程序，该模块可以方便地布置仿真实训练习作业，并具有学生仿真实训操练的管理功能。汽车维修最基本的技能是零部件的拆卸和装配。为训练此项技能，特别设计了零部件的拆卸和装配功能。软件的装配界面分为装配区和零件摆放区。待装配的零件模型有序摆放在零件摆放区，有助于用户养成良好的装配习惯。将摆放区的零件模型拖入装配区进行装配。软件提供了多个特定的装配视角，以使用户在合适的位置进行装配。只有按特定的装配顺序进行装配，学生才能完成装配任务。否则，将无法装配，并且软件会给出提示。按照汽车保养手册中各阶段的规定和要求进行仿真保养及日常维护操作，使学生既能了解整体模块，又能具体了解单步骤操作，还能充分掌握每个环节的注意事项，从而达到仿真实训的效果。

图 3-18　虚拟展示界面

原理介绍模块主要对二级保养所涉及的基本原理进行分析和介绍，并提供了各种结构的互动式三维运动仿真（如图 3-19 所示）。模型增加半剖、透明等显示方式，用户可以清晰、直观地查看到原本无法看到的系统运行时的内部状态和原理。互动式的设计使得用户可以自由地切换挡位和调节速度，在三维模型的运动过程中看到相应的变化，并给出相应挡位的动力路线的文字说明。系统电路图来自实际汽车的资料。系统电路图同系统实物图和系统当前的运行状态相关。例如，在电路图上选中零部件，可以查看到相应的实物模型。为了便于查看电路图，在电路图上单击鼠标右键可使用放大镜功能。为了便于了解实际电路系统布局、接线情况，还提供了系统电路的布局图。当系统的运行状态发生变化时，电路图上相应电路状态值（电阻和电压）也会相应变化，可以使用万用表测出改变的值。

图 3-19　原理介绍界面

在考核模块中，利用题库管理程序和开放性的题材库，可以编制汽车维修仿真试题库。使用考试管理程序和考生程序，可以组织学生进行仿真实训考核。考核模块分为标准化考核和故障诊断考核两部分。标准化考核是将二级保养的整个过程进行细化，并要求学生在电脑上完成保养的各个基本环节，一般不设置故障点；而故障诊断考核则由教师通过软件手动设置或由电脑随机设置保养会涉及的 10 个排故点。程序可以设置各类汽车故障点 200 多个，可以进行重要零件的检修、基于故障码和故障现象的故障诊断，并提供多种仿真检测工具和手段，来考查学生实际操作的能力。设定故障后，相关联的系统电路状态值（电压和电阻）、排放值、油路压力或进气管真空度会相应改变。此时，用相应的测量工具去测量，可以看到改变后的值。在找到故障部件并修复它后，系统的运行状态和故障部件的状态将恢复正常，同时相关的测量值也恢复正常。考核模块直接给出学生各项目的得分和最终完成整体保养过程的总得分。教师只要根据得分就可以了解学生对本课程的掌握情况，较之以往更为客观和公正[①]。

3.4.2.4　触手可及的虚拟阅读系统

为了引导学生自主学习，智慧校园建设对其硬件配套设施提出了多元化和丰富化要求。图书馆作为重要的知识承载阵地，成为数字建设和服务升级的重要对象。中国国家图书馆、上海图书馆等已经开始使用虚拟现实技术构建数字图书馆。而基于虚拟现实的智慧阅读建设，呈现出更多优势，成为更值得创新发展和推行应用的方向。首先，其在大数据和云平台支持下拥有的海量资源是传统图书馆不可比拟的。其次，智慧阅读系统脱离了图书馆阅读的固有思维方式，不仅可以利用高速移动网络实现随时随地阅读，还可以通过虚拟设备平台自由选择阅读环境，突破文字图片的一维呈现方式，跨越媒介的限制，实现与书中情景的有效融合，提高阅读效率。最后，智慧阅读系统还可以通过云计算处理进行个性偏好的智能分析和推送服务，针对不同读者不同阶段的需求推荐需要的书籍，大大减少寻找书籍过程的时间浪费。图 3-20 展示了澳门大学 360 度全境虚拟图书馆。

图 3-20　澳门大学 360 度全境虚拟图书馆

① 罗敏杰．中职汽修虚拟仿真实训教学研究［D］．杭州：浙江工业大学，2012.

3.4.2.5　畅所欲言的虚拟智慧会议系统

在虚拟会议的交流过程中，参会成员可以畅所欲言，体验不再局限于单纯文字、声音等内容，也可以尽情展现表情、动作等肢体语言，还可以同时利用"虚拟人物"避免不必要的隐私泄露和安全风险，当前网络会议中虚拟背景的设置就是一种重要方式。然而，虚拟会议的最大挑战之一是参会者很难一一参与其中并做出贡献，因此，有针对性地开发必要的循环互动技术来提高参与度是目前的重点。除了业内的会议交流，虚拟智慧会议系统还可以实现学生、家长与学校间更高效的沟通，老师和家长即使不在学生身边，也可以通过智慧系统对学生的生活学习进行全程全方位监护，更有利于避免学生对学习任务的敷衍与马虎，有利于及时解决学生生活中遇到的困难与疑惑，也能够通过智慧系统实现学校和家长随时随地的无障碍沟通（如图 3-21 所示）。

虚拟技术在智慧校园中的应用和作用

图 3-21　智慧校园虚拟会议系统

3.5 大数据——驱动教育治理与评测精准化

3.5.1 什么是大数据技术

大数据在诞生之初仅是一个 IT 行业内的技术术语，维基百科对大数据的定义是：巨量资料（big data），或称大数据、海量资料，是指所涉及的资料量规模巨大到无法通过目前主流软件工具，在合理时间内达到撷取、管理、处理，并整理成为帮助企业经营决策的资讯。

大数据的出现最早可追溯到 1970 年，当时著名的未来学家阿尔文·托夫勒在他的第一本畅销书《未来的冲击》中就对大量数据、非结构化数据、信息通道和信息过载做出了惊人的预测，预测指出大量的"人工编码信息"将代替自然信息，充斥人们的生活，却又有惊人的准确度。但这时的大数据只是在一些特殊行业小范围应用，对社会的影响有限。

大数据概念真正兴起于 2008—2012 年。2008 年 9 月 4 日，英国《自然》杂志刊登了一个名为"Big Data"的专辑，首次提出大数据概念，对如何研究 PB 级容量的大数据流，正在制定的、用以充分地利用海量数据的最新策略进行了探讨。

2011 年 6 月，麦肯锡全球研究所发布研究报告《大数据的下一个前沿：创新、竞争和生产力》，首次提出"大数据时代"来临。

此后，联合国、世界经济论坛也纷纷关注信息时代海量数据对社会经济发展所带来的冲击。2012 年 5 月，联合国"全球脉冲"计划发布《大数据开发：机遇与挑战》白皮书，阐述了大数据带来的机遇、主要挑战和大数据应用。2011 年和 2012 年达沃斯世界经济论坛将大数据作为专题讨论的主题之一，发布了《大数据、大影响：国际发展新的可能性》等系列报告[1]。

"大数据"作为信息社会发展的产物，目前正在逐渐被认识、被应用。无论学术界还是 IT 行业，对大数据的理解各有侧重，尚未形成一致的认识，因此很难对其进行精准的定义。以下将从大数据的技术属性和社会属性两方面入手，对其概念进行阐释。大数据属性构成，如图 3-22 所示。

---

① 陈瞳. 大数据技术在构建智慧校园中的应用［J］. 电子技术与软件工程，2019（7）：189.

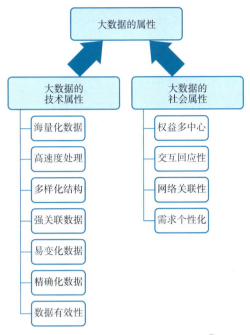

图 3–22　大数据属性构成示意图 [①]

【延伸阅读】

我国大数据产业发展现状

　　2022 年我国大数据产业规模达 1.57 万亿元，同比增长 18%，成为推动数字经济发展的重要力量。

　　数字基础设施实现跨越式发展。2022 年底，我国已建成全球最大的光纤网络，光纤总里程近 6 000 万公里，数据中心总机架规模接近 600 万标准机架，全国 5G 基站超过 230 万个，均位居世界前列。

　　数字产业创新发展加快。人工智能、物联网等领域的发明专利授权量居全球前列，数字经济核心产业规模加快增长，全国软件业务收入从 2012 年的 2.5 万亿元增长到 2022 年的 10.8 万亿元。

　　数字赋能实体经济成效显著。2022 年，我国制造业数字化转型深入推进，智能农业加快发展，农作物耕种收综合机械化率已超过 72%，有效提

---

　　① 王运武，于长虹.智慧校园：实现智慧教育的必由之路［M］.北京：电子工业出版社，2016.

高了农业生产效率。服务业数字化水平显著提升，电子商务、移动支付规模全球领先。

3.5.1.1　大数据的典型特点

对大数据的理解，可以通过大数据的特征进行。大数据的典型特点被总结为"4V"。

（1）海量化数据（volume）。即体量巨大、规模完整的数据。网络带宽的发展和扩容，数据加工处理技术的进步，以及各类网络活动的不断增多，使数据产生量和存储量呈爆发式增长，各领域的数据量开始以 EB 或 ZB 衡量。例如，某一时期，淘宝平台商铺日均商品交易数据量达 20 TB；社交平台 Facebook 的用户，日均产生日志数据超过 300 TB；百度搜索日均超 3.5 亿次搜索；抖音日均访问量突破 4 亿次；微博日活跃数量达 2.29 亿。

（2）多样化结构（variety）。多样化结构指数据的类型多样性。形成这种特点的根源是数据来源的多样性，常见的来源有图片、音频、视频、文本、邮件等。庞大的数据量根据数据关系可分为 3 类：结构化数据、非结构化数据、半结构化数据。例如，各种系统数据大多是结构化数据[1]。

（3）高速度处理（velocity）。高速度处理体现在数据的增长速度及处理速度上。大数据的输入、分析、处理是通过互联网、云计算的方式实现的，面对大数据的数据规模，要实现实时输入、分析、处理的效果，就需要有极高的数据处理速度。

（4）低密度价值（value）。现实数据规模巨大并不断累积，但数据的规模并不等同于数据价值。价值性是大数据的核心特点。在海量的数据中，有大量的数据是没有价值的，我们需要从中挖掘出有价值的数据，这些数据能展现当前形势并预测未来的发展趋势。为了获取其中的有效数据，需要大数据技术对海量数据进行处理，因此价值性是大数据的核心特点。

3.5.1.2　大数据处理的支撑技术

大数据处理的支撑技术一般包括：大数据预处理、大数据存储及管

---

[1]　吴慧群.基于大数据的科研数据管理服务探究［J］.内蒙古科技与经济，2019（1）：93–95.

理、大数据挖掘及分析、大数据展现和应用等[①]。

（1）大数据预处理。主要完成对已接收数据的辨析、抽取、清洗等操作。辨析是对数据类型进行判别；抽取是将复杂的数据转化为单一的或者便于处理的结构和类型，以达到快速分析处理的目的；清洗是对数据进行过滤，去除没有价值的数据，提取出有价值的数据。

大数据技术的
定义和作用

（2）大数据存储及管理。大数据存储及管理指用存储器把采集到的数据存储起来，建立相应的数据库，并进行管理和调用。重点解决在管理和处理复杂结构化、半结构化和非结构化大数据方面的技术问题，解决大数据的可存储、可表示、可处理、可靠性及有效传输等关键问题。

（3）大数据挖掘及分析。大数据挖掘即从大量的、不完全的、有噪声的、模糊的、随机的实际应用数据中，提取隐含在其中的、潜在有价值的信息的过程。大数据分析是在挖掘出有价值的信息之后，对有效信息进行分析和处理的过程。

（4）大数据展现和应用。大数据技术能够将隐藏于海量数据中的信息和知识挖掘出来，为人类的社会经济活动提供依据，从而提高各个领域的运行效率，大大提高整个社会经济的集约化程度。

3.5.2　大数据技术在智慧校园中的应用

大数据技术
及其应用

3.5.2.1　教育大数据的关键技术

近年来，随着大数据的推进与发展，教育大数据处理与分析技术已经成为推动教育改革与发展的驱动力。大数据为海量教育数据的存取提供了技术基础，但原始的教育数据只是教育大数据的基础，相关人员只有对采集到的各种数据进行深度挖掘，构建学习分析模型，发现教育变量之间的关系，并赋予数据相关意义，才能使数据转变为信息；信息进一步经过分析和综合，形成知识，最后通过实践运用，才能上升到智慧层次。因此，教育数据挖掘和学习分析技术是教育大数据领域的关键技术[②]。

① 哈斯高娃，张菊芳，凌佩.智慧教育［M］.2版.北京：清华大学出版社，2017.

② 胡英君，滕悦然.智慧教育实践［M］.北京：人民邮电出版社，2019.

教育数据挖掘（education data mining）技术是综合运用数理统计、人工智能与机器学习和数据挖掘等技术与方法，对教育原始数据进行分析处理，通过构建数据模型，对学生的学习结果与学习内容、学习资源和教学行为等变量进行相关分析，从而有效地预测学生未来的学习趋势的技术；其可为教育工作者、学生、学生家长、教育教学研究者以及教学软件开发者提供支持，进而实现教育系统中教育资源的良性互动，最终提升学习效果。

教育大数据的
关键技术

基于教育大数据的学习分析（learning analytics）技术增加了数据采集的单元，可以实现对学生学习信息的更好采集，再对相关的大数据进行统计和对比，得出有效的分析结果，使得精准教学及个性化学习成为可能。

3.5.2.2　大数据技术的教育应用

（1）基于数据挖掘和学习分析技术的教学决策和评价。教育大数据记录了教学的过程，并能发现新的知识点，创造更大的教育价值，促进和优化教学策略和评价方式。在移动互联网时代，知识的获取变得以学生为中心，每个学生的智力特点和吸收水平都是不一样的，移动互联网恰恰支持了以学生为中心的学习模式，突破了传统的教学模式。新兴的教育技术与资源使得教育更加以学生为中心，使教育从批量到个性的实现成为一种可能；教师的教育思维也从宏观的群体教育向微观的个体教育方式转变，促进了以学生为中心的个性化教育的实施，进一步使因材施教成为可能。

从技术层面上说，学生在互联网等媒体上留下的任何数据痕迹都可以被分析，我们从中可以发现数据背后隐藏的学生的学习特征、兴趣爱好、行为倾向等与教育教学相关的状态信息。从这个意义上来说，未来的教育发展方向就是应用数据挖掘和学习分析等大数据技术去实现精准个性化教育。

大数据技术可以提取教师课堂教学计划、课堂教学评价、课堂视频资源中的各种数据，从而为预测、处理教学行为、学习心理提供重要依据，为教学评价提供较为全面和完整的信息，弥补评估主观性强的缺陷，使教学评价不再是经验式的，而是在大数据基础上的"归纳"，更具有

大数据技术的
教育应用

说服力和公信力，实现教学评价的客观公正与科学正确，增强教学决策的针对性与时效性。

【延伸阅读】

基于大数据技术的智慧教学评价模型

基于大数据技术的智慧教学评价模型由三部分构成[1]。

第一部分是智慧教学大数据的获取。基于 CIPP 评价模型设计智慧教学评价体系，利用物联网、云计算和互联网等技术采集智慧教学过程中产生的大数据，并对智慧教学大数据进行预处理和存储。

第二部分是智慧教学大数据的挖掘和分析。首先对采集来的智慧教学大数据进行基本的评估，然后再利用大数据技术对数据进行挖掘和分析。

第三部分是智慧教学大数据分析结果可视化。主要对评价结果进行可视化，形成智慧教学质量报告。图 3-23 为基于大数据技术的智慧教学评价模型。

基于大数据技术的智慧教学评价模型的构建，丰富了教学评价研究领域的内容，为智慧教学评价的理论研究和实践应用提供了一些参考和思路。

（2）实现差异化和个性化的学习和教学。大数据的应用使学习和教学的个性化能够得以体现。例如，美国科罗拉多州的教育信息系统（Relevant Information to Strengthen Education）以帮助学校改进教学模式，帮助学生获得学业上的成功为目标，计划收集学校、教师和学生的所有信息。这项工作最关键的一项是将该系统的数据与相关国家机构的记录用信息系统形成联动；运用大数据技术使教师获取的数据信息更全面、更丰富，从而通过数据分析形成针对性更强、更高效的教学设计和方法，大幅提升教学质量。

---

① 李晓婷，袁凌云.基于大数据技术的智慧教学评价模型构建［J］.科技创新与应用，2023（12）：11-19.

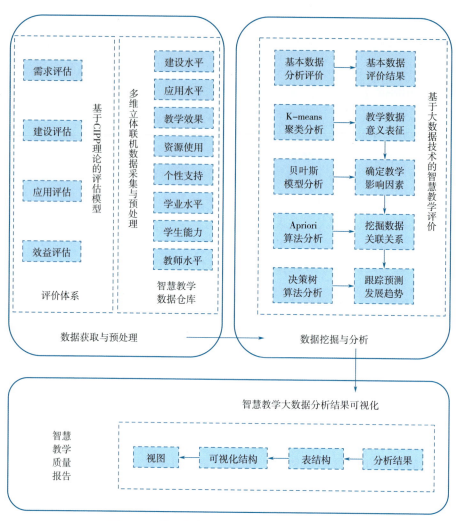

图 3-23　基于大数据技术的智慧教学评价模型

（3）基于数据的学校管理。大数据对于学校教育管理具有重要的价值，有利于实现教育管理的科学化和精细化。学校管理离不开信息。学校是培养专业人才、传授知识和创造知识的场所，拥有众多的专业学科。学校管理中的各种控制活动和决策，如培养目标的确定、教学计划的制订、教学质量控制、教学评估、教学组织指挥、学生管理、教师管理等都蕴藏着海量的信息资源，并不断产生各种新的数据。因此，大数据的处理和挖掘对于学校管理具有关键性作用。同时，对于重要管理对象的数据，学校可从不同维度对同一个对象进行数据记录，数据之间可以相互印证，形成多源的大数据管理对象。学校应着眼于过程管理控制、活动管理、管理决策，全面归集管理所产生的大数据，并从中挖掘有用信息。

（4）教育舆情监测与剖析。教育事业关系重大，不仅影响青少年的健康成长，更影响着一个国家未来的发展，因此与教育相关的安全、体制、资源权衡等问题历来是社会普遍关注的热点，教育话题一直都是人民生活和网络舆情的焦点。而随着网络活动在人们生活中的比重越来越大，教育网络舆情已经成为关乎教育发展的重要力量，教育网络舆情既可以增加社会公众对教育的公信力，也可能会给教育系统带来严重的负面影响。鉴于教育网络舆情监控与分析对教育决策者的重要性，将教育网络舆情监控和分析系统化、规范化和精准化，对于提升教育治理水平具有重大意义，有助于现代教育改革的推进和发展。技术的进步势必带来生活的改变，师生交流已不限于传统的面对面或一对多的交流模式，更多的网络社交工具出现在校园生活中，这一状况为学校通过大数据技术准确把握师生群体的言论动向，快速预测教育舆情创造了有利条件，基于大数据的舆情分析系统（如图3-24所示）则将这些有利条件充分利用起来。

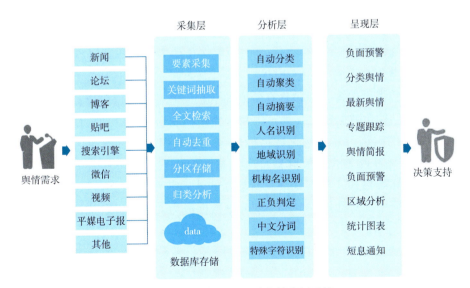

图3-24　基于大数据的舆情分析系统

（5）提供教学科研数据支持。教学科研是学校发展的重中之重，是学校攻坚克难、不断发展的重点。自科研系统建设完成后，学校的科研管理工作取得了重大进展，管理模式自线下转为线上，方便了信息的存储和管理。在科研系统中还存储着教师及教师所申报的科研项目的数据。利用科研系统中存储的数据，结合大数据技术，可以统计出教师科研的研究方向、科研画像、教师科研的成果奖项所占比例，并在大数据平台中非常清晰地展示、归类和划分，为学校的科研发展提供数据支持。

大数据在智慧校园中的应用和作用

3.5.2.3 大数据在智慧校园应用中面临的问题

（1）数据存储缺乏共享。大数据平台是一个几乎可以容纳所有业务系统的平台，对容纳的业务系统数据进行挖掘和分析。高校建设了各业务系统，如教务系统、人事系统、学工系统、科研系统等，系统存储着历年积累的海量数据资源，这些数据原本独立存储于各业务系统，在对大数据进行数据资源的整合、数据采集、预处理、存储、分析与应用时，需要各业务系统的数据共享，否则在进行数据管理时，效率低下，数据无法得到有效利用，数据分析凸显的价值较低，大数据平台的数据分析能力及作用无法完全发挥。因此，业务数据存储孤立是建设大数据平台首先要解决的问题①。

（2）数据处理类型复杂。由于数据产生的方式及生成的数据格式更多元化，在所有数据中呈现出的非结构化数据量远大于其他数据量。虽然非结构化数据中包含着很多具有价值的信息，但是在数据分析和挖掘方面与传统的结构化数据相比，其异构和可变的性质为数据处理工作的开展带来了更多的困难。非结构化数据虽然包含着很多具有价值的信息，但是同样也蕴含着较多的无效信息，这些非结构化数据，包括文本、文档、图形、视频等格式，类型复杂，给数据的处理带来了挑战。因此，在大数据处理分析中，对数据的清洗、剔除脏数据成为大数据平台建设面临的另一个难题。

（3）数据分析维度单一。学校建设各业务系统的目的是实现业务工

---

① 李新平. 大数据技术在智慧校园信息化建设中的应用研究［J］. 数据库与信息管理，2023（4）：93–96.

作管理的信息化，建设大数据平台是为了整合各业务系统数据资源，分析经过采集处理所得数据后的数据变化趋势，总结变化规律，预测未来走势。数据分析的维度并不是单一的，而多维数据分析是指对数据进行观察和分析时，从多个维度对多维形式的数据进行切片、切块、聚合、钻取、旋转等操作，以求剖析数据。目前，大数据技术的发展较为成熟，已经应用到社会的方方面面，但由于智慧校园还处于快速发展的过程中，若要将大数据技术应用到各类系统中，则每个需要分析的数据都需要从不同的维度切入，数据能体现价值的维度是多重的，每个需要大数据分析的维度还在挖掘中。

【延伸阅读】

苏州大学教育评价的数字化构想与实践

2020 年 10 月，中共中央、国务院印发的《深化新时代教育评价改革总体方案》开篇明确提出"教育评价事关教育发展方向，有什么样的评价指挥棒，就有什么样的办学导向"。教育评价对于教育发展的重要性不言而喻。在教育数字化转型成为全球教育发展新方向的时代背景下，教育评价的数字化转型无疑是引领教育数字化改革的根本抓手和关键着力点。

鉴于此，苏州大学针对数字化背景下的教育评价进行了一系列的探索。

1. 云中苏大：夯实教育数字化转型的数字底座

教育评价关乎教育的发展方向，而教育评价的数字化水平则决定着学校办学方向的正确性和精准性。无论是教育评价的数字化转型，还是教育整体的数字化改革，聚焦信息网络、平台体系、数字资源、智慧校园、创新应用和可信安全等方面的教育新基建无疑是教育数字化改革和高质量发展的重要底座。

然而，仅仅将信息技术作为教育教学改革助推力量的数字教育观已经难以适应"互联网＋教育"深度融合、创新发展的时代趋势，新一代信息技术作为重塑教育的颠覆性力量，能够实现对教育的数字化重构，打造一个传统与数字无缝联通的高质量教育新体系。

以数据赋能教育评价改革是教育数字化的基本方向。基于这一认识，2018 年苏州大学着手打造一个数字化、镜像化、智能化的云中大学（以下简称"云中苏大"）。

云中苏大作为全球首个基于沃土数字平台（企业数字平台）的云中大学，自创建以来，建成全国首个高校数字中台和第一个5G+VR的360教室，产生了第一个云中苏大原住民，成为第一个在现场孵化云中教室的高校……

不同于传统教育信息化对校园信息基础设施、基础软件和应用软件等进行局部升级换代，云中苏大旨在利用5G、人工智能和大数据等新一代信息技术，将物理空间的大学数字化，通过把海量的数据汇聚云端，犹如在空中有一个镜像的大学，实现边端管云的无缝连接，使云中苏大更加智能化、智慧化。

根据摩尔定律，数字技术变革的指数速度已经超过了社会、政治和许多经济机构的适应能力。云中苏大的诞生正是为了更好地适应技术的飞速发展。许多学者将数字化转型视为一种策略、过程或者模式。

云中苏大依托沃土数字平台的核心能力，从数字化基础设施底座、数据与能力中心以及教育服务等三个维度推动苏州大学的数字化转型。通过数字化转型推动基于数据的信息透明和对称，提升组织的综合集成水平，提高社会资源的综合配置效率。

云中苏大基于相关数字化办公平台搭建云中苏大应用门户，基于智能运营中心（Intelligent Operations Center，IOC）搭建校园智慧大脑，基于云边端建设智慧教室，重塑苏州大学的时空样貌，使得真实世界的苏州大学和虚拟世界的云中苏大融为一体，从而实现苏州大学的全方位数字化转型。

2. 苏大鉴略：苏大教育评价数字化转型的基本构想

如果说云中苏大是苏州大学数字化、智能化的镜像，那么苏大鉴略（SUDA-SEE）则是云中苏大的智慧大脑。无论是云中苏大的数字底座，还是数字资源和应用门户，其核心是实现苏州大学教学、科研、管理和服务等关键教育场景的全面数字化。其中既包括关键实体的数字化，也包括关键事件的数字化；既包括过程的数字化，也包括结果的数字化。

有学者认为，参与者、目标和技术是数字化转型的关键。对于苏大鉴略项目而言，项目参与者、目标和技术同样重要。正是在云中苏大建设不断向纵深推进的背景下，时任苏州大学校长熊思东教授首次提出了苏大鉴略的基本构想：

苏大鉴略就是一个苏州大学的全景式画像，涵盖学校教学、科研、管理和服务等多个教育场景（scene），同时包括处于上述场景中的多个实体（entity），比如学生、教师、学院和职能部门等关键实体，还涉及各类场景中围绕实体发生的各类事件（event），最终通过场景（S）—实体（E）—事件（E）的全面深度数字化刻画形成一个动态精准、立体可见的云中大学。

苏大鉴略作为云中苏大教育评价数字化转型的主要载体，肩负着苏州大学如何更加科学精准地回答"培养什么人、怎么培养人、为谁培养人"等教育根本问题的重要使命，旨在"形成富有生命力的教育评价系统，使评价过程更加科学、结果更加准确、手段更加丰富"。

为了深入学习贯彻习近平总书记关于教育的重要论述和全国教育大会精神，全面落实立德树人根本任务，建设高质量教育体系，依据中共中央、国务院印发的《深化新时代教育评价改革总体方案》，基于苏大鉴略场景—实体—事件构成的全景式画像，苏大鉴略首先研制形成了涵盖学生、教师和学院三大实体的苏大鉴略系列画像指标体系，旨在引领学校内涵发展、创新发展、特色发展，推进教育治理体系和治理能力现代化，形成更高水平的人才培养体系，培养德智体美劳全面发展的社会主义建设者和接班人。

然后，基于苏大鉴略指标管理平台所提供的各类功能，系统化、标准化地实现苏大鉴略学生画像、教师画像和学院画像相关指标的构建，定制开发各类指标数据。

之所以选择学生（包括本科生和研究生）、教师和学院作为苏大鉴略的核心实体，是因为学生是高校人才培养的直接对象，也是衡量高校人才培养质量的关键主体；教师则是决定高校人才培养质量的重要因素，也是高校开展科学研究和社会服务的主要力量；而学院（系、部）是承担教学、科研和服务具体任务的二级单位，是高校内部治理的基本单元。

因此，苏大鉴略最终从学生、教师、学院、职能部门、学科和专业等多个实体中选择学生、教师、学院作为基本实体，并围绕三个实体及相关场景和事件构建形成了本科生画像、研究生画像、教师画像和学院画像等四个系列评价指标体系，作为苏大鉴略全面数字化的主要依据。

每个实体的画像又包含数字信息系统、发展系统和预警系统三个子系统。其中，数字信息系统主要基于实体的基本数据为其勾勒基本画像；而发展系统是各个实体的核心，目的是促进实体的发展；预警系统则为实体发展过程中可能出现的风险提供预判和避免风险的具体策略。图3-25展示了学生数字画像的系统构成。

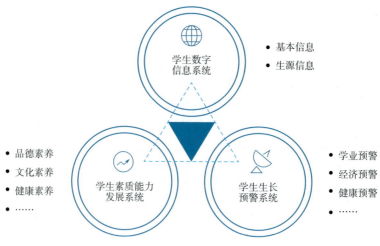

图 3-25　学生数字画像的系统构成

（1）以学生素质能力提升为核心的学生数字画像。学生数字画像分为本科生数字画像和研究生数字画像，二者都包括学生数字信息系统、学生素质能力发展系统和学生成长预警系统三个子系统。对于高校而言，人才培养始终居于首位，而学生素质能力的不断提升又是人才培养的根本任务，因此素质能力发展系统也就构成了学生数字画像的核心，直接关系到高校人才培养的质量。

具体而言，学生数字信息系统定位于通过学生个人的基本信息（如身份信息、院系信息、家庭信息等）勾勒学生的基本画像，让具有相应权限的个人或部门及时了解学生个体和群体的总体情况。

学生素质能力发展系统旨在引导学生德智体美劳等各方面素养能力的发展，是学生数字画像的核心。本科生的素质素养能力系统包括品德素养、文化素养、健康素养、学习能力、专业能力、实践能力、创新能力和职业能力等三大素养五项能力，共计 30 个二级指标和 77 个三级指标及若干具体参数，涉及德智体美劳等维度（如图 3-26 所示）。每项素养或能力包含若干二级指标、三级指标及其权重，每个三级指标还包括具体的参数、赋值和计算规则，最终通过大数据的分析和计算得出学生各项素养能力分值和总值，并为学生提供个人素养能力后续发展的具体策略建议。

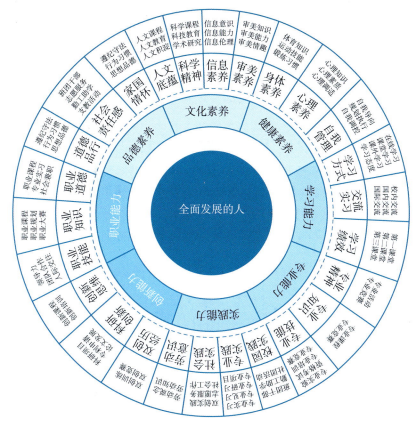

图 3-26　学生"三大素养五项能力"飞盘模型

　　学生成长预警系统作为学生成长的"托底"系统，主要目的是当学生的学业、经济、健康、就业和安全等方面存在风险时，对学生进行必要的提醒和帮扶，确保每一名学生都能健康成长。例如，学生数字画像会根据学生的日常消费、家庭背景和勤工助学等数据对学生的经济状况做出预判，特别是经济困难学生的经济状况，然后提出改善学生经济状况的方法策略，为辅导员及学生工作有关的人员提供参考依据。

　　（2）以激发教师活力为宗旨的教师数字画像。教师数字画像包括教师数字信息系统、教师活力激发系统和教师发展预警系统三个子系统。教师作为高校教学、科研和社会服务的具体执行者，其活力状态直接决定着他们的工作状态和成效，因此教师活力激发系统构成了教师数字画像的核心。

　　具体而言，教师数字信息系统主要通过教师的基本信息、个人经历和教师资质等数据勾勒出教师的基本画像，便于教师本人和相关学院及学校对教师个体及群体有一个全面的了解。

　　教师活力激发系统则聚焦师德师风、教学活力、科研活力等五个维度（一级指标），覆盖政治素质、师德规范、学术道德等16项二级指标和45项三级指标及若干具体参数，内容涵盖教学、科研、服务等数十个教育场景（如图3-27所示）。教师活力激发系统通过这些指标有关的大数据分析计算得出教师五项活力的分值及活力总值，然后根据教师个人成长基础和学校短期及中长期发展规划形成评价教师活力的不同等级，并为教师提供与本人密切相关的若干指标的目标预测、个性化推荐及改进策略，结合教师的已有基础和发展倾向，有针对性地激发教师的相应活力，促进教师的充分自由发展。

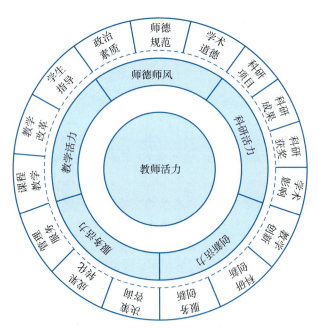

图3-27　教师五维活力激发飞盘模型

　　教师发展预警系统则围绕师德预警、教学预警、科研预警和服务预警四个维度分析教师在工作过程中可能存在的师德失范、违反教学科研及社会服务规定的风险，及时发现和制止教师的不当行为。例如，师德方面是否要求学生从事与教学、科研、社会服务无关的事宜，是否存在抄袭剽窃、篡改侵吞他人学术成果等行为；教学方面是否违反教学纪律、敷衍教学，发生过教学事故等。

无论是教师数字信息系统，还是教师活力激发系统，抑或教师发展预警系统，其根本都是服务于教师的专业发展。

（3）以增强学院竞争力为导向的学院数字画像。如果说学生和教师是苏大鉴略的核心主体，那么学院（系、部）则是学校内部治理的基层单位，也是师生开展教学科研及社会服务等活动的直接依托。因此，学院成了苏大鉴略的第三大实体，学院竞争力则是学院数字画像的核心关注。

学院竞争力不同于学院综合实力，但又同综合实力有着较为密切的联系。实力作为一个相对静态的指标，可以衡量一个学院学科专业发展的整体水平。而竞争力则是一个动态发展的指标，可以用来衡量一个学院在学校内部或省域、全国乃至国际同类学院的相对实力，对于学院的发展进步具有较强的引领价值。因此，苏大鉴略将竞争力作为学院数字化评价的核心。

学院数字画像由学院数字信息系统、学院竞争力提升系统和学院发展预警系统三个子系统组成。其中，学院数字信息系统主要基于学院的基本数据（如党政领导、组织机构和学科专业等基本信息）勾勒学院的基本画像，学校有关个人或部门可通过该子系统全面了解学院的基本情况。

学院竞争力提升系统则由党建引领、资源投入、师资队伍等10个一级指标、41个二级指标和249个三级指标及若干具体参数构成，旨在对标学校中长期发展规划，通过对学院所有指标相关数据的分析，基于一定算法计算得出学院各项指标的具体分值及竞争力总值，从而明确学院在全校、全省、全国乃至国际范围的相对位置，并根据具体的学院评价报告为学院提供一定期限内提升自身竞争力的方法与策略。

学院发展预警系统针对学院师资、教学、专业、科研和学科等方面在过去一段时期内可能存在的发展势头减缓、后劲不足等问题进行适时预警，以防止学院发展态势的不断下滑（如图3-28所示）。例如，师资方面，通过对引进教师的年度、数量、层次、年龄、学科及潜力的数据分析，加上对教师自主培养、师资总体结构（如职称结构、学缘结构、年龄结构等）

的对比分析，形成对学院师资梯队合理性及未来趋势的预判，进而为学院人才引进和自主培养提供有针对性的改进建议。

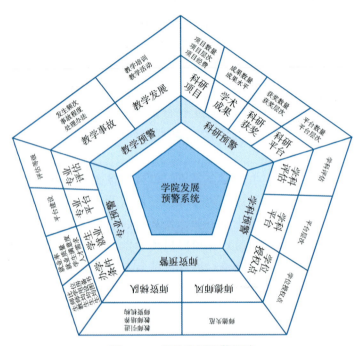

图 3-28　学院发展预警系统

云中苏大通过多年的数据积累，不断完善数字技术在苏州大学的落地和创新，为苏大鉴略的全景式画像应用创造了条件。苏大鉴略基于学生、教师和学院等实体大数据的评价、预警、分析模型，旨在对实体有关的场景和事件大数据进行深度分析与挖掘，实时动态掌握苏州大学各类实体、场景和事件的运行态势，从而实现对教育的科学评价、精准预测和智能引领。

具体而言，面向学生、教师和学院的全景式画像应用平台将全校微观运行和管理等方面的业务通过技术手段形成针对实体的镜像化指标，通过指标规则建立模型赋能应用业务功能，实现学生五育并举的素质能力评价，强化学生的自我认识和自主发展；基于教师活力的数字化评价，促进教师的专业发展；基于学院竞争力的大数据分析，促进学院竞争力的不断提升，最终实现数智时代大学教育的高质量发展。

3. 数字化转型：苏大鉴略面临的现实挑战与出路

教育的数字化转型不仅需要5G、人工智能、物联网和大数据等新一代信息技术，还需要按照特定结构和规则累积的有关实体的海量数据，然后基于一定算法和模型通过大数据分析对相关实体的现状和趋势进行精准的描绘和预测，并能给出指向明确的合理化建议。不仅如此，教育组织和个体在进行数字化转型实践时，还需要通过创建数字化文化来转变思维方式。

云中苏大同样肩负着创建校园数字文化、创新思维方式的责任，只不过这个过程更加漫长一些。苏大鉴略作为云中苏大的智慧大脑，是云中苏大的核心所在，同时也是云中苏大数字化转型过程中最具挑战的部分。

一方面，苏大鉴略的基本构想及全景式画像系列指标体系确实为云中苏大各类教育场景、教育实体及事件提供了数据归集的统一标准和框架，但要实现苏大鉴略系统与已有上层应用系统的无缝对接仍然非常困难，这也是项目最终落地面临的首要挑战。由于设计理念不同，以数据存储和共享为主的传统应用系统与以大数据分析和画像为主要任务的苏大鉴略系统有着本质的不同，二者要实现技术上的对接比较困难。

另一方面，苏大鉴略的主要价值是基于学校典型场景、重要实体和关键事件的全量数据进行实时动态的大数据分析。因此，学校重点实体、场景和事件数据的采集和积累就成为苏大鉴略系统能否充分发挥预测和引领作用的关键所在。然而，已有数据维度单一、数据量不足、需求数据采集困难等问题也成为制约苏大鉴略数据归集的重要因素。如何方便、快捷地智能化采集实体画像所需要的各项数据是苏大鉴略后续仍需不断探索完善的重要方面。

随着新一代信息技术的快速发展，高等教育的数字化转型注定不可能一蹴而就，而必然是一个持续发展、不断深化的过程。苏大鉴略作为云中苏大的运行核心，是苏州大学数字化转型的关键，也是决定云中苏大能否真正实现镜像化、智能化的根本所在。前路漫漫，苏州大学创建了云中苏大，云中苏大孕育了苏大鉴略，在"互联网＋教育"融合发展的时代背景下，百年苏大将乘云中苏大的东风在教育数字化转型的道路上继续书写新的篇章。

3.6 学习分析技术——实施数据分析，提升学习效果

3.6.1 什么是学习分析技术

自 2011 年以来，美国新媒体联盟发布的《地平线报告》连续几年把学习分析技术作为影响教育发展的主要趋势和关键技术之一。从国内外信息化领域的文献来看，当前关于学习分析技术内涵的表述较有代表性的有以下几种：

美国高等教育信息化协会最早将学习分析定义为：使用数据和模型预测学生的收获和具有处理这些信息能力的行为。

第一届学习分析与知识国际会议将学习分析技术定义为：通过测量、收集、分析和报告有关学习者及其所处环境的数据，从而了解、优化学习过程和学习环境。

美国新媒体联盟将学习分析技术定义为：利用松散耦合的数据收集工具和分析技术，研究分析学习者的学习参与、学习表现及学习过程的相关数据，进而对课程教学和评价进行实时修正。

我国华东师范大学顾小清教授率领的团队将学习分析技术定义为：从教育领域的海量数据中提取隐含的、未知的及有潜在应用价值的信息或模式的工具，也是一种决策辅助工具。

北京师范大学何克抗教授在深入分析、对比了上述四个有代表性的内涵，并吸纳它们各自长处的基础上，将学习分析技术的内涵表述为：学习分析技术是指利用各种数据收集和数据分析工具，从教育领域的海量数据（包括在"教学过程""学习过程""教学管理过程"中所产生的海量数据）中，通过收集、测量、分析和报告等方式，提取出隐含的、有潜在应用价值的、涉及"教与学"或"教学管理"的过程及行为的各种信息、知识与模式，从而为教师的"教"、学生的"学"以及教学管理提供智能性的辅助决策的技术。

3.6.2 学习分析技术在智慧校园中的应用

在我国，学习分析以学习者为主体，以学科学习为基础，通过对在线学习和慕课中的学习行为数据尤其是大数据的研究，了解学习者的学习状态、学习风格和学业成就，从而实现客观的学习评价和学习预测，也为后续的学习情境优化和学习干预提供帮助。人工智能的助力为学习分析的自动化分析和实时动态呈现提供了帮助。

在教育的数字化转型时代，基于机器学习和数据挖掘等技术，学习分析能够从隐喻、模糊的教育大数据中洞见其内涵逻辑，从而驱动教学设计及教学决策，为精准教学和个性化教学的发展提供有效帮助。具体来说，学习分析技术在智慧校园中的应用可概括为以下几个方面：

3.6.2.1 面向学习主体，关注现实应用

学习分析是基于数据驱动的，学习者的在线学习行为能够被有效地记录成为数据流，实时反映学习者的学习状态变化，从而为学习分析提供必要的基础条件。学习分析关注的内容面向学习者，既有小范围的在线学习数据，也有基于 MOOC 研究的大数据；既有对学习行为、风格和成就的分析，也有对学习评价、干预和预测的研究。

3.6.2.2 技术趋向智能，数据走向多模

我国的研究者们积极把握科学技术的潮流，将5G、大数据、人工智能等多种技术与学习分析相融合，运用脑电波、皮肤电反应以及视线跟踪等多模态数据更全面地分析学习情感、学习投入等深层次的心理反应，从简单的鼠标点击等单一在线数据向多元多模态数据转变，尝试解决学习分析所遇到的问题，从而使学习分析与技术的融合走向深入。

3.6.2.3 传感数据：智能时代学习分析的新视角

在传统的学习分析中，主要以学习管理系统、在线学习平台、移动社交媒体等为数据来源。随着可穿戴技术、物联网技术、云计算的迅速发展和深度融合，可以对教育过程中学习者生理特征、行为动作及学习场所等传感数据进行捕捉，既实现了物理空间教育大数据的采集和分析，又突破了在线学习中主体身体不在场的局限性，将学习者行为还原于真实情境中，为全面理解学习者及其学习过程提供支持。

3.7　人工智能——教育机器人加速教与学创新

3.7.1　什么是人工智能技术

人工智能（artificial intelligence，AI）最早出现在 1956 年达特茅斯会议上，其终极目的是借助计算机的强大运算能力与存储能力来模拟人类大脑的思维方式，从而使得计算机获得原本只有人类大脑才具有的诸如思维、判断和学习等能力，以应对日益复杂的应用领域。

自 20 世纪 50 年代提出人工智能以来，人工智能技术的发展并非一帆风顺，至今主要经历了六个不同的发展阶段（如图 3-29 所示）。

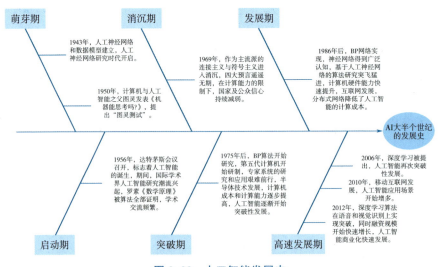

图 3-29　人工智能发展史

现在，人工智能技术取得重大突破。2022 年底，美国人工智能实验室 OpenAI 推出以"生成式人工智能"（generative AI）为核心技术的聊天机器人（chat generative pre-trained trans-former，ChatGPT），其能够通过学习和理解人类的语言来进行对话，还能根据聊天的语境进行互动，真正像人类一样聊天交流，甚至能完成撰写邮件、视频脚本、文案，翻译，写代码，写论文等任务，发布 5 天用户数即突破 100 万，至 2023 年 1 月末，活跃用户数已达 1 亿，成为历史上用户增长最快的消费应用。

人工智能已经出现在人们日常生活的方方面面，我们所常见的刷卡感应系统、各种社交软件的语音谈话、人脸识别系统、指纹监测系统、机器人保姆等都涉及人工智能技术的应用。如今人工智能应用随处可见，小到我们日常生活中使用的各种人工智能产品，大到足以帮助整个社会进步发展的智能机器人。

3.7.1.1 人工智能的关键技术

当代人工智能的关键技术主要有以下六类：

（1）机器学习。机器学习（machine learning）是一门涉及统计学、系统辨识、逼近理论、神经网络、优化理论、计算机科学、脑科学等诸多领域的交叉学科，研究计算机怎样模拟或实现人类的学习行为，以获取新的知识或技能。重新组织已有的知识结构使之不断改善自身的性能，是人工智能技术的核心。基于数据的机器学习是现代智能技术中的重要方法之一，研究从观测数据（样本）出发寻找规律，利用这些规律对未来数据或无法观测的数据进行预测。

（2）知识图谱。知识图谱本质上是结构化的语义知识库，是一种由节点和边组成的图数据结构，以符号形式描述物理世界中的概念及其相互关系，其基本组成单位是"实体—关系—实体"三元组，以及实体及其相关"属性—值"对。不同实体之间通过关系相互联结，构成网状的知识结构。在知识图谱中，每个节点表示现实世界的"实体"，每条边为实体与实体之间的"关系"。通俗地讲，知识图谱就是把所有不同种类的信息连接在一起而得到的一个关系网络，提供了从"关系"的角度去分析问题的能力。

（3）自然语言处理。自然语言处理是计算机科学领域与人工智能领域中的一个重要方向，研究能实现人与计算机之间用自然语言进行有效通信的各种理论和方法，涉及的领域较多，主要包括机器翻译、语义理解和问答系统等。

机器翻译技术是指利用计算机技术实现从一种自然语言到另外一种自然语言的翻译过程。基于统计的机器翻译方法突破了之前基于规则和实例翻译方法的局限性，翻译性能取得巨大提升。基于深度神经网络的机器翻译在日常口语等一些场景的成功应用显现出了机器翻译的巨大潜力。随着上下文的语境表征和知识逻辑推理能力的发展，自然语言知识图谱不断扩充，机器翻译将会在多轮对话翻译及篇章翻译等领域取得更大进展。

语义理解技术是指利用计算机技术实现对文本篇章的理解，并且回答与篇章相关问题的过程。语义理解更注重于对上下文的理解以及对答案精准程度的把控。随着 MCTest 数据集的发布，语义理解受到更多关注，实现了快速发展，相关数据集和对应的神经网络模型层出不穷。语义理解技术将在智能客服、产品自动问答等相关领域发挥重要作用，进一步提高问答与对话系统的精度。

问答系统分为开放领域的对话系统和特定领域的问答系统。问答系统技术是指让计算机像人类一样用自然语言与人交流的技术。人们可以向问答系统提交用自然语言表达的问题，系统会返回关联性较高的答案。

（4）人机交互。人机交互主要研究人和计算机之间的信息交换，主要包括人到计算机和计算机到人的两部分信息交换，是人工智能领域重要的外围技术。人机交互是与认知心理学、人机工程学、多媒体技术、虚拟现实技术等密切相关的综合学科。传统的人与计算机之间的信息交换主要依靠交互设备进行，主要包括键盘、鼠标、操纵杆、数据服装、眼动跟踪器、位置跟踪器、数据手套、压力笔等输入设备，以及打印机、绘图仪、显示器、头盔式显示器、音箱等输出设备。人机交互技术除了传统的基本交互和图形交互外，还包括语音交互、情感交互、体感交互及脑机交互等技术。

（5）计算机视觉。计算机视觉是使用计算机模仿人类视觉系统的科学，让计算机拥有类似人类提取、处理、理解和分析图像以及图像序列的能力。自动驾驶、机器人、智能医疗等领域均需要通过计算机视觉技术从视觉信号中提取并处理信息。近年来，随着深度学习的发展，预处理、特征提取与算法处理渐渐融合，形成端到端的人工智能算法技术。根据解决的问题，计算机视觉可分为计算成像学、图像理解、三维视觉、动态视觉和视频编解码五大类。

（6）生物特征识别。生物特征识别是指通过个体生理特征或行为特征对个体身份进行识别认证的技术。

从应用流程看，生物特征识别通常分为注册和识别两个阶段。注册阶段通过传感器对人体的生物表征信息进行采集，如利用图像传感器对指纹和人脸等光学信息进行采集，利用麦克风对说话声等声学信息进行采集，通过数据预处理以及利用特征提取技术对采集的数据进行处理，得到相应的特征并进行存储。识别阶段采用与注册阶段一致的信息采集方式对待识别人进行信息采集、数据预处理和特征提取，然后将提取的特征与存储的特征进行比对分析，完成识别。

从应用任务看，生物特征识别一般分为辨认与确认两种任务。辨认是指从存储库中确定待识别人身份的过程，是一对多的问题；确认是指将待识别人信息与存储库中特定单人信息进行比对，确定身份的过程，是一对一的问题。

生物特征识别技术涉及的内容十分广泛，包括指纹、掌纹、人脸、虹膜、指静脉、声纹、步态等多种生物特征，其识别过程涉及图像处理、计算机视觉、语音识别、机器学习等多项技术。

现代人工智能
技术

3.7.1.2　人工智能技术对教育的影响

随着人工智能技术日渐成熟，它的一些研究成果被陆续运用到教育领域，北京师范大学何克抗教授在《当代教育技术的研究内容与发展趋势》中提到当代教育技术的五大发展趋势之一就是"愈来愈重视人工智能在教育中应用的研究"。人工智能对于弥补当前教育存在的种种缺陷和不足，推动教育发展改革和教学现代化进程起着越来越重要的作用。

对于学生而言，智能技术以智能终端和智能传感设备为媒介，不仅能根据学生对教师性格、年龄、教学风格的需求，为学生配备个性化的人工智能"老师"；而且能智能感知并动态捕捉学生的疲劳程度、心理状态、情绪体验等，据此为学生推荐个性化的学习资源和学习计划，并借助自适应评估技术提升学生的学习成效，为学生自定步调式的学习创造了便利条件。

对于教师而言，智能技术可基于教育大数据的精准采集，分析学习数据异常值，并通过 AI 算法为教师提供不同层级的解决方案；同时，可以精准诊断教学的薄弱点与难点，为优化教学提供抓手。此外，人工智能系统能够自动监测、评估、记录学生的表现数据，智能机器人也可以担任课堂助教，这有效减轻了教师的行政与教学负担，让教师得以将更多的时间和精力放在学生的个性化发展上。

对于教育管理者而言，智慧校园管理平台及其计算系统可以对教师、学生的教学活动状态进行情感计算与智能辨识，在任何时间、任何场所为师生提供教学、生活等方面的智能化定制服务，不仅有利于优化智慧校园管理人员的信息沟通机制，而且有利于实现精准化教育决策并提供人本化教育服务。

人工智能技术
对教育的影响

3.7.2　人工智能技术在智慧校园中的应用

基于人工智能的智慧校园不再是物联网、移动互联等各种现代信息技术机械式的堆砌组合，而是一种以人工智能技术为支撑的人本化、个性化的高阶智慧校园形态。智慧校园建设不是简单地将人工智能技术和教学工作相结合，而是实现深度融合，创建出智慧化的校园环境。

具体来说，人工智能技术在智慧校园中的应用可概括为以下几个方面：

3.7.2.1　人工智能技术在学习方面的应用

伴随着人工智能的发展，智能机器人在教育领域大放异彩。从只具有一般编程能力和操作功能的机器人到更加"人性化"的智能机器人，智能机器人在教育领域中的应用为减轻教师负担，替代教师日常工作中重复的、单调的、规则的工作，缓解教师各项工作的压力等提供了可能性。

在当前的学校教育中，大班化教学仍是主流，教师往往要同时顾及几十个学生，每天花费大量的时间在备课、批改作业上，下班之后往往还要继续工作，也不能及时关注每一位学生的心理情绪变化。大班化教学的原因主要是学生人数较多，而学校设施配置、教师人员配置跟不上，从而导致教师工作压力大，没有时间和精力为所有学生制订个性化教学方案。人工智能的出现为规模化学习环境中如何减轻教师工作负担提供了新思路。

【延伸阅读】

学习智能机器人

智能机器人的数据库有知识库和交互数据（如图 3-30 所示），知识库中存储着多门学科的知识，具体可以分为三类：学科知识、学习资源和关系知识。智能机器人能够根据知识库中的数据对作业进行批阅，以保证批阅的准确性。交互数据则储存了给学生批阅作业时的行为数据，收集了学生与智能机器人进行交互的数据，并且通过对这些交互数据的分析，实现对学生的认知诊断。

图 3-30　智能机器人的数据库和功能

　　智能机器人的主要功能有两个：智能批阅和个性化作业。智能批阅是根据知识库中的知识以及知识之间的相互关系对作业进行智能化的批阅，不仅能够批阅客观题，也能够批阅主观题。个性化作业是基于交互数据对学生的认知诊断结果，结合知识库中的知识，智能地为学生制定作业，包括对基础知识的复习，对重难点知识的练习以及对有所欠缺知识模块的巩固复习。

　　智能机器人能在一定程度上解放教师，替代教师完成日常工作中重复的、单调的、规则的工作，缓解教师各项工作的压力，使得教师能够处理以前无法处理的复杂事项。智能机器人的批阅过程不受时间、环境等随机因素影响，避免了教师批阅可能产生随机错误的可能性，能记录每个学生的知识掌握情况，对学生提供以前无法提供的个性化、精准的支持。智能机器人大幅提升了教师传授知识的效率，使教师有更多的时间与精力去关注每个学生的身心发展。但智能机器人目前只能进行简单的批阅与出题，主观题的批阅准确度还有待改进，而且可以处理的数据仅针对学生的日常作业，不能全面分析学生的学习情况，距离能够帮助教师教学、教研还有一定的差距。

3.7.2.2　人工智能技术在教育科研方面的应用

在人工智能技术引入后，通过 Python 编程语言构建 BP 神经网络算法等方式，实现智能机器构图，高校相关研究人员不必再手工画出设计图纸[①]，这些工作都可通过计算机软件来完成，研究人员可在设计过程中及时修正错误，做到实时改正。此外，人工智能还有效提高研究人员数据采集的效率，计算机可以根据研究人员想要的结果阈值，精准地筛选出有效数据并对数据进行处理，这为高校研究人员节省了大量的时间，并且降低了研究过程中的失误率，为研究得到准确的实验数据奠定了基础，加快了研究的进度。

3.7.2.3　人工智能系统在校园安防中的应用

《国家中长期教育改革和发展规划纲要（2010—2020 年）》指出，要"切实维护教育系统和谐稳定。……深入开展平安校园、文明校园、绿色校园、和谐校园创建活动。……为师生创造安定有序、和谐融洽、充满活力的工作、学习、生活环境"。在国家对校园安全如此重视的背景下，如何提供安全的校内外环境、防范犯罪事件发生和健全安全管理制度关系到整个学校的发展。因此，基于摄像头和保安人员巡护的传统校园安防已不再能满足如今的需要，而人工智能技术在校园中的应用为解决校园安防中存在的难题提供了可能。

【延伸阅读】

智能安防系统

智能安防能提供智能化、定制化等监控管理功能，实时监控整个学校的安全情况，对人和车辆自动识别并且进行定位跟踪，智能推送最佳路线，合理规划安排停车位，最大限度地保卫校园安全。

智能安防系统包括人脸识别门禁系统、车辆出入识别系统、GPS 定位跟踪系统、智能停车系统等子系统。其系统的体系结构如图 3–31 所示。

---

① 　宁亚楠，杨得成，邹雨．人工智能技术在高校智慧校园中的应用［J］．黑河学院学报，2021（7）．

图 3-31　智能安防系统体系结构

基于人工智能的智能安防系统能够自动识别来访人和车辆，既提高了进出校园的效率，又增强了安全性；对人和车辆的 GPS 定位跟踪使得系统可以一直跟踪定位外来访客及车辆，或是嫌疑人员，以防造成校园意外事故；能够根据预约信息智能安排停车位，并对违停车辆实行黑名单制，被加入黑名单的车辆将被车辆出入识别系统拒绝进入；能够严格监控进入校园的人以及车辆的行踪，随时定位。智能安防系统的使用将大大缩减人员及车辆入校的时间，还让校园安全程度有增无减，不仅排除安保人员玩忽职守的可能，也减轻安保人员的工作负担，使安保人员有更多的精力应对突发事件，将发生意外的可能性降到最低。

3.7.2.4　人工智能技术下智慧图书馆的使用

目前，大部分高校图书馆仍允许学生自由进出，这增加了书籍丢失、破坏的概率，进而可能对高校图书馆造成巨大的经济损失。通过智慧图书馆建设，利用人工智能技术，借助高清摄像头，对进出图书馆的学生进行人脸识别，利用深度学习技术实现对学生在图书馆内运动轨迹的实时监控，精准定位学生在图书馆内的具体位置，有效降低图书丢失及破坏的概率。通过人工智能技术还可以对书籍进行精准定位，既可方便图书馆管理人员对众多书籍的有效管理，又能有效提高学生查阅相关资料的效率。

3.7.2.5 人工智能系统在校园服务方面的应用

人工智能技术在学校生活方面主要应用在自助设施上。通过人工智能技术，实现学生需求的在线预约功能。例如，学生可通过人脸识别、指纹识别等方式登录手机 App 自助服务系统，使用预约功能进行线上预约服务，如洗浴时间、用餐时间等。通过线上预约功能，学生不必再进行排队等候，既为学生节省了大量时间，也能为学校节省大量建设成本及人工成本。

人工智能在
智慧校园中的
应用和作用

【延伸阅读】

打开元宇宙学校之门

元宇宙与学校教育的融合催生元宇宙学校，为未来学校的建设和学校教育的数字化转型提供了广阔的发展前景。

党的二十大报告指出要"推进教育数字化"，而以学校为主体的教育数字化是服务于国家教育数字化战略的重要组成部分。元宇宙是基于物理空间和虚拟空间的相关技术运用实现虚实空间的联结，其能从新场域、新主体、新资源、新模式、新评价等方面推动教育数字化转型。在人工智能、数字孪生、区块链等新兴数字技术的加持下，元宇宙（metaverse）可为学校教育数字化转型背景下未来学校建设注入新动能。

元宇宙在教育领域的应用，促使教育元宇宙（edu-metaverse）出现，并推动虚实融合教育场域的重塑、沉浸式教学模式的创新和教育智能化治理水平的提高。教育元宇宙与学校教育的系统性、创新性、深度性融合，则催生了元宇宙学校。元宇宙学校有望实现虚实融合的教育空间、包容公平的教育理念、沉浸互动的教育模式、优质共享的教育资源、个性智能的教育评价、数智驱动的教育治理以及自由创造的教育氛围，助力未来学校教育数字化转型。目前，已有学校开始对元宇宙学校进行实践探索，如 EngageXR 与 VictoryXR 合作，计划在美国开设 10 所聚焦于高等教育的元宇宙大学（metaversity）；罗湖未来学校、百度、慕华成志教育科技有限公司携手合作，打造了"罗湖未来学校元宇宙学校"。

元宇宙学校融合了数字孪生、物联网、人工智能、扩展现实、区块链等先进技术，允许学生、教师、专业技术人员、管理者等用户通过其虚拟化身在元宇宙学校中进行社交、教育、娱乐等活动。作为一种教育环境，元宇宙学校能够创建新的社交空间，以适应不同主体的需求；可以支持更高自由度的创作和共享，以实现跨时空的互动与协作；同时，通过虚拟化塑造更强的沉浸感，来扩展用户体验的边界。元宇宙学校强调构建一个供相关人员学习、娱乐、社交、管理、科研的理想虚拟空间，并通过拓展活动类型、融合虚拟世界和现实世界，提供更加丰富多彩的体验。伴随元宇宙在教育中的应用，香港中文大学和美国莫尔豪斯学院开启了元宇宙学校的具体实践。

尽管元宇宙学校在教育教学体验感和运维管理效率的提升方面优势明显，但机遇与挑战并存——在元宇宙学校的建设过程中，如何配备计算设施以支持元宇宙学校承担巨大的计算消耗并保障大规模数据的有效传输、如何消解元宇宙学校带来的伦理问题、如何对元宇宙学校进行有效监管等，都值得进一步探究。基于此，元宇宙学校建设需要提前布局，以助推学校数字化转型与未来学校建设。

3.8　区块链——构建安全可信的教育体系

3.8.1　什么是区块链技术

区块链技术（blockchain technology，BT）是互联网数据库技术的一种表现形式，其原理是通过一次性操作形成账本状态的记录，记录一段时间内发生的交易和状态结果，达成对当前账本状态的一次共识，由一个一个的区块按照顺序相互连接，形成整个状态变化的日志记录。

简单来讲，区块链就是一种链式数据结构，利用块链式数据结构来验证与存储数据，利用分布式节点共识算法来生成和更新数据，利用密码学方式保证数据传输和访问的隐私和安全，利用由自动化脚本代码组成的智能合约来编程和操作数据。所有的交易信息都在网上，公开透明。区块链是一种分布式账本技术加上分布式共识机制和加密安全措施，是诸如比特币等加密货币和以太网这样的平台的基础。它提供了一种记录和传输数据的透明、安全、可追溯的方法。该技术能够使组织透明、民主、分散、高效并且安全可靠。区块链技术将很可能在接下来的5年到10年内颠覆现有的许多行业。

3.8.1.1　区块链的发展

区块链的诞生离不开比特币，自 2008 年中本聪（Nakamoto）提出并开发了比特币系统，作为其核心技术的区块链在 10 年间受到国际社会高度关注，特别是 2014 年之后，更多目光从比特币转向支撑其价值转移的区块链技术，包括联合国、美国、英国、日本、IMF、跨国银行、

现代区块链技术

证券公司等国家或机构在内，积极探索推动区块链技术研究与应用。区块链技术已在金融、数字资产交易、物联网等多个领域得到有效应用，促进各行业的创新发展。区块链相当于一个去中心化的数据库，是由一串数据块组成的。比特币系统是影响最广、知名度最高的区块链技术应用案例。

3.8.1.2　区块链的分类

区块链一共有 3 种，分别是：公有区块链、联盟区块链（又名：共同体区块链）、私有区块链。

公有区块链指的是没有任何限制条件的个体或团体等参与方都可以发送交易，待获得该区块链的有效确认时，参与其共识过程。在该过程中，能够有效保证块中的数据不被篡改或者控制。比特币区块链就是公有区块链的最好代表。

联盟区块链是指若干机构一起参与管理的区块链，参与者可在里面进行数据读写和返送交易工作，并在预先共同制定的多个节点进行分布式记账，而系统外的参与者则可以在开放的应用程序接口（application programming interface，API）进行有限操作查询。联盟区块链是指其共识过程受到预选节点控制的区块链，实际上联盟区块链仍属于私有区块链的范畴，被认为是"部分去中心化"。

私有区块链是指特定的公司或者个人才有权限对该区块链进行数据写入等，一般只使用区块链的记账技术进行记账。私有区块链没有去中心化特点，但有分布式特点。

3.8.1.3　区块链的特点

区块链具有去中心化、时序数据、集体维护、可编程、安全性和匿名性等特点。

（1）去中心化。区块链数据的各种操作过程均基于分布式系统结构，采用纯数学方法而非中心机构来建立各节点的信任关系，形成去中心化的分布式系统。

（2）时序数据。每个区块都带有时间戳，为数据增加时间属性，实现数据可验证和可追溯。

（3）集体维护。每个分布式节点在具体的激励机制下共同参与数据维护和验证，通过共识算法确定特定新区块入链。

（4）可编程。区块链系统提供灵活的脚本代码系统，支持用户根据需求创建智能合约或其他分布式应用（DApp）。

（5）安全性。采用非对称密码学原理加密，同时借助分布式系统的共识机制保证系统的安全性。

（6）匿名性。除非有法律规范要求，单从技术上来讲，区块链交易过程无须公开身份，具有匿名性特点。

3.8.1.4 区块链的意义

区块链将开启新的信用时代。在互联网数据有被盗风险的情况下，区域链技术的出现为互联网技术的发展革新带来了可能，能够使得相关数据流量在网络中建立共享机制，保障数据的唯一性和安全性。随着互联网的发展，人们的生活越来越离不开网络。随着互联网在日常生活中被大量运用，其中的数据增量越来越大，传统的添加内存、优化 CPU 等方式已经越来越不能满足互联网发展对数据储存的要求，而区域链技术的应用能够有效增加互联网的数据流程吞吐量，提升用户运用互联网的使用体验。

区块链在本质上是一个可信、共享的分布式总账，加入其网络的人都可以对区块链上的数据进行校验、核查，每个人在区块链上的权利是平等的，在区块链上没有超级管理员，没有谁能控制区块链上的数据。区块链系统参与者们根据确定的规则、共识共同维持区块链的数据更新，所有的操作均在所有成员的共同监督下完成，并且全体成员都参与操作的校验，只要有违规的操作都会原形毕露。互联网实现了信息的互联，互联网与区块链的结合将促使具有公信力的互

区块链技术的
应用

联网的诞生，这是一台"建立信任的机器"[①]，必将带来全世界范围内的深刻变革。

3.8.2 区块链技术在智慧校园中的应用

3.8.2.1 教育领域区块链技术的应用现状

在教育领域，随着以慕课为代表的全球开放教育资源运动的持续深入发展，人类学习呈现出模式数字化、内容多样化、机会民主化、场所分散化、日益多元的去中心化特征。2016 年国务院颁布的《"十三五"国家信息化规划》首次将区块链技术列入国家规划；10 月，工信部颁布《中国区块链技术和应用发展白皮书》，指出"区块链系统的透明化、数据不可篡改等特征，完全适用于学生征信管理、升学就业、学术、资质证明、产学合作等方面，对教育就业的健康发展具有重要的价值"。2018 年是区块链应用落地元年。2018 年 10 月 19 日，京津冀大数据教育区块链试验区暨全国首家大数据教育区块链试验区、大数据教育区块链研究中心正式成立。

目前，区块链技术在教育领域的发展和应用主要体现在成绩单、学习者资源库、分布式学习账本等方面。在教育信息化不断发展的今天，区块链技术作为战略性前沿技术必将对我国高等教育产生巨大影响。

3.8.2.2 区块链技术在智慧校园中的应用体系

区块链技术和智慧校园融合，能更好地提高高等院校教学、科研、管理等方面的安全性和透明性。区块链技术凭借其特点在智慧校园建设过程中有着丰富的应用场景。

应用区块链技术构建的智慧校园应用体系包括去中心化教育教学系统、智能化政务管理系统、学生主体智慧生活系统和智能安全预警系统（如图 3-32 所示）。

（1）建立去中心化教育教学系统，搭建网络教学平台、数字化教学资源、教学软件、信息化教学工具、透明的人才培养机制等，整合教育资源，实现跨平台资源共享。

（2）建立智能化政务管理系统，建设智慧化党政办公、科研管理、教务管理、财务共享中心、招聘后勤中心等网上办事平台。

---

① 黄步添，蔡亮. 区块链解密：构建基于信用的下一代互联网［M］. 北京：清华大学出版社，2016：31–34.

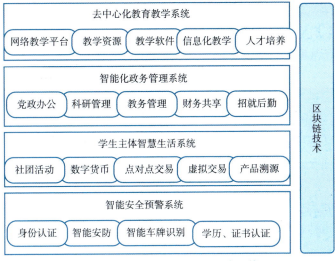

图 3-32　区块链技术智慧校园应用体系

（3）建立学生主体智慧生活系统，建设点对点交易、虚拟交易、产品溯源等数字系统，搭建学生社团活动中心，开启智慧校园生活模式。

（4）建立智能安全预警系统，设置智能安防、智慧电桩、智能车牌识别功能等，开发身份认证、学历认证、证书认证等认证系统。

3.8.2.3　区块链技术在智慧校园的应用场景

（1）基于区块链的学历学位证书认证平台。学历学位证书是毕业生学术能力的有效证明，是用人单位选拔人才的有效依据。目前国内学历学位认证手续烦琐、耗费时间，不能满足求职者和用人单位快捷、公正、准确地核实学历学位信息的需求。公信力是证书认证平台的核心，区块链技术的不可篡改、不可抵赖的特征将打造全新一代的学历学位证书认证平台。学校将学生的学历学位证书、荣誉、技能、社会实践等信息发布于此教育区块链证书平台，形成具有公信力的颁发、管理、认证体系，数据将永久存储，便于用人单位查询、验证应聘者的证书信息。

【延伸阅读】

一家名为机器学习（Learning Machine）的软件公司于 2016 年与麻省理工学院开始合作开发基于区块链的数字证书系统 Blockcerts，在 2017 年麻省理工学院开始向部分本科、硕士和博士毕业生颁发记录在比特币区块链上的数字证书[1]。区块链提供了一种新的安全基础设施，结合强大的密码学保证了这些记录的真实性，并能方便地进行验证，如图 3-33 所示。

图 3-33   MIT 数字证书示例图

（2）基于区块链的在线学习学分银行平台。2018 年 1 月教育部宣布我国在线开放课程总数已达 5 000 门，高校学生和社会学习者选学人数突破 7 000 万人次。面对数量如此巨大的在线开放课程，教学质量如何保障？如何实现在线课程学习全过程质量管理？如何实现在线课程学分互认？基于区块链的在线学习学分银行平台引入区块链技术的信息不可篡改特性，结合在线学习平台的学习者生物特征识别、在线学习过程记录、学习过程监控、学习档案维护、学分认证转换的在线学习大数据，从根本上保证学习者的全过程监控、学习效果分析、学分认证。在得到公众的认可后，必将进一步推进我国在线开放课程建设，并且推动高校包括翻转课堂在内的课堂教学模式改革，提高课堂教学活力和质量。

（3）基于区块链的高校教育基金会募捐管理平台。高校的发展离不

---

①   Digital Diplomas［EB/OL］.（2017-10-17）［2024-03-20］. https://www.learningmachine. com/case-studies-mit.

开校友支持，目前国内许多高校成立了教育基金会，筹措校友捐款用于学校的发展。如何吸引校友对学校持续关注并捐款资助母校发展？捐赠资金使用的透明性意义重大。基于区块链的数据不可篡改和时间顺序属性，利用区块链技术打造高校教育基金会募捐管理平台，对每一笔捐款实时追溯资金去向，实现教育捐赠规范透明。

区块链技术对教育的影响

3.9 AI 大模型——推动教育变革的力量

3.9.1 什么是 AI 大模型技术

AI 大模型技术，即人工智能大型语言模型技术，是一种通过训练大量语料库来学习语言模式和知识表示的计算机程序。它可以对用户的问题和要求进行理解和回答，为用户提供便捷、高效、个性化的服务。

AI 大模型技术是"大数据 + 大算力 + 强算法"的产物，是凝聚了大数据内在精华的"隐式知识库"，包含"预训练"和"大模型"两层含义，即模型在大规模数据集上完成预训练后无需微调，或仅需少量数据的微调，就能直接支撑各类应用。

AI 大模型技术的发展历经了三个阶段，分别是萌芽期、沉淀期和爆发期。

萌芽期（1950—2005 年）：以 CNN 为代表的传统神经网络模型阶段。1956 年，从计算机专家约翰·麦卡锡提出"人工智能"概念开始，AI 由最开始基于小规模专家知识逐步发展为基于机器学习。1980 年，卷积神经网络的雏形 CNN 诞生。1998 年，现代卷积神经网络的基本结构 LeNet-5 诞生，机器学习方法由早期基于浅层机器学习的模型，变为基于深度学习的模型，为自然语言生成、计算机视觉等领域的深入研究奠定了基础，对后续深度学习框架的迭代及大模型发展具有开创性的意义。

沉淀期（2006—2019 年）：以 Transformer 为代表的全新神经网络模型阶段。2013 年，自然语言处理模型 Word2Vec 诞生，首次提出将单词转换为向量的"词向量模型"，以便计算机更好地理解和处理文本数据。2014 年，被誉为 21 世纪最强大算法模型之一的 GAN（对抗式生成网络）

诞生，标志着深度学习进入生成模型研究的新阶段。2017 年，Google 颠覆性地提出了基于自注意力机制的神经网络结构——Transformer 架构，奠定了大模型预训练算法架构的基础。2018 年，OpenAI 和 Google 分别发布了GPT-1 与 BERT 大模型，意味着预训练大模型成为自然语言处理领域的主流。以 Transformer 为代表的全新神经网络架构，奠定了大模型的算法架构基础，使大模型技术的性能得到显著提升。

爆发期（2020 年至今）：以 GPT 为代表的预训练大模型阶段。2020 年，OpenAI 公司推出了 GPT-3，模型参数规模达到了 1 750 亿，成为当时最大的语言模型，并且在零样本学习任务上实现了巨大性能提升。随后，更多策略如基于人类反馈的强化学习（RHLF）、代码预训练、指令微调等开始出现，被用于进一步提高推理能力和任务泛化能力。2022 年 11 月，搭载了 GPT3.5 的 ChatGPT 横空出世，其凭借逼真的自然语言交互与多场景内容生成能力，迅速引爆互联网。2023 年 3 月，最新发布的超大规模多模态预训练大模型 GPT-4，具备了多模态理解与多类型内容生成能力。在这一时期，大数据、大算力和大算法完美结合，大幅提升了大模型的预训练和生成能力以及多模态多场景应用能力。例如，ChatGPT 的巨大成功，就是在微软 Azure 强大的算力以及 Wiki 等海量数据的支持下，在 Transformer 架构的基础上，坚持 GPT 模型及人类反馈的强化学习（RLHF）进行精调的策略下取得的。

此后，国内外不少企业宣布入局或者跟进 AI 大模型技术领域。国内，产投研各方均加快了布局步伐。一是国内科技龙头企业密集发布自研大模型。百度发布大模型文心一言；阿里巴巴发布首个超大规模语言模型通义千问；腾讯混元 AI 大模型技术团队推出了万亿级别中文 NLP 预训练模型HunYuan-NLP-1T；华为发布的鹏城盘古大模型是业界首个千亿级生成和理解中文 NLP 大模型。二是投创界积极入局大模型竞赛。美团联合创始人王慧文自带 5 000 万美元入局 AI 大模型技术；搜狗前首席执行官（CEO）王小川与搜狗前首席运营官（COO）茹丽云共同创立百川智能；澜舟科技发布其语言生成模型——孟子 MChat 可控大模型；西湖心辰也推出了心辰Chat 大模型。三是高校与科研院所积极布局大模型。复旦大学推出国内首个类 ChatGPT 大模型 MOSS；清华大学知识工程实验室与其技术成果转化公司智谱 AI 发布 ChatGLM；中国科学院自动化所推出多模态大模型紫东太初；IDEA 研究院 CCNL 推出开源通用大模型"姜子牙"。

从应用领域上看，AI 大模型技术可分为通用大模型和行业大模型两种。通用大模型具有强大的泛化能力，可在不进行微调或少量微调的情况下完成多场景任务，相当于 AI 完成了"通识教育"，ChatGPT、华为的盘古都是通用大模型。行业大模型则是利用行业知识对大模型进行微调，让 AI 完成"专业教育"，以满足能源、金融、制造、传媒等不同领域的需求，如金融领域的 BloombergGPT 等。

当前，AI 大模型的发展正从以不同模态数据为基础过渡到与知识、可解释性、学习理论等方面相结合，呈现出全面发力、多点开花的新格局。

3.9.2 AI 大模型技术在智慧校园中的应用

近年来，AI 大模型技术在教育领域的应用越来越广泛，逐渐成为推动教育变革的力量。

在教育领域，AI 大模型技术可以应用于智能教学、智能辅导、智能评估等多个环节，提高教育质量，提升学生的学习体验。

在智能教学方面，AI 大模型技术可以通过分析学生的学习数据，为教师提供有针对性的教学建议，帮助教师更好地进行教学设计，提高教学效果。同时，AI 大模型技术还可以根据学生的学习情况，自动调整教学方案，实现个性化教学。

在智能辅导方面，AI 大模型技术可以为学生提供个性化的学习建议和辅导服务，帮助学生更好地掌握知识，提高学习效率。此外，AI 大模型技术还可以为学生提供智能作业批改和答疑解惑等服务，减轻学生的负担。

在智能评估方面，AI 大模型技术可以通过分析学生的学习数据和考试分数，为教师提供有针对性的教学反馈，帮助教师更好地了解学生的学习状况，调整教学策略。同时，AI 大模型技术还可以为家长提供学生的学习情况反馈，帮助家长更好地关注学生的学习进度。

总之，AI 大模型技术在教育领域的应用，不仅提高了教育质量，提升了学生的学习体验，还促进了教育公平，为每一个学生提供了更好的学习机会。未来，随着 AI 大模型技术的不断进步，相信其在教育领域的应用将更加广泛，为推动教育变革发挥更大的作用。

本章小结

本章介绍了智慧校园中运用的关键技术，即智慧校园中运用的移动互联网技术、物联网技术、云计算技术、虚拟仿真技术、大数据技术、学习分析技术、人工智能技术、区块链技术和 AI 大模型技术等九项关键技术；给出了智慧校园关键技术的定义，分别论述了这些关键技术的内涵与特征，分析了这些关键技术在智慧校园中的不同作用，详细阐述了这些关键技术在教育领域的实践应用，同时，还对这些关键技术的发展动态和对教育的影响作了介绍。

关键词

移动互联网、物联网、云计算、虚拟仿真、大数据、学习分析、人工智能、区块链、AI 大模型

思考与练习

1. 智慧校园中运用的关键技术主要包括哪些？

2. 什么是移动互联网技术？它的主要特点有哪些？它对智慧校园的教育影响有哪些？我国 5G 技术发展现状如何？

3. 移动互联网技术在教育领域的常见应用有哪些？

4. 什么是物联网技术？它的主要特点有哪些？它在智慧校园中的作用有哪些？

5. 物联网技术在教育领域的常见应用有哪些？

6. 什么是云计算技术？它的主要特点有哪些？它的基础设施结构和服务模式有哪些？

7. 云计算技术在教育领域的常见应用有哪些？

8. 什么是虚拟仿真技术？它有哪些类型？它的主要特点有哪些？它在虚拟校园中的作用有哪些？

9. 虚拟仿真技术在教育领域的常见应用有哪些？

10. 什么是大数据技术？它的主要特点有哪些？它的主要支撑技术有

哪些?

　　11. 大数据技术在教育领域的常见应用有哪些?

　　12. 什么是学习分析技术?它具有哪些特点?

　　13. 人工智能的发展史如何?它的主要支撑技术有哪些?它在智慧校园中的作用有哪些?

　　14. 人工智能技术在教育领域的常见应用有哪些?什么是元宇宙学校?

　　15.AI 大模型技术有哪些优势和弊端?

　　16. 什么是区块链技术?它的分类与特点有哪些?它的应用意义体现在哪些方面?

　　17. 区块链技术在教育领域的常见应用有哪些?

4

智慧校园的建设流程

学习目标

知识目标

➢ 了解学校业务模式、发展现状和建设需求，熟悉智慧校园发展目标、整体规划和具体举措；

➢ 了解智慧校园总体设计原则，熟悉智慧校园技术架构设计要求，掌握智慧校园应用模型设计方法；

➢ 了解智慧校园建设工作流程，掌握智慧校园实施过程中的关键环节，如组织机构与队伍建设、制度与标准建设、项目实施方案制订等；

➢ 熟悉智慧校园运行维护的基本要求，掌握智慧校园运维管理体系的构建方法；

➢ 熟悉智慧校园评价流程、评价指标、诊改措施等具体内容。

能力目标

➢ 具备把控智慧校园整体规划、总体设计、建设实施和运行维护的能力；

➢ 具备设计符合学校实际需要的智慧校园评价指标体系的能力。

素质目标

➢ 具有较强的求知欲，善于运用所学知识解决实际问题；

➢ 具有制定符合未来建设和发展需要的战略规划能力；

➢ 具有实事求是的科学态度，乐于通过亲身实践，检验判断整个智慧校园建设过程中的各种技术问题；

> 具有适应创新型国家发展需要的、与时俱进的创新思维能力，能够创造出既实用又具有前瞻性的智慧校园解决方案。

问题导入

《国家中长期教育改革和发展规划纲要（2010—2020年）》中提出，我国将教育信息化纳入国家信息化发展的整体战略中，超前部署教育信息网络。到2020年，我国基本建成覆盖城乡各级各类学校的数字化教育服务体系，促进教育内容、教学手段和方法的现代化发展。

现阶段，智慧校园建设已经发展成为教育信息化建设的重要内容，是实现教育现代化的重要步骤。

国内意识超前的高校和中小学已经着手或建成智慧校园。以浙江大学为例，该校将智慧校园建设列入2010年"十二五"信息化三大重点工程，并成立了智慧校园建设工作领导小组，规划建设内容包括无处不在的网络环境、节能监管体系、智能交通、平安校园等[1]，目前已建成部分信息化应用支撑平台，如统一身份认证系统、数据共享平台、校园卡、个性化服务门户（可定制的、一站式信息化应用服务）等[2]，校内事务均可以通过网络办理。

随着智慧时代的来临，学校该如何在校园数字化建设的背景下，开展符合自身发展需求的智慧校园建设呢？

4.1 智慧校园的整体规划

《高等学校数字校园建设规范（试行）》中指出，数字校园建设的整体规划是全面梳理学校对教学、科研、管理、服务、合作等方面的业务模式和现状，从内部愿景出发，分析外部环境和内部战略发展目标对数字校园建设的需求，考虑未来的战略规划，制定或完善数字校园相关的信息化规划。

教育信息化战略规划是关于教育信息化如何发展的全局性总体发展

---

[1] 浙江大学智慧型校园探索［EB/OL］.［2024-03-20］. http://wenku.baidu.com/lin.

[2] 浙江大学. 信息化建设［EB/OL］.［2024-03-20］. http://zuits.zju.edu.cn/xxhjs.

计划的蓝图，其主要内容包括教育信息化发展的战略目标、战略措施及实现战略目标所需要完成的具体战略部署等。智慧校园战略规划既是教育信息化战略规划的重要组成部分，又是智慧教育战略规划的重要组成部分。

智慧校园发展规划与教育信息化发展规划具有很大的相似性，相对而言更具体、更微观。智慧校园发展规划包括学校业务模式和现状分析、智慧校园建设需求分析、智慧校园发展目标与战略措施等。无论是高校还是中小学的智慧校园，其规划设计都应包含这三个方面。

4.1.1 学校业务模式和现状分析

随着中国教育信息化的飞速发展，智能化教育的优势日益凸显，打造智慧校园已成为发展趋势。截至 2020 年，全国有超过 100 个城市启动了智慧校园建设，覆盖了千余所高校和中小学。

在此背景下，学校的业务模式也逐步转向智慧校园模式。余胜泉和王阿习（2016）指出，"互联网 +"推进了智慧环境、课程形态、教学范式、学习方式、评价模式、教育管理、教师发展和学习组织等 8 个方面的变革[①]，这也正是学校业务模式朝智慧校园迈进的表现。

4.1.1.1 智慧环境

大数据和学习分析技术为建构智慧学习环境提供了重要的技术支持，便于实现个性化、差异化教学。

4.1.1.2 课程形态

"互联网 +"时代的知识转型，使得课程的表现形态越来越数字化、越来越立体化，课程越来越多地体现线上、线下融合，在线开放课程成为学校常态课程的有机组成部分；课程的教育内容越来越强调学术性内容与生活性内容的相互融合与转化；课程实施从班级形态集体授导向翻转课堂、在线个性化课堂等尊重学习者自我的活动转型；互联网时代的学生的分布式认知方式、借助信息技术进行认知加工的思维方式，会改变课程的基础性目标结构，信息、媒介与技术不仅仅是课程实施的手段，还应该成为课程设置的基本目标；课程从分散的、单一的课程向 STEM 教育、创客教育等促进学生核心素养培养的、跨学科的、多学科整合的课程发展；

---

① 余胜泉，王阿习 . "互联网 + 教育" 的变革路径［J］. 中国电化教育，2016（10）：1–9.

课程内容的组织和实施逐步模块化、碎片化、移动化、泛在化，动态可重组成为课程设计的重要特征；大规模开放课程的普及以及教育大数据分析使得课程越来越智能化，实施个性化的课程成为可能；课程建设的社会化分工越来越精细，以团队形式建设和运行一门课程逐渐成为一种趋势，不同教师承担知识规划、教学设计、技术开发、在线辅导、学习服务等不同任务。

4.1.1.3　教学范式

在互联网时代，任何学习者都可以凭借网络获得丰富的信息资源和广泛的人际互动交流机会，使得教师角色有了新的定位，教学活动从"教"逐渐向促进"学"转变，传统的以教师为中心的课程教学结构转变为"主导—主体相结合"的教学结构。

4.1.1.4　学习方式

互联网时代的人们获得了一种技术化的思维方式——人机结合的思维方式，这使得学生的学习行为和学习方式发生了变革：正式学习与非正式学习互补融合；兼容真实生活体验的情境学习成为学习的重要形态；出现了自定步调的自主学习、协作学习、仿真探究学习、泛在学习等创新的学习方式；基于学习分析技术和大数据技术的个性化学习成为可以选择的学习路径；出现线上线下融合的校园育人环境；在信息爆炸的背景下，对海量信息进行加工、分析、处理、表达等方面的信息素养将成为学习能力的核心要素，将决定学习者能否适应未来的社会；培养学生全球意识、沟通与合作能力、创造性解决问题、信息素养、自我认识与自我调控、批判性思维、学会学习与终身学习、公民责任与社会参与等 21 世纪核心素养的学习方式将成为主流。

4.1.1.5　评价模式

现代教育价值趋于多元，教育评价方式面临全面转换的现实需要，评价依据从"经验主义"走向"数据主义"；评价方式从总结性评价发展为过程性评价；评价主体从单一的教师变为师生共同参与，乃至学生家长、学校管理层都可以加入；评价内容由单一的成绩向强调以学生为核心、建立以核心素养为导向的教育测量与评价体系转变；评价手段由人工到智能化；评价领域从知识领域向技能领域、情感、态度与价值观扩展；评价从关注筛选转向关注发展。

4.1.1.6 教育管理

基于互联网的教育管理逐步走向智慧管理模式。物联网技术能够提升教育环境与教学活动的感知性，大数据技术能够提高教育管理、决策与评价的智慧性，泛在网络技术能够增强跨组织边界的大规模社会化协同，云计算技术能够拓展教育资源与教育服务的共享性。

4.1.1.7 教师发展

互联网改变了教师的整个工作形态，使得教师专业的发展出现了新特点、新动向：一方面，对教师的能力素质提出了新的要求，即在教师的不同发展阶段中，教师需要形成相应的能力素质来适应新课程改革与教育信息化的相应要求，尤其是教师对于信息技术工具在教学中的角色认识与在教学中的合理应用能力成为教师能力素养中必要的组成部分；另一方面，教育信息化大背景下教师专业发展的方式不再受制于时间与空间，各种通信技术与多媒体手段为教师迅速完成自身的发展提供了可能。

4.1.1.8 学习组织

互联网使学校的组织结构和管理体制发生了巨大的变化，学校内部的组织结构向扁平化、网络化方向发展。互联网通过降低信息获取成本、减少信息处理时间和加快信息流动等各种方式提高了学校的管理和组织效率，又进一步对学校的组织结构产生影响。

信息化时代的
智慧校园变革

当前，一些信息化基础较好的省市和学校，已经研制了智慧教育或智慧校园的发展规划。根据国家大数据中心的统计与分析，一些城市已经将智慧校园建设融入智慧城市战略规划中。

2015年3月，常熟高新园中等专业学校发布了《"智慧校园"建设规划方案》。该方案的主要内容可概括为：建立一套标准体系、一套安全体系、四个平台（网络基础平台、学校门户平台、统一身份认证平台和共享数据平台）、三个中心（智慧校园管理中心、资源中心和服务中心）和一套管理与维护体系。

2017年，华东交通大学发布了《华东交通大学智慧校园建设五年规划》[①]，计划在五年规划期内，完成信息化校园基础平台和数字化综合应

---

① 华东交通大学智慧校园建设五年规划［EB/OL］．［2024-03-20］. https://www.docin.com/p-2707950916.html.

用体系建设,最终实现"绿色节能型、平安和谐型、科学决策型、服务便捷型"的智慧校园。

2020 年,武汉市人民政府在《武汉市创建国家"智慧教育示范区"实施方案》文件中,对 2020 年到 2022 年武汉市区域内智慧教育建设提出了整体战略规划,即逐步建成以 5G 网络为基础的区域性智能教育无线网络,全面推进星级智慧校园和智慧教室建设,构建以学习者为中心的智慧校园生态,为创新大数据支持下教学方式、教学过程和教学评价,实施精准学习分析和教学干预,实现课堂教学结构重组提供基础条件支撑[1]。

2019 年 5 月,河北雄安新区入选 2019 年度"智慧教育示范区"创建项目名单。2020 年 12 月,河北雄安新区管理委员会印发《雄安新区智慧教育五年行动计划(2021—2025 年)》,明确提出要"建设智慧教育云平台、建设智慧教育数据中心、打造智慧校园一体化的服务体系、建设学校智能终端体系"[2]。

由上可知,不同类型的智慧校园规划与设计关注的重点内容不同。按照主导者不同,可有国家、省市、区县、学校主导的智慧校园规划与设计方案。国家、省市、区县主导的智慧校园规划与设计更宏观,学校主导的智慧校园规划与设计更具有个性化、更具体、更具有可操作性。

建设智慧校园并非全部推翻原有的数字校园,而是在数字校园的基础上提升智慧化水平、丰富智慧校园内涵。当前,数字校园建设已经有很多成功的案例,积累了值得借鉴的经验,但智慧校园建设尚处于研究和探索阶段。校园的发展经历了从传统校园到数字校园,再到智慧校园,但数字校园并不是不可逾越的阶段,无论当前学校教育信息化处于什么样的水平,学校都可以充分发挥"自有优势",高起点研制智慧校园战略规划,高标准定位智慧校园,高质量推进智慧校园建设。

---

[1] 市人民政府办公厅关于印发武汉市创建国家"智慧教育示范区"实施方案的通知[EB/OL].[2024-03-20]. http://jyj.wuhan.gov.cn/zfxxgk/zc/gfwjjjd/202005/t20200525_1331450.shtml.

[2] 智慧教育优秀案例 12 | 依托智慧校园建设,助推区域智慧教育发展[EB/OL].[2024-03-20]. https://mp.weixin.qq.com/s?__biz=MzIzNjU3MDY4NA==&mid=2247559915&idx=4&sn=ff5707a3aa3e0eebe9a0fc8338dc757e&chksm=e8d67bb8dfa1f2aeab50cd9efdd1869af2262d829c499a33f33b87060e597d66a8da5515512c&scene=21#wechat_redirect.

【延伸阅读】

国家为什么要大力支持智慧校园建设

教育信息化一直是我国教育事业建设的重点工程，而智慧校园的建设是教育信息化的重要组成部分。在总结教育信息化"十三五"规划的成果和经验基础上，响应《中国教育现代化2035》中对打造智慧化校园、新型教育服务业态的要求，同时为编制中的《教育信息化中长期发展规划（2021—2035年）》和《教育信息化"十四五"规划》做好提前部署，各省市纷纷针对各地区情况制定印发本地区的教育信息化"十四五"规划，对教育信息化、智慧校园的建设提出了相应的目标规划。

4.1.2 智慧校园建设需求分析

百年大计，教育为本。哈斯高娃等（2017）认为，目前教育面临的两个最大的问题，一是促进教育公平，二是提高教育质量[1]。智慧校园不仅可以提升教育水平，促进教育公平，提高人才培养质量，还可以提升校园安全程度，并能在特殊情况下保障教学工作的顺利进行，具有十分重大的战略意义[2]。

4.1.2.1 智慧校园建设的必要性[3]

智慧校园建设是教育信息化发展的必然趋势，也是实现教育现代化的重要步骤。21世纪是以高新技术为核心的知识经济占主导地位的时代，信息社会的高度发展要求教育必须改革以满足培养面向信息化社会创新人才的需求。《国家中长期教育改革和发展规划纲要（2010—2020年）》中提出，我国将教育信息化纳入国家信息化发展的整体战略中，超前部署教育信息网络。到2020年，我国基本建成覆盖城乡各级各类学校的数字化教育服务体系，促进教育内容、教学手段和方法的现代化发展。业界专家分析认为，未来，我国教育信息化将朝着整合教学信息资源、统一教育信息化管理标准、提高社会学生的基础素养和教育信息化投资效率、不断完善教育信息化评估体系的趋势发展，这也正是教育信息化建设由数字化走向智慧

---

[1] 哈斯高娃，张菊芳，凌佩.智慧教育［M］.2版.北京：清华大学出版社，2017.

[2] 杨园争，邓婷鹤.以"智慧校园"建设助推教育现代化：湖北神农架林区"智慧校园"的建设实践及启示［J］.中国发展观察，2022（10）：119-121.

[3] 胡英君，滕悦然.智慧教育实践［M］.北京：人民邮电出版社，2019.

化的必然过程。当今，世界各国以经济和科技实力为基础的综合国力的竞争日趋激烈，并且将长期存在。这种竞争在很大程度上取决于人才的数量和质量，而人才竞争的实质是教育的竞争。教育只有与我国经济社会发展的战略目标和战略步骤相适应，才能为我国社会主义现代化建设提供足够的人才支持。为了实现这一目标，我国必须深化教育改革，更新教育观念，改革教育内容和方法，逐步建立适应 21 世纪经济社会发展和现代化建设需要的新的教育体系。因此，教育事业发展的根本出路在于改革，而改革的动力一方面来源于现代信息技术在教育领域的渗透和应用，另一方面来自社会经济发展的迫切要求。其中，以信息技术在教育领域的全面应用为核心的教育信息化为推动教育的改革和发展提供了有利的时机和条件。智慧校园建设已经发展成为目前教育信息化建设的重要内容，是实现教育现代化的重要步骤。没有教育的信息化，就不可能实现教育的现代化。

4.1.2.2　智慧校园建设的重要内容

在教育信息化高速发展的背景下，建设智慧校园有助于实现信息传播和政策制定的"智慧化"、教学资源的"智慧化"、校园安全的"智慧化"以及教育管理的"智慧化"[①]。其具体内容包括：智慧基础网络、智慧安防、智慧照明、智慧教学、智慧服务、智慧决策等。

（1）智慧基础网络。基础网络是智慧校园建设的重要基石。通过采用成熟稳定的无线校园网、光纤万兆有线网络以及 5G、ZiqBee 等技术的物联网络，为学校提供了一个集广连接、高并发和多终端于一体的智慧校园基础网络。此外，通过云计算、虚拟化和超融合等前沿技术，建立校园云数据中心，实现资源的集约化管理和弹性化服务。同时，还要整合多项安全措施，建立全面、立体且多层次的网络安全防御体系，以确保智慧校园系统与数据安全。

（2）智慧安防。智慧安防以建立重点公共区域的全覆盖、全天候、智能化的视频监控系统为主体内容，融合身份识别、车辆识别、超速识别、人员行为识别等先进智能分析能力，将校园的安防能力从传统的"模拟 + 数字"安防体系演进为智能化安防体系。

---

① 杨园争, 邓婷鹤. 以"智慧校园"建设助推教育现代化：湖北神农架林区"智慧校园"的建设实践及启示［J］. 中国发展观察，2022（10）：119-121.

（3）智慧照明。智慧照明以物联网无线通信、智能感知、分布式智能控制技术为基础，构建完整的智慧环境解决方案。在满足照明需求的前提下，以智能化方式管理学校范围内的若干子系统，提高照明管理、智能应用、统一维护、业务闭环的整体业务能力。

（4）智慧教学。智慧教学是智慧校园的核心。通过智能终端进课堂等教学模式推动教育的改革与创新，打造课前、课中、课后一体化的教学环境，保持教师和学生间的高效互动。通过"课前推送＋课中实时教学反馈＋课后家长及时辅导"的教育模式，实现个性化学习、公平化教育、智慧化管理与评价，更好地服务于师生的工作和学习。

（5）智慧服务。智慧服务要引入电子商务与电子政务服务模式，以一体化的形式呈现，包含多个业务流程，并根据用户身份划分权限，通过智能终端为师生员工提供一站式智能校园生活服务。师生在"入校""在校""离校"的任意时间，都能凭一部手机办理餐饮、洗浴、医疗、购物、宿舍、水电、保洁、门禁等所有后勤服务。

【延伸阅读】

靠刷脸吃饭的智慧餐厅

2018年是高校智慧餐厅元年，出现了很多关于智慧餐厅的报道。

2月28日，封面新闻发布一则名为《别人家的大学食堂，真的是靠刷脸吃饭》的报道：浙江大学玉泉校区的老食堂（原食天一隅）装修后，注入了新的科技元素，学生可以扫码点单，刷脸吃饭。学生提前到人脸识别注册机前，将自己的一卡通和脸部识别绑定确认。然后，就餐者只要按需取餐，餐盘放在菜品的结算区域，菜品的名称、金额、重量、卡路里信息会显示在菜盘上方的显示屏中，并进行刷脸自动结算扣费，并不需要人工操作。就餐结束以后，学生还可以通过食堂的微信了解自己的营养元素摄入量，进行营养分析，并获得健康饮食指导和运动建议。

智慧餐厅是利用物联网技术、大数据技术、无线网络技术打造的智慧型用餐环境，可以显著减少工作人员数量，降低经营成本，提升管理绩效和服务品质。

（6）智慧决策。智慧决策依托学校日常教学、科研、管理和生活中产生的海量数据，通过对数据的分析以及根据数据分析结果做出适当的决策，建成高智能、综合性的决策支持体系，实现一体化、智能化管理，以智慧大脑的形式分析相关数据，进行可视化呈现，为学校管理者的管理和决策提供科学依据。

4.1.3　智慧校园发展目标与战略措施

智慧校园的发展目标应遵循"智慧城市"顶层设计的要求。在"智慧教育"总体框架下，"智慧教育"应充分利用"智慧城市"公共基础设施，使用物联网和移动互联网等技术建设覆盖全市的城市教育专网，创建全市共享的"感知校园"普适化管理平台；同时，智慧教育应依托云服务和大数据技术，打造"智慧教育"信息服务平台，以满足教育主管部门和学校对智慧化教育管理的需求，建立和完善教育资源服务平台，满足智慧教学的要求，对外联合社会教育机构，吸收接纳有益的社会教育资源，建设智能化的教育开放平台，满足社会公众个性化教育的需求。具体发展目标如图 4-1 所示。

在推进区域智慧教育建设的总体指导思想上，相关人员应深入贯彻落实教育部《教育信息化十年发展规划（2011—2020 年）》《教育信息化"十三五"规划》和本地区（省、市）教育信息化发展中、长期规划，充分发挥教育信息化对教育现代化的支撑和引领作用，进一步完善"三通两平台"建设与应用，加强信息技术与教育教学的深度融合，全面树立"智慧教育"理念，推进"智慧校园""智慧课堂"一体化发展，打造"人人皆学、处处能学、时时可学"的区域智慧教育环境，促进学习方式变革和教育模式创新，为学生、教师和各级教育管理者提供适合、精准、便捷的智慧教育服务。

在目标定位上，区域教育机构推进区域智慧教育建设要适应教育信息化区域推进和深化发展的需求。区域教育机构应运用"互联网+"的思维方式以及物联网、云计算、大数据、人工智能等新一代信息技术，以教育数据的汇聚、分析与共享为核心，构建网络化、智能化、泛在化的智慧学习环境，推动基于"智慧课堂""智慧校园"的教育教学全面变革，实现个性化学习、公平化教育、智慧化管理的目标，逐步建成区域智慧教育信息生态体系。

1 积极推进各区教育城域网建设并与市政务网络及市级中心实现对接，形成真正意义上的教育专网，加快教育无线网络的普及

2 加快建设感知校园基础设施，提高学校的管理效率、办学水平和校园安全水平

3 加强统筹协调，与市级政务数据中心共同建设教育云数据中心，提供教育基础设施云服务

4 积极推进基础数据整合，实现统一身份认证

5 建设市、区、校电子政务系统，推进多级教育管理信息互联互通、各类教育数据汇总分析和多级协同办公，实现全市教育的智慧管理

6 建设教育资源服务平台，实现教育资源互联互通、共建共享与智能分析，提升优质资源利用价值，形成智慧教学的基础

7 建设家校互通平台，实现家庭教育与校园教育的同步发展，形成教育合力，同时为社会提供各项公共服务

8 利用社区化、移动化、服务化的技术手段，建设市级教育智能门户，为社会提供公共教育服务，探索网络环境下的移动办公、移动学习应用

9 建设开放式的学习互动平台，吸收社会教育资源，提供智能化与个性化的教育培训，提高城市的文明程度

图 4-1　智慧校园的发展目标

智慧校园建设的战略措施主要集中在以下四个方面。

4.1.3.1　加速建设以学生为中心的智慧教育环境

智慧教育环境是智慧教育开展的基础，脱离了智慧教育环境，智慧教育无从谈起。综观各国的智慧教育发展战略，无一例外地重视智慧教育环境的建设，强调将技术融入学校、家庭、社区等现实教育环境和在线课堂、远程教学等虚拟教育环境中。这些国家还强调无缝整合以学生为中心的智慧教育环境，使学习可以随时随地发生，保持学习的无障碍性和连续性。

为了有效地激发学生的学习兴趣和学习动机，培养学生的自主学习能力、探究能力以及创造能力，智慧教育系统应通过物联网、云计算、增强现实、大数据等新一代信息技术，感知教学发生的情境，自动判断学生的特征与学习需求，根据学生的个体差异提供个性化学习工具与资源，为学生创设虚拟化的互动学习情境，提供个性化的独特学习体验。智慧教育环境应能够将简单的、结构化的非挑战性任务交由计算机代理，这样学生就可以将更多时间和精力集中在复杂的、非结构性的挑战性任务上。

4.1.3.2　抓住智慧教育的核心，从根本上转变教与学的方式

智慧教育将信息技术与教育进行深层次融合，构建智慧教育环境，提供智慧资源的评价和管理等服务，为新的教学模式与学习方式的实现创造了条件。为了充分发挥智慧教育的价值，必须从根本上变革教学方式和学习方式。教与学方式的变革是许多国家发展智慧教育的核心目标之一，我国也要顺应国际智慧教育发展趋势，通过教与学方式的变革带动整个教育行业的结构性升级。

要实现这些转变，就必须颠覆传统观念，摆脱已有思维对教学的束缚。目前的 MOOC、翻转课堂与微课程等就是利用技术对现有教学方式进行改造与变革的成功范例。在此基础上，教育工作者应继续探索更多适合智慧教育发展的新型教学模式，充分利用教育大数据进行科学的分析评价，有效提升教与学方式的效率和质量。

4.1.3.3　做好顶层设计，建设智慧教育示范基地

智慧教育是一项宏大的系统工程，离不开国家政策层面的引导与推进。因此，我国应加快制定智慧教育建设指南与发展水平评估标准，并逐步推进全国各地的智慧教育建设与发展。

国家推动智慧教育变革，并不意味着立即在全国范围内推广智慧教育模式。因此，要充分发挥试点学校或地区在促进信息技术变革教育方面的示范作用，以点带面、逐步推开，使其他学校可以借鉴经验，从而更容易、更快捷地将技术与课程和教学相融合，最终实现智慧教育模式的全面推广。

我国应加强政府、学校和相关企业的紧密合作，根据我国教育发展的实际情况，有针对性地选择一些信息化程度较高的学校或地区作为智慧教育建设试点，打造具有本土特色的智慧教育模式。试点学校或地区应该以高

昂的热情和严谨的态度进行智慧教育的探索实践，并形成系统的建设经验，包括智能教育环境建设、智能学习系统开发、教法学法创新、人力资源培训等。同时，各试点之间应该保持密切联系，实现经验共享、智慧共享，在试点成功的基础上充分发挥引导、示范和辐射作用，实现由点及面的大规模推广。

4.1.3.4 构建智慧教育公共服务平台，提供一体化解决方案

构建从技术开发层面开放融合、有效共享，覆盖各级各类教育机构的智慧教育公共服务平台，是智慧教育环境建设的核心目标。智慧教育公共服务平台可以为公众提供公共教育信息，普及优质教育资源并进行共享，同时为服务提供者与使用者构建互动、交流、共享的环境，鼓励人人参与。

智慧教育公共服务平台包括教育资源服务平台、教育管理与教学服务平台、智能教育开放平台及教育智能门户平台。平台的建设不是将现有教育信息化平台推倒重建，而是遵循"统一规划、有效集成"的原则，即应用智能技术对现有平台进行升级改造，实现数据标准统一、接口统一、平台管理统一和维护统一，进而为宏观调控与决策提供科学依据。基于统一的标准和接口，国家、省（市）各级公共服务平台之间应实现互联互通、协同运行，这样才能提供集基础设施、资源、平台、服务、应用于一体的智慧教育解决方案，创新智慧教育的建设模式、应用模式和服务模式。

一个高水平的智慧校园应该能够支持学习方式变革、教学方式变革以及管理方式变革，这将有利于培养智慧型、创新型人才，促进教育均衡发展，引领教育的创新与变革。此外，智慧校园还能重塑学校业务流程，形成创新文化，助力实现中国教育的强国梦。

【延伸阅读】

建设智慧校园并不是全部推翻原有的数字校园，而是在数字校园的基础上提升智慧化水平、丰富智慧内涵。扫码观看微课"智慧校园战略规划"。

智慧校园战略规划

4.2 智慧校园的总体设计

《高等学校数字校园建设规范（试行）》（教科信函〔2021〕14号）

指出，数字校园建设的总体设计应当遵循学校数字校园相关规划的指导，结合学校实际情况，总体设计或完善学校数字校园的应用模型和技术架构，用于指导数字校园建设。

4.2.1　智慧校园设计的方法和原则

智慧校园是教育信息化内涵式发展质的飞跃，其设计必须在新的信息化理论和学习理论的指导下进行。信息化发展进入大数据时代的新背景，对校园信息化建设提出了新的要求。通过需求分析，找出这些要求，进而实现其智慧型应用、智慧型管理和智慧型服务是智慧校园建设的重要任务。

智慧校园建设的目的是给广大师生提供一个安全、便捷、智慧的生活、学习和工作环境，利用信息技术促进教育教学效果的提升；终极目的是促进学生和老师的素质和综合能力的提高，即人的发展。所以，从设计规划开始，一切以有利于技术实施和工程建设以及后期管理为前提，实施相应的应用与服务。

《智慧教育实践》[①]一书将智慧校园的总体设计原则概括为五个方面：

4.2.1.1　无缝集成已建和新建业务应用系统

在符合教育部和行业标准的体系指导下，学校应制定符合本校实际的数字化校园数据标准，以数字化校园平台为框架，无缝集成学校已建和新建的业务应用系统，促进数据利用的最大化。学校应把数据交换集成、用户管理、统一身份认证、业务数据整合以及信息资源展示等融合起来，以标准、数据、应用、用户为重点要素进行智慧校园的规划和建设。

4.2.1.2　全面规划、分步实施原则

智慧校园建设应遵循全面规划、分步实施的原则，在充分保障学校现有投资（包括业务系统、服务器设备等）的前提下，制定数字化校园的信息标准，构建数字化校园基础平台和制定各系统之间的接口标准与规范，为今后业务系统的构建与整合提供坚实的基础。

4.2.1.3　先进性原则

系统设计应采用先进的数字化校园理念、技术和系统工程方法，建设一个可持续发展的、具有先进性和开放性的数字化校园。

---

① 胡英君，滕悦然. 智慧教育实践 [M]. 北京：人民邮电出版社，2019.

4.2.1.4 扩展性原则

系统架构设计应合理，充分考虑未来的扩展需求，包括与其他应用系统之间的互联和系统扩容等。在满足现有系统互联的前提下，应能很好地适应未来信息系统增长的需求。

4.2.1.5 系统安全性原则

系统设计与建设应充分考虑安全性，包括数据安全、网络安全、传输安全、管理安全等。

智慧校园的设计应当是在教育目的和现代化教育理念的指引下，以人为本、以教与学为中心，在满足用户需求的前提下综合考量技术和管理方案，将信息技术融入教学之中，构建一个稳定、灵活、便捷、安全、科学且广泛参与的智慧校园模型。

4.2.2 智慧校园应用模型设计

4.2.2.1 分层式模型设计

分层式模型设计方法是按照网络系统、智能操控系统运行期间的需求点，打造多元化系统服务。从另一个角度来看，也可以将分层设计视为智慧系统功能区分的基点，保证智慧校园环境的营造及相关教育服务的开展，包括外部教育场景、内部教育管理制度等。同时，通过技术并行，发挥数字化控制价值，全面实现阶段式、模块化的转变，践行"统一规划、分步实施、逐步完善"原则，提高智慧校园的集成度。

在具体设计期间，要摒弃原有的独立式操控机制，保留模块化的操控系统，完成技术层面的关联驱动，确保数据信息在驱动和拓展期间按照既有模式进行，强化数据信息之间的对接能力。一方面，沿用物联网应用层、网络层、感知层的运行特征，确保在调控与处理过程中，数据信息实现多点位处理；另一方面，建设具有统一标准的终端服务系统，确保数据服务与对接的一致性。

图4-2展示了物联网支撑下的智慧校园建设模型。该模型是在物联网参考模型的基础上增加和修改部分层次而得到的，其中，数据标准是前提，安全体系是保证。

在智慧校园系统运行期间，数据信息传输及处理应综合考虑不同场景下的数据驱动机制，按照模型本身具有的特征总结数据运行特点。例如，数据表述中的无序状态、某一程序执行下的逻辑状态、网络结构及其协议等，均需要相应的数据操控，才可达到模块化处理标准。对此，模型设计及其功能化实现，应充分结合阶段性操控机制，详细表达不同操控空间下系统具备的操控权限，完成多节点数据信息的同步处理，保证模块化功能实现的精确性。

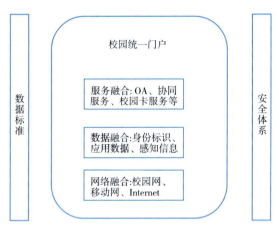

图 4-2　基于物联网技术构建智慧校园的参考模型

在功能设计及驱动期间，应将智慧校园看作是基于信息技术、网络系统打造的校园生态体系，涵盖教务信息、管理信息等各类信息。同时，必须确保数据能真实反映出校园规划、校园文化、资源建设等管理要素，并按照分层管理，完成对不同数据节点的驱动及管控。

智慧校园分层设计与驱动形式，则可看成不同管理模型的驱动结构，按照智能管理思想，将不同网络节点的数据进行融通处理，以增强数据服务的对接性。例如，教师办公室、机房、教室等场所，均可通过数据分层管理的方式，完成数据信息采集与处理的对接，实现全域化的透明处理，从而确保教育和管理工作的针对性。

4.2.2.2　柔性模块设计

智慧校园与自动化、信息化应用技术的主要区别在于，智慧校园具备人工智能处理能力，将管理思维与人类思维相融合，形成多源数据服务系统，且处理模式遵循人类处理事务的思想。为了进一步提高技术应用的可行性、贴合性，应该分析不同智慧场景对校园建设、教育活动开展所产生的影响，以数据为核心，组建多源数据服务场景，从而保证智能服务工作的顺利开展。对此，智慧校园设计方法中应充分融合人性理念，以用户为中心，以教学为目标，全面推动教育工作的开展及落实。

在具体设计期间，考虑到智慧校园的涵盖、支撑属性，应明晰技术驱动与校园管理之间的关系，结合不同校园场景，完成全域化的项目建设。

图4-3展示了以用户为核心的柔性设计模型。从系统运行特征来讲，要实现不同职能范畴下的数据调控及智能管理，需按照部门划定数据驱动权限，结合教育管理目标进行多元场景的数据拟合处理，强化数据服务效能，提高智慧服务的适应性。

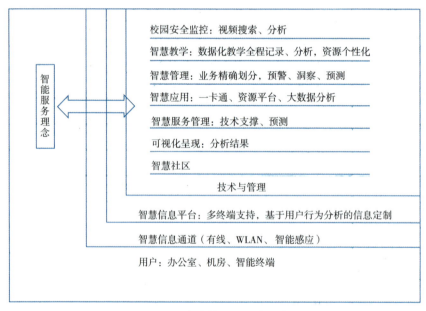

图4-3　以用户为核心的柔性设计模型

此外，在智慧校园设计期间，应针对用户的外在驱动场景，搭建互动性、约束性的管控平台，以辅助教务部门进行校内管理以及对智慧系统进行运维管理，从而提高管理的针对性。

4.2.3　智慧校园技术架构设计

智慧校园技术架构设计指的是学校数据中心与公共服务平台的构建方

式。数据中心与公共服务平台是软件和硬件的结合体，主要包括计算机系统、数据通信连接、环境控制设备、监控设备和各种安全装置以及与计算机连接的硬件设备，此外还包括大量业务软件系统在计算机系统上运行时所产生的数据，主要分为以下三种情况：

一是基于学校机房。学校自建计算机系统机房，所有服务器和应用服务均部署在学校机房中。

二是基于校外公共机房。学校无须自建机房，但需要购置服务器，将服务器和应用服务托管至校外的公共机房中，由外部专业机构负责维护管理。

三是基于云计算数据中心。学校无须自建机房和购置服务器，直接将应用服务部署到专业的、能够提供云计算服务的数据中心。

智慧校园的
总体设计

4.3 智慧校园的建设实施

《高等学校数字校园建设规范（试行）》（教科信函〔2021〕14号）指出，数字校园的建设应基于明确的规划框架和具体内容，进一步细化和明确各业务板块的建设目标和内容，形成具体的建设步骤和项目，进而有计划地开展实施工作。

4.3.1 智慧校园组织机构与队伍建设

20世纪80年代初，信息技术的发展开始纳入国家层面的信息化管理体制机制。在不同的时期，分别成立了计算机与大规模集成电路领导小组、国务院信息化工作领导小组、国家信息化工作领导小组、国家信息化专家咨询委员会等。国家层面的信息化推进工作由信息化领导小组领导，具体工作由信息化工作办公室和国家信息化专家咨询委员会推进、执行，地方政府在此基础上成立了相应的领导和执行机构。图4-4展示了国家信息化组织机构。

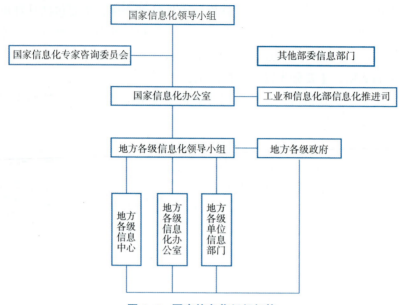

图 4-4　国家信息化组织机构

　　在学校层面，制定信息化发展战略，建立适应发展且相对稳定的信息化管理体制，强化信息化的领导力度，是信息化优化发展的重要前提，也是优质推进智慧校园建设、优化管理的前提。在教育信息化高速发展的今天，各学校基本成立了学校信息化工作领导小组，并设办公室，组长一般由校长或主管信息化工作的副校长担任，办公室主任一般由信息中心（或教育技术中心或网络中心，各校实际情况不完全相同）正职领导担任，组员则包括信息中心、人事、教务、科处、财处等相关部门工作人员，具体工作的协调、执行则由信息中心完成。

　　智慧校园组织机构分为三层，即智慧校园决策机构、智慧校园管理机构，以及智慧校园建设、应用与运维机构（见图 4-5）。智慧校园决策机构负责学校智慧校园的规划与设计，对智慧校园基础设施、智慧应用系统、智慧数字化资源、智慧校园应用、智慧校园管理、智慧校园运维及安全保障等重大事项进行决策；智慧校园管理机构具体承担学校智慧校园建设标准、规范、管理制度等的制定及安全保障工作，并为智慧校园建设、应用和运维机构开展日常工作提供指导、培训与咨询；智慧校园建设、应用与运维机构直接面向最终用户，负责智慧校园建设，推进智慧校园应用，以及智慧校园基础设施和应用系统的日常维护与咨询服务工作。

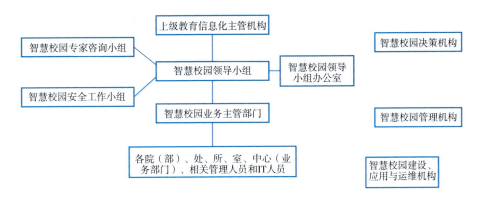

图 4-5　智慧校园组织机构

　　智慧校园组织队伍负责智慧校园的规划与设计、建设实施、管理与维护、应用推广、评估等工作。通过队伍的协调合作、齐心协力，明确信息化队伍成员的服务职责，强化服务意识，提高服务水平，同时引入服务监督机制，有利于智慧校园各项工作的顺利开展，建成符合学校实际情况与发展需求的智慧校园，从而使智慧校园能够为各类用户提供最优质的服务。

4.3.2　智慧校园制度与标准建设

　　智慧校园的建设，首先要完善数据治理机构设置及制度建设。

　　一是成立由学校一把手及其他高层领导组成的数据治理委员会，以促进从上至下系统、全面地数据治理。各部门之间责任分工明晰，制定数据治理的配套管理制度和规范，保证数据治理体系的常态化运行，进而形成数据治理长效机制。

　　二是建立数据安全保障及运维体系，这也是智慧校园正常运作的先决条件。随着智慧校园的建立，各类信息的收集变得更为便利，但集中储存图片、GPS定位、视频等隐私信息也增加了数据泄露的风险。通过分析不同地点、消费和学生的社会信息之间的联系，可以以多层面的方式描绘学生形象，进而危及学生的个人隐私及人身安全。因此，建立完善的安全保障及运维体系迫在眉睫。

　　三是要建立基于"三分技术，七分管理"的安全管理体系。数据的安全保障和运营维护必须以安全管理体系为核心；数据安全管理应当在广大师生的日常活动以及信息交流中贯穿始末。

教育信息化标准可以分为五类：国家教育信息化标准、教育信息化行业标准、地方教育信息化标准、企业教育信息化标准和团体教育信息化标准。2015年3月11日，国务院印发的《深化标准化工作改革方案》，明确将培育和发展"团体标准"作为一项重要的标准化工作改革措施。2015年4月，中国认证认可协会发布《中国认证认可协会团体标准管理办法（试行）》。2016年2月，国家市场监督管理总局、中国国家标准化委员会发布《关于培育和发展团体标准的指导意见》（国质检标联〔2016〕第109号）。随着教育信息化产业的深入发展，以及国家推进实施团体标准战略，教育信息化产业将会迎来越来越多的团体标准，从而有力地推进教育信息化标准化发展。

目前，智慧校园建设标准化已经引起研究者和行业的广泛关注。2014年9月5日，陕西省教育厅、陕西省工业和信息化厅印发《陕西省智慧教育建设技术标准和数据规范》[1]，包含教育综合管理平台建设指导意见、教育基础数据标准、教育基础代码标准、教育基础数据交换规范、数字教育资源标准、教育教学服务平台建设规范、安全管理规范和运行维护管理规范。

全国信息技术标准化技术委员会教育技术分技术委员会暨教育部教育信息化技术标准委员会发布了指导类、学习资源类、学习者类、学习环境类、教育管理信息类、多媒体教学环境类、虚拟实验与学习工具类、电子课本与电子书包类8类标准文库，有力推进教育信息化标准化事业发展。

2012年3月15日，为建立教育信息化标准体系，以保障教育信息化健康有序发展，实现数据互通、资源共享，教育部研究制定了《教育管理信息 教育管理基础代码》《教育管理信息 教育管理基础信息》《教育管理信息 教育行政管理信息》《教育管理信息 普通中小学校管理信息》《教育管理信息 中职学校管理信息》《教育管理信息 高等学校管理信息》《教育管理信息 教育统计信息》7个教育信息化相关标准。

2016年，全国信息技术标准化技术委员会教育技术分技术委员会暨教育部教育信息化技术标准委员会已经立项了7项教育行业标准项目，如表4-1所示[2]。

---

[1]　陕西省教育厅陕西省工业和信息化厅关于印发《陕西省智慧教育建设技术标准和数据规范》的通知［EB/OL］.（2014-09-26）［2024-03-20］. http://www.snedu.gov.cn/news/jiaoyutingwenjian/201409/26/8395.html.

[2]　关于2016年CELTSC第一批教育行业标准立项的通知［EB/OL］.（2016-03-08）［2024-03-20］. http://www.celtsc.edu.cn/content/ywjb/26ef87d94e9981cf015355a5822a4447.html.

表 4-1　2016 年 CELTSC 教育行业标准立项项目

行业标准编号	提案名称	第一起草单位
CELTS-201601	《交互式电子白板教学资源通用文件格式》	中央电化教育馆
CELTS-201602	《交互式电子白板教学功能》	中央电化教育馆
CELTS-201603	《教育信息化指标》	华中师范大学
CELTS-201604	《高等学校智慧校园技术参考模型》	清华大学
CELTS-201605	《智慧教室》	华中师范大学
CELTS-201606	《教育信息化对象标识符分配规范》	中央电教馆
CELTS-201607	《教育信息化支持服务》	华中师范大学

4.3.3　智慧校园项目实施方案制订

智慧校园项目实施方案的制订，包括项目组织分工、项目成本管理、项目进度管理、项目风险管理等方面。

4.3.3.1　项目组织分工

智慧校园项目的实施涉及校内各单位，是一项系统工程，在实施过程中应充分调动校内外各种力量，强化各部门各组织的协调与合作，调动利益相关者积极参与智慧校园项目建设，使这一系统工程最终发挥最大的效益。

智慧校园项目实施需要有健全的组织领导和完善的工作机构，并明确组织分工和工作职责，确保智慧校园项目有组织地推进和落实。智慧校园项目实施机构与队伍具体构成及职能如图 4-6 所示。

4.3.3.2　项目成本管理

项目成本管理是为保证项目的既定目标实现，在规定的时间内对项目的成本进行计划，对实际发生的费用进行控制的过程[1]。

智慧校园项目成本管理是指在智慧校园项目生命周期内，为确保项目能够在预算范围内顺利完成，并使团队能够得到有效成长与激励，而对项目进行的成本规划、估算与预算、控制及成本核算等一系列管理活动。

---

[1]　丁荣贵，赵树宽．项目管理［M］．上海：上海财经大学出版社，2017:194-197.

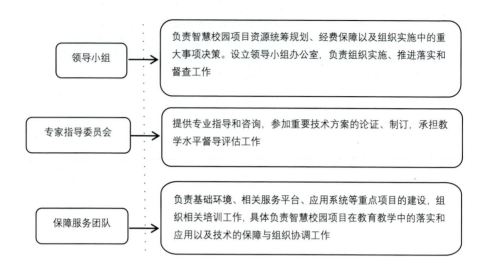

图 4-6 智慧校园项目实施机构与队伍具体构成及职能

（1）项目成本规划。项目成本规划是指为使项目成本管理得以有效实施而制定的管理机制、流程设计以及行为成本估算。这是项目成本管理得以有效开展的重要前提。此阶段设计的成本管理内容、行为与流程，决定了智慧校园项目成本管理的效用和效率。

（2）项目成本估算。项目成本估算是指为实现项目目标，而对所需资源成本进行的近似估算。它是管理者对智慧校园项目进行资源投入决策的重要依据，涉及人力资源调度、招聘规划、研发及采购策略、交付模式等多个方面。

（3）项目成本预算。项目成本预算是指将项目成本依据计划任务进行分类拆解与分摊，输出成本基线。在估算的成本决策下，将决策的成本按阶段、计划任务进行拆解与分摊，得到成本基线，这个基线作为智慧校园项目成本控制的重要依据。

（4）项目成本控制。项目成本控制是从不同的管理维度对项目成本进行阶段性复盘与管理调整，发现成本、进度等的偏差，进而采取有效的解决方案及时止损，保证项目交付符合智慧校园项目预期。

成本控制是考验管理与技巧的环节。如何通过成本复盘与纠偏等直接手段，或通过需求管理、质量管理等间接措施进行全成本的管控，是此阶段的核心工作。这将有助于保障智慧校园项目目标的顺利达成。

（5）项目成本核算。项目成本核算是在项目收尾阶段，对智慧校园项目所发生的成本进行累计计算，结合项目绩效方案，对项目成员进行成本管理奖金激励后，将之与项目合同金额进行比较得出项目利润。同时，对核算的成本投资质量进行评估，来优化后续项目的成本投入质量。

4.3.3.3　项目进度管理

项目进度管理是智慧校园项目管理的核心组成部分。高效的项目进度管理可以保证项目按时完成、提升项目交付产品质量和节约项目工程成本。

智慧校园项目的实施应采取"整体规划、标准引领、项目示范、分步实施"的策略。按照智慧校园项目总体规划统一部署建设流程，制定和实施统一的建设标准、建设计划，制定项目建设模式与验收标准，按照智慧校园项目的具体特点，提出不同的进度要求，最终建成以智慧课堂为核心，课堂、校园一体化的智慧校园项目体系。通过这种方式，可以显著提升学校的教学质量和教育现代化水平。

项目总体实施进度包括三个阶段，如图 4–7 所示。

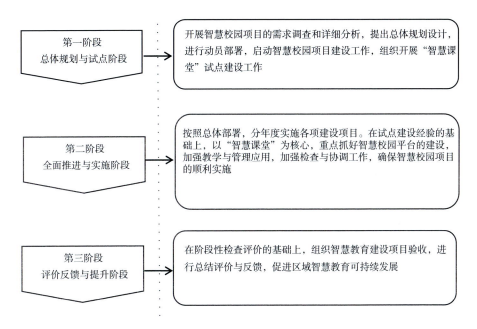

图 4–7　项目总体实施进度

4.3.3.4　项目风险管理

智慧校园项目的风险管理是针对智慧校园项目目标的主动控制，其目的是降低风险并确保项目目标的实现。这是项目顺利实施的重要基础。

参考《信息系统项目管理师教程》一书，项目风险管理涉及的主要过程包括规划风险管理、风险识别、风险评估、风险应对和风险监控。在智慧校园项目实施过程中，应该注重这五个方面的风险管理。

（1）规划风险管理。根据智慧校园项目管理计划、项目章程等，制订详细的计划以实施风险管理，包括确定智慧校园项目风险管理所需的方法、工具、预算及数据来源，明确角色与职责，规定风险分类，准确评估预算风险相关工作的进度。

（2）风险识别。根据智慧校园项目风险管理计划，运用风险识别工具找到风险指标，记录其特征和带来的影响，并整理成风险登记册。风险识别需要自始至终不断循环进行。图4-8展示了智慧校园项目风险识别过程。

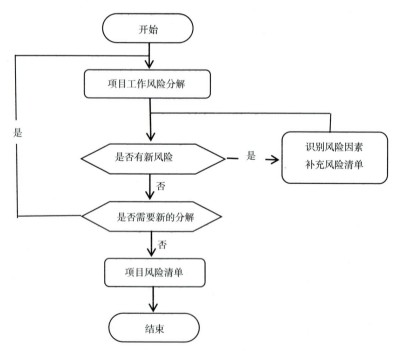

图4-8　智慧校园项目风险识别过程

（3）风险评估。通过对已经识别的智慧校园项目风险登记册进行定性、定量评估，估算风险发生的概率和产生影响的严重程度，并按照高、中、低等级风险划分优先级。

（4）风险应对。根据风险量化评估的排序结果，针对智慧校园项目实施过程中影响较大的风险，提出对应的风险应对措施，以降低不利影响。

（5）风险监控。风险监控是整个智慧校园项目生命周期内不间断的过程。执行风险管理过程和应对计划，对已知风险进行监控，监督残余风险，并识别新的风险，最终评价风险管理工作对风险管理的有效性。本过程旨在提高应对风险的效率，不断优化风险的应对措施。

【延伸阅读】

智慧校园的建设是一项复杂的系统工程。扫码观看微课"智慧校园建设思路"。

智慧校园建设
思路

4.4　智慧校园的运行维护

智慧校园的建设是一项复杂的系统工程，涉及学校所有部门。智慧校园的后期运行维护管理也是一项系统性工作，"三分靠技术，七分靠管理"，为建成性能优良、使用便捷、效果突出、开放兼容的智慧校园，后期的运行维护显得尤为重要。

智慧校园的
规范标准建设

4.4.1　智慧校园运行维护的建设要求

智慧校园的运行维护管理（以下简称"运维管理"）是指针对智慧校园各系统采取相关的管理办法和技术手段，对运行环境和业务系统等进行维护管理，确保智慧校园的稳定运转。

对智慧校园的管理要通过规范化的流程来实现，即要确定管理对象和内容、制定服务时限、划分故障级别及响应时间，并确立规范化流程。

以服务为中心是智慧校园的核心理念，虽然技术非常重要，但用户需求是决定使用哪种技术的首要依据。对智慧校园系统的智慧运维管理，旨在发挥其网络化、智能化、数据化的优势，更好地体现大数据时代信息技术的深层次应用效果，确保智慧校园基础设施、智慧校园环境和各应用系统更好地运行，保证校园中的数据、教学、管理等各项事务取得最佳效果。为使对智慧校园的管理达到"智慧"的效果，应确立规范化的管理流程。

4.4.2 智慧校园运维管理体系建设

智慧校园运维管理体系建设涵盖了建设目标、内容、实施、组织机构、制度流程和工具等方面，旨在实现智慧校园运维管理目标。

4.4.2.1 运维管理体系的建设目标

智慧校园运维管理体系的建设目标是建立运维管理的组织机构，制定科学有序的规章制度和管理流程，实施统一的运行维护规范，应用运维管理工具搭建运维管理平台，保障智慧校园的稳定运转。运维管理体系的建设遵循 ITIL 标准和 ISO 20000 等国际标准。

【延伸阅读】

ITIL（Information Technology Infrastructure Library），即信息技术基础构架库，它是一套被广泛认可的旨在帮助组织有效地管理和提供 IT 服务的实践准则。

ISO 20000 是国际标准化组织（ISO）制定的一项关于信息技术服务管理系统（ITSM）的标准，旨在帮助组织提升其 IT 服务管理的能力和效率，以满足客户的需求和期望。

4.4.2.2 运维管理体系的内容

智慧校园的运维管理体系内容包括运维管理的对象、组织结构、规章制度、管理流程、工具等。运维管理的对象主要包括基础设施和应用支撑环境。这些基础设施和应用支撑环境包括链路管理、机房及配线间管理、网络管理、服务器管理、应用系统软件运行环境管理、多媒体或智慧教室管理、多功能会议室管理、安防监控管理、数字广播和数字电视台管理等。

4.4.2.3 运维管理的实施

智慧校园的运维管理应明确管理对象，针对不同对象设定不同目标，并设立相应的组织机构和人员。同时，需要制定相关的规章制度，并针对运维管理的各环节工作制定标准的管理流程。此外，还应采用多种运维管理工具搭建运维管理平台。

4.4.2.4 运维管理的组织机构

智慧校园运维管理的组织机构分为信息主管部门、业务部门和第三方服务商。

信息主管部门应设立网络运维管理人员、信息系统运维管理人员和数据中心运维管理人员。业务部门应设立专职或兼职的网络管理员和应用系统管理员。第三方服务商包括设备厂商、业务系统提供商和运维服务商。

4.4.2.5 运维管理的制度和流程

智慧校园运维管理的制度包括 IT 资产管理制度、网络管理制度、机房及配线间管理制度、知识管理制度和应用软件管理制度等。

智慧校园运维管理流程包括服务台流程、资产及资源管理流程、知识管理流程，以及故障和事件处理流程等。

4.4.2.6 运维管理工具

智慧校园运维管理工具是指为达到运维管理的目标，促进运维管理的规范化、流程化，提升运维管理的效率，针对运维管理的各项内容所采用的支撑工具，包括服务平台，以及具有 IT 资产管理、IT 项目管理、IT 运行管理、IT 流程或调度管理、IT 系统优化和决策支持等功能的软件系统工具。

智慧校园的
运行维护

【延伸阅读】

扫码观看微课"智慧校园中职学校建设案例"，结合具体案例进一步掌握智慧校园建设的相关情况。

智慧校园中职
学校建设案例

4.5 智慧校园的评价改进

对智慧校园的评价，即判定智慧校园的建设水平，发现智慧校园建设和发展中存在的问题，并给出改进方案。

4.5.1 智慧校园评价流程

　　智慧校园评价是智慧校园建设过程中的一个重要环节。其业务流程如图4-9所示。一般情况下，首先需要组建智慧校园评价小组，评价小组明确评价定位、确定评价的基本原则、确定评价内容，进而构建智慧校园评价指标体系，选择适当的评价方法，并实施智慧校园评价。如果评价指标体系存在问题，则需要修改并重新进行评价。若评价指标体系良好，则分析汇总评价数据，撰写智慧校园评价报告。

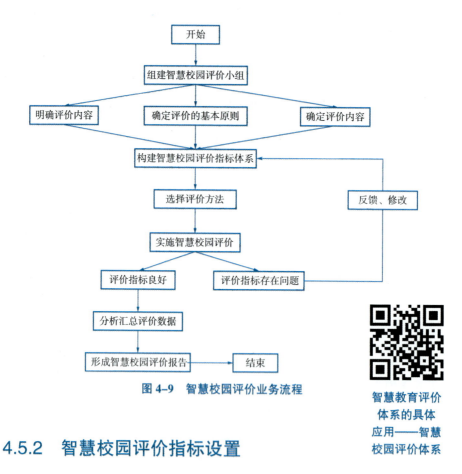

图4-9　智慧校园评价业务流程

智慧教育评价
体系的具体
应用——智慧
校园评价体系

4.5.2 智慧校园评价指标设置

　　现阶段，我国各级行政部门和学校已经开始逐步制定并发布智慧校园建设的标准和评价指标体系。

　　江苏省分别在 2015 年和 2018 年发布了《江苏省职业学校智慧校园建设评价指标体系（2015 版）》和《江苏省职业学校智慧校园建设评价指标体系（2018 版）》。2018 版是在 2015 版的基础上进行精简，将评价项目分为师生发展、应用服务、数字资源、基础设施、组织保障五个部分。评价指标共分为 28 个大类和 80 个小项，评价总分为 300 分。

　　2016 年，广州市发布了《广州市中小学（中等职业学校）智慧校园建设与应用标准体系（试行）》。其中，中等职业学校的智慧校园建设与应用标准体系分为机制与保障、智慧校园基础支撑环境、智慧教育应用能力、智慧型队伍建设和示范与辐射 5 个一级指标，以及基础设施、应用系统及数字资源、教学及科研应用等 15 个二级指标。

　　2020 年 1 月，浙江省发布了《浙江省高校智慧校园建设评价指标体系（试行）》[①]，该指标采用三级指标制，以定性导向为主，坚持定性与定量相结合，注重应用绩效，包括治理体系、智慧环境、智慧教学、网络安全、特色与创新等 5 个一级指标、19 个二级指标、61 个三级指标和 82 个观测点，总分值 1 000 分。

　　可以看出，各个省、市由于信息化水平和资金投入情况不一，制定的智慧校园评价指标体系也各不相同。在职业教育领域，考虑到不同层级的职业学校发展不均衡，高等职业学校和中等职业学校的数字校园评价指标需分开设置。

　　以武汉市中职学校智慧校园建设评价指标体系为例，该指标体系由一级指标、二级指标及其观测点、评价方法构成，总分值 200 分。一级指标、二级指标具体包括：师生发展（学生发展、教师发展、校长信息化领导力，30 分）、基础设施与支撑平台层建设（数据中心机房、数据库与服务器、网络通信系统、感知系统与物联网设施、各智慧化应用专属基础设施、应用服务集成与校园大数据中心，25 分）、智慧教学环境建设（多媒体教室与智慧教室，教学资源共享、网络教学与专业建设服务，实习实训教学服务平台，远程职业培训服务平台，25 分）、智慧教学资源建设（资源建设规划、通用基础资源、仿真实训资源，20 分）、智慧校园管理建设（决策支持应用服务、教学管理服务、学生管理服务、教科研管理服务、人力资

---

① 浙江省高校智慧校园建设评价指标体系（试行）［EB/OL］.［2024–03–20］. https://custompages.websaas.cn/zjedu.gov.cn/421.html.

源管理服务、办公自动化服务与学校后勤服务、校企合作服务，32 分）、
智慧校园服务建设（校园一卡通、智慧图书馆、校园社区服务、数字化场
馆服务、数字通信服务、数字安防服务，20 分）、智慧校园应用终端（8 分）、
智慧校园保障体系建设（信息化组织机构与人力资源，信息化建设政策、
规范与机制，信息化项目实施与运维管理，信息化安全保障体系，20 分），
以及特色与创新（20 分）。详细内容及分值分配请参见附录中的附件 3 和
附件 4。

4.5.3　智慧校园诊改措施

通过诊断改进（以下简称"诊改"），智慧校园建设可以不断优化和
提升，不断适应教育教学的变革和需求，实现更高水平的教育管理和服务。
只有不断改进，智慧校园才能更好地发挥作用。具体来说，智慧校园的诊
改措施包括以下几个方面：

4.5.3.1　构建配套信息化平台，提高诊改运行效率

学校可以减少以往利用人工进行评价和监控的方式，提高工作效率，
利用现代信息技术实现高效的诊改，利用现代信息技术以及大数据构建诊
改平台，实现有效诊改，促进智慧校园的构建。

在诊改过程中，要尽量避免出现内部人控制的现象，即要防止管理者
权力过大，影响整个诊改过程的进行，最终导致诊改结果不到位，难以实
现原定目标。通俗来说，就是避免一个人既当裁判员又当运动员。

在推进诊改过程中，需要制定诊改目标及标准等，但由于制定者是学
校，最终的衡量者也是学校，这可能导致最终结果具有一定的片面性。因此，
通过信息化平台的构建，直接对数据进行分析，可以更加直观地揭示其中
的问题，从而促进智慧校园的建设[①]。

4.5.3.2　注重开发平台数据，促进智慧校园建设

（1）线上诊断与线下诊断并行。诊改工作非常繁杂，需要投入大量
的人力和精力。因此，在诊改过程中，应注重利用信息技术进行辅助，将
可以量化完成的任务交给计算机处理，既可以节约时间，又能够减少失误，
提高诊改效率。

---

① 朱媛媛.高职院校数学课程诊改的探索与实践：以长江工程职业技术学院为例［J］.武
汉船舶职业技术学院学报，2019，18（3）：58-60，75.

因此，在构建智慧校园的过程中，应重视数据平台的建设。通过将烦琐的基础性数据分析工作交给数据平台处理，加上线上与线下的配合，尽可能提高诊改效率，推动学校的发展。

（2）状态数据与诊改数据并轨。在发展过程中，各个学校已经形成了一套具有自身特色的数据采集和管理方式。采集的数据具有较强的基础性和代表性，能够得到众多高职学校的认可。因此，在进行诊改时，首先要收集学校的基础状态数据，以避免后续诊改数据收集时出现重复的情况。同时，在此过程中还可以将诊改数据与学校原有的状态数据进行整合。

（3）过程诊断与结果诊断并用。在进行智慧校园建设时，教师需要注重诊改的过程和最终的诊改结果，将两者相结合，以充分发现当前存在的问题，并促进学校的发展。在诊改过程中收集的数据并非一种单纯的静态数据，会随着学校的发展而发生变化。因此，要注重整个过程中发生的变化，了解这些变化给学校发展带来的影响，并采取相应措施促进校园的发展。

4.5.3.3　塑造平台运行逻辑，构建智慧校园

在诊改过程中，数据是非常重要的部分。这些数据是根据智慧校园的各项业务收集和积累下来的，因此在收集过程中要确保数据的真实性、准确性和完整性。为了更好地满足诊改的要求，我们需要在完善智慧校园的业务系统上下功夫。

通过数据平台可以将学校的发展转化为可视的信息，从而发现发展中的不足，并认识到构建智慧校园过程中存在的问题。依托学校的线上线下平台，可为智慧校园的建设打下坚实的基础。

【延伸阅读】

智慧校园评价与反馈对于促进智慧校园的发展具有重要的作用。扫码观看微课"智慧校园的评价方法"。

智慧校园的
评价方法

本章小结

本章对智慧校园的建设流程基本内容进行了论述。智慧校园的实施过程分为整体规划、总体设计、建设实施、运行维护、评价改进五个阶段。在每个阶段的实施过程中，都应进行效果评价，并将实施效果及时反馈给各个阶段以便随时加以改进。我们需要熟悉智慧校园的每个建设流程及要完成的任务、采用的具体模式和方法，高度重视评价与反馈的重要性，并能够正确解读智慧校园评价指标体系。

关键词

整体规划、总体设计、应用模型设计、技术架构设计、建设实施、运行维护、评价指标、诊改措施

思考与练习

1. 智慧校园建设的具体内容有哪些？
2. 智慧校园建设的战略措施应主要集中在哪几个方面？
3. 智慧校园的总体设计原则包括哪五个方面？
4. 智慧校园组织机构分为哪三层？它们的职责分别是什么？
5. 智慧校园运维管理体系的建设目标是什么？它是如何实现的？
6. 智慧校园评价的业务流程是怎样的？
7. 智慧校园的诊改措施包括哪几个方面？

5
智慧校园的实践探索与发展展望

学习目标

知识目标
➢ 通过典型案例的分析，了解中职学校智慧校园的建设现状；
➢ 通过典型案例的分析，了解高职院校智慧校园的建设现状；
➢ 通过典型案例的分析，了解应用型本科院校智慧校园的建设现状；
➢ 熟悉智慧校园是如何赋能学校高质量发展的；
➢ 掌握智慧校园未来发展的主要趋势。

能力目标
➢ 通过典型案例的学习，可自主规划设计中职学校智慧校园；
➢ 通过典型案例的学习，可自主规划设计高职院校智慧校园；
➢ 通过典型案例的学习，可自主规划设计应用型本科院校智慧校园。

素质目标
➢ 具有不断开拓中职学校智慧教育领域的能力，能够为学生提供多元、交互、共享、个性化的学习空间；
➢ 具有优化、完善高职院校智慧校园规划设计的水平；
➢ 能够用系统思维和发展眼光去构建应用型本科院校智慧校园。

问题导入

　　智慧教育的开展尚处于初期建设阶段，国内对于智慧教育领域的研究与应用仍处于探索阶段。现代信息技术作为推动教育变革的重要手段，容易引发人们对智慧教育本质内涵产生理解性偏差，片面地从技术层面进行解读，而忽视教育本质。未来智慧教育需要正确看待现代信息技术的发展在开展智慧教育中的作用，从技术本位走向以人为本，人机协同发展。智慧教育让教学模式逐渐多元化、智能化，但当下的教学模式还主要停留在智能化的展示层面，并未基于学生的角度对教学计划进行整体性思考。未来智慧教育需要探索新的教学模式，需要关注学生的差异化需求。未来智慧教育仍需致力于提高教育质量，打破校内外的学习壁垒，从而激发全民学习的动力。所以，在打造智能化的范围上，要注重智慧城市的建设，打造开放的学习空间，促进正式学习和非正式学习的深度融合，形成真正的学习型社会，让人人都享有受教育的权利。

5.1　智慧校园的实践探索

5.1.1　中职学校典型案例——智能技术助推中职学校数字化转型

　　根据《教育信息化"十三五"规划》和《教育信息化2.0行动计划》的要求，推动落实《职业院校数字校园建设规范》，对推进我国中等职业教育领域建设数字校园提出了实现混合教学、泛在学习、个性化学习、精细化管理和智能化服务的要求。上海市杨浦职业技术学校作为上海市教育信息化建设与应用的标杆培育校，其数字化校园信息服务平台的建设是贴近上述要求的有效载体之一，它能从物理环境维度感知与识别校园师生的学习场景与管理场景，提供无缝互通的网络通信，并能有效支持校园信息管理，支持教学分析、评价和智能决策，为师生提供可共享的教育教学环境和便利的信息服务。

5.1.1.1　总体规划

　　上海市杨浦职业技术学校围绕"四个基础"建设、"三个空间"服务、

"一个中心"分析三大建设任务，重构教育数据服务基础架构，将人工智能、大数据、物联网、虚拟现实等信息技术更有效地运用于教育教学管理，全面提升学校智慧管理效能；将校园信息化建设与职业教育管理特点相契合作为原则，通过信息技术与应用场景的深度融合，从学生、教师、管理者三个层面搭建多维度数字化应用场景，实现校内业务一网通办，打造网络学习空间，赋能学生素养提升，多维度记录学生成长，呈现可视化数据，形成智能化、个性化、终身化的教育服务体系。

5.1.1.2　前期数字化学校建设不足的分析

（1）用户获取信息多在 PC 端，高频场景交互性不强。在前期数字校园建设中，学校虽在综合布线、硬件设施设备改造等方面进行了重点建设，但用户交互体验仍不够理想。从信息载体的角度来看，数字校园的主要承载端是 PC 端，而移动客户端的灵活、交互特点并不显著。从信息交互角度看，现有的教学平台处于"被动"使用状态，教师通常只是因为教务管理的需要才使用平台上传教学文件。平台更多地作为督导检查的一种手段，忽略了教师对教学本质的诉求。

（2）传统管理模式信息割裂，数字校园信息共享度不高。现有的数字校园存在"信息孤岛"①，各平台系统数据不能即时同步共享等问题限制了学校各部门间的信息互通与协作管理。缺乏校园信息集中展示平台和个性化信息服务，师生使用信息服务的体验不佳。缺乏对学生在校学习成长的多维度数据的获取途径，难以实现对学生成长过程的系统性分析。

（3）课程资源建设以静态呈现为主，与信息技术的融合度不高。学校已建的精品课程平台以静态展示的方式呈现相关课程资源，主要供专家评审使用或作为学校内涵建设的一种成果性展示。所建的课程资源未被教学实践充分利用，缺乏高效便利的信息技术手段来整合课程资源。

5.1.1.3　升级智慧校园建设路径

（1）集约化、智慧化校园管理模式——"四个基础"建设。

第一，运用无感知识别手段，快速广泛采集数据。学校在校园各处部署不同类型的无感知数据采集终端（如图 5-1 所示）。这些终端包括无感知摄像头、出入口（校门、宿舍大门等）通行闸机、电子班牌、"刷脸"

---

① 林页.中职学校数字校园建设探究［D］.福州：福建师范大学，2016.

用餐终端、图书漂流柜、各种自助借还工具柜和图书终端等。将数据采集的基本方式由原先的人工干预、被动采集改为系统自动抓取采集模式，不仅降低了传统数据采集的人力成本，还大幅提升了数据采集的广度、速度和数量，给予学校的决策管理以足够的数据支撑和保障。此外，学校由多个校区组成，部署在各个校区的终端所采集到的数据也突破了校区间的地域限制，形成了集约化、智慧化的校园管理模式，并使"一脸通办"成为可能。

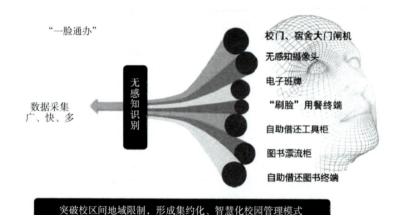

图 5-1　无感数据采集

第二，借助智慧物联技术，实时远程集中管理实训中心的环境与能源。针对学校实训大楼复杂、多样化的实训场地和设施设备，整体进行智能环境和能源监测，实时监控温度、湿度、亮度、电量等各项指标。利用物联网技术对灯、空调、教学一体机等设备实现远程集中管理，并可通过"智慧物联"看板（如图 5-2 所示）实时查看设备运行情况，提高设备管理能效，节约能耗，管控用电，保障教学实训安全。

第三，重点保障网络安全，为学校网络信息安全保驾护航。加强重要网站的安全防御、重要信息系统的安全加固、边界网络安全加固，以及内网安全感知平台建设，构建信息安全防护系统。实现重要系统重点防御、重要时期网站监测、重要人群重点感知。结合网络安全相关政策及学校信息化建设成果，构建信息安全防护体系，为全校网络信息安全保驾护航。

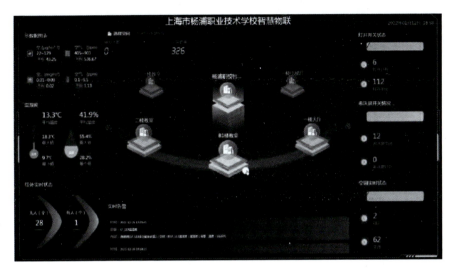

图 5-2 "智慧物联"看板

第四，聚焦校园开放融合，系统集成消除"数据孤岛"，提供一站式服务。为实现校园内部各系统平台的信息共享，需使用标准模块，统一数据标准，将各系统内的数据进行集成整合，实现数据共享（如图 5-3 所示），并根据用户角色设置访问权限，提供个性化的信息服务。这种集成化的数据系统能加强数据治理，消除"数据孤岛"，并可通过丰富多样的业务应用，优化用户体验，实现一站式服务。

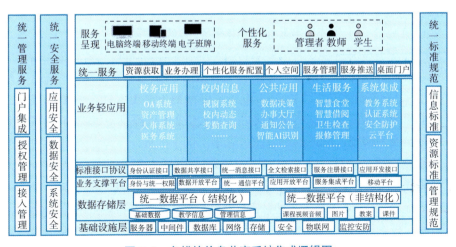

图 5-3 各模块信息共享系统集成逻辑图

（2）"虚实连通、三位一体"智慧校园空间服务体系——"三个空间"服务。

第一，拓展学生学习与自主管理空间。建设在线课程学习平台，打造学校精品课程和网络课程主阵地，以满足学生随时随地的学习需求。运用移动客户端，实现学生的跨专业、跨校区学习，记录学习全过程。在2020年新冠疫情下"停课不停教、停课不停学"时期，学习平台共在线运行214门课程，平台访问量达到666万人次。恢复线下教学之后，截至2021年底，学习平台日常在线运行26门课程，其中21门为本校教师自建课程，自建课程访问量达1.8万人次。学校在线课程学习平台使用情况如图5-4所示。

图5-4 在线课程学习平台使用情况

学校引入物联网技术，建设电子阅览室，跨校区部署图书漂流柜（共4个），定制开发微信小程序、电子班牌和网上办事大厅中的图书查询、图书预约功能模块。这些举措突破了多校区的空间限制，实现了图书线上预约、线下跨校区借还的智慧图书管理，图5-5展示了学校智慧图书管理业务流程情况。目前，学校图书馆所藏的11万余册图书中，已有33 600多册线上开放给师生预约借阅，图书漂流柜部署线下流转图书504册，提供线上电子书14 000册，共计48 000多册的实体书和电子书流通供师生借阅，极大地提升了借阅便利性和阅读体验，与建设之前相比，学生借阅量至少增长了80%。

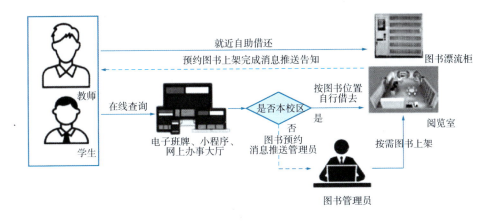

图书借阅：突破空间限制、实现跨校区借阅

图 5-5　智慧图书管理业务流程

　　学校开发了多款学生自主管理的小程序及电子班牌应用，如教室检查、两操检查、值勤检查、黑板报检查等，以鼓励学生成为班级管理的主人，做好老师的小帮手。学生的学习阅读及各项自主管理活动的情况均纳入学校数据中心的基础数据范围并对其加以分析，便于学校更好地了解学生的学习情况和个人发展，从而为他们提供更合适的教育服务。

　　第二，优化教师教育教学空间。教师可在课程平台上建课、备课、授课，进行教学互动和交流研讨，实现课程资源的共建共享；专业实训课上，师生可通过移动客户端或 PC 端在远程教学系统中体验多方实时教学互动，可邀请企业专家进入在线课堂对学生的技能训练进行实时点评，丰富教学组织形式；教师可在学生成长平台上记录学生成长全过程，包括志愿服务、社会实践、劳动教育、社团活动、竞赛获奖等各类活动记录。通过数据中心分析，以"一生一档"的形式呈现学生的成长轨迹。

　　第三，重构校园管理空间。整合学校"智慧校园"管理平台的 PC 端应用和微信小程序应用，通过一网通办实现数据的互通互联。自 2021 年 9 月系统上线试运转至今，共计 124 个信息化应用上线，累计使用量 5 万余人次。

283

（3）智能化、个性化的运作管理——"一个中心"分析。学校通过数据中心建设，提升了原有数据开放平台的功能，制定统一数据标准和数据接口，全面采集梳理各平台系统中学生学习、阅读、活动、竞赛、监测等多维度数据，从德智体美劳五个方面量化、汇总学生在校情况并进行分析，形成"五育并举"的学生成长轨迹，持续推进"德艺专融合"的特色育人品牌建设。学校各业务系统的数据通过数据中心校园"驾驶舱"的各类看板实现可视化呈现（如图5-6所示）。校园驾驶舱提供校园运行、学生成长、图书借阅、师资结构、招生就业、固定资产等各类看板，以直观、简洁、高效的方式辅助学校管理层作出精准决策。

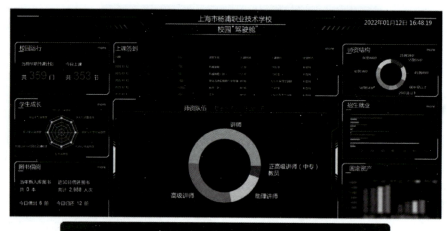

图 5-6　数据中心——校园"驾驶舱"看板

学校依托数据中心，针对不同用户角色和权限定制移动应用互动消息推送，推送内容涵盖考勤、选餐、宿舍管理、图书预约、上课签到等多个业务系统范畴，充分展现智慧校园管理的智能化、个性化和即时性。

5.1.1.4　特色成果分析——虚拟仿真技术在汽车专业实训课中的应用

为解决汽车车身修复专业传统焊接实训课中操作风险高、耗时长、耗材多的问题，通过校企合作，学校在汽车钣金工艺课程中引入虚拟仿真焊接技术。运用VR模拟焊机将虚拟工作场景带入课堂，教师使用VR模拟焊机授课（如图5-7所示），避免焊接时火花飞溅，降低实训风险。运用信息技术手段创新技能训练方法，帮助学生克服紧张心理，有效组织焊接实操模拟训练，缩短焊接技能固化时间，提高实训安全和效率[①]。

图 5-7　教师使用 VR 模拟焊机授课

　　学生进行焊接练习时，借助 VR 模拟焊机训练焊机参数设置、焊接角度把握、焊枪速度控制等基本操作技能（如图 5-8 所示）。通过虚拟仿真技术，让学生练习气体保护焊的各种焊接方法，真正实现人人参与、精准纠错、反复训练。实训课上生均训练 20 次以上，有效缩短焊接正确姿势的定型时间，让学生做到"会焊"，为后续的真机实训打好基础。

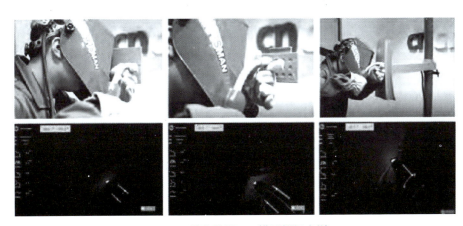

图 5-8　学生使用 VR 模拟焊机实训

①　朱雪吟. 智能技术助推中职学校数字化转型探索：以上海市杨浦职业技术学校教育信息化应用标杆培育校建设成果为例［J］. 教育传播与技术，2022（12）.

在数字化转型过程中，学校进一步探索并优化管理模式、教学模式和服务模式，构建数字化转型的育人体系，为师生提供多元、交互、共享和个性化的多维空间，赋能学生终身发展。

5.1.2 高职学院典型案例——现代信息技术助推高职学院高质量发展

随着网络、虚拟现实、物联网、人工智能、大数据等各类新兴技术的发展，数字化、智能化已渗透到了高职院校的课堂教学、师生管理、实习实训、校园生活和社区服务等各方面。新疆建设职业技术学院按照教育部颁布的《职业院校数字校园规范》和《智慧校园总体框架（GB/T 36342—2018）》等标准，把教育信息化的创新应用视为改革与提升职业教育办学水平的重要基石和战略基础，着力提升对智能校园的管理水平，实现信息融合教学、泛在学习、个性化学习、精细化服务等智能管理目标。

5.1.2.1 总体规划

学院遵循"顶层设计、整体规划、以点带面、统一标准、数据共享"的建设理念，充分利用物联网、AI、大数据分析等现代信息技术，以数字教学资源、信息交换平台和应用系统建设为重点，以信息化队伍建设和管理体制机制为保障，全面建成绿色高效、服务便捷、科学决策的智能化校园综合服务环境，促进职业教育步入高质量发展的轨道。学院智慧校园总体框架如图 5-9 所示。

5.1.2.2 学院数字校园建设现状

（1）网络基础设施建设有待加强。学院已于 2020 年基本完成了数字校园的基础设施建设，通过有线和无线技术，建成千兆核心、千兆主干、百兆到桌面、三个校区网络互联的数字校园网。建立了一个网络中心机房，采用华为 7706 核心交换机和 25 台 S2700 汇聚交换机，拥有有线信息点 1 000 多个；在服务器集群方面，部署了高性能的联想和华为服务器共 12 台；建立了数字高清视频监控系统，共安装 1 233 个高清数字摄像头，基本覆盖了学院所有的教学实训场所、室外场地、内部道路、学生宿舍、餐饮服务中心等区域；建立了一个维稳指挥中心和一个电子督学中心，分别用于学院安全维稳和教学质量监督；存储容量达 3 196 TB，用于存储学院现有的视频数据和信息系统运行数据。

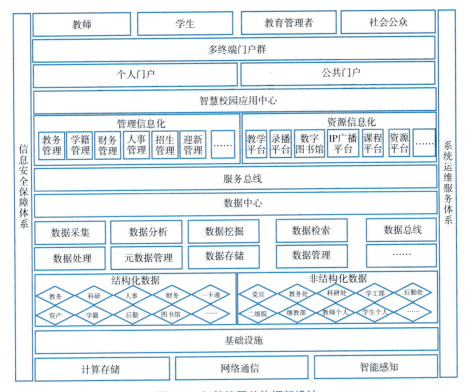

图 5-9　智慧校园总体框架设计

（2）应用系统功能有待强化。学院现已建成并使用的应用系统主要有网站群系统、办公 OA 系统、教务管理系统、财务管理系统、学籍管理系统等，为实现学院办公、教学、科研、学工、人事、后勤、继续教育培训工作的网络化、数字化，需要分阶段建设一批信息互通的应用系统。

（3）教学资源严重不足。目前学院投入使用的数字教学资源仅有部分线上精品课程和建筑类职业教育培训视频课程，尚不能满足在校学生自主学习和社会在职人员远程教育教学的需求。一是亟需建设通用性教学资源库和数字图书馆资源；二是网上教学、可视点播、在线交流等方面的速度和共享资源受限；三是多媒体教学设施未能实现全覆盖。

（4）网络信息安全体系存在漏洞。虽然学院网络安全设备已经达到了网络安全等级保护制度 2.0 国家标准，但是网络信息安全工作有待进一步加强。现有的安全队伍体系与安全管理体系模式需要进行调整，网络信息安全保障体系建设要从被动防御转变为主动防御，还需进一步完善安全测评工作。

（5）缺乏统一的规范标准。学院现有三个校区基本实现了有线网络的互联互通，但还有许多配套工作尚未完成。一是由于前期应用体系构建缺少顶层规划，因此应用体系功能分散，教务系统和学工系统数据流转没有打通；二是随着云端应用和线上资源的增多，学院智慧校园尚缺乏有效的组织和管理，亟需按规范标准对应用系统进行完善和集成整合。

5.1.2.3　学院智慧校园升级建设

（1）应用服务群建设。在学院已经建成使用的应用系统基础上，需要进一步构建校园应用服务内部生态，打造统一信息发布平台、智慧教学应用服务群、党政工作应用服务群、学生发展应用服务群、师资发展应用服务群、科研工作应用服务群、智慧后勤应用服务群。以统一的管理平台为支撑，面向全体师生提供涵盖教学、学工、科研、人事、后勤、生活等多个方面的"微服务"应用，同时为学院管理层提供辅助决策分析的依据。通过统一的门户、统一的身份认证和数据共享平台，为师生提供一站式服务，杜绝信息孤岛。学院教师信息门户平台如图 5-10 所示。

图 5-10　学院教师信息门户平台

（2）升级信息化教学环境。

第一，优化网络基础设施。学院已建成千兆核心、千兆主干、百兆到桌面、三个校区网络互联的数字校园网。随着智慧校园时代的到来以及未来 5G 和多种物联网组网的引入，校园将出现"多网"并存的局面。在硬件建设方面，校园网需要进一步升级改造，借助和中国移动的校企合作，改建主干网络，实现万兆互联、校园内千兆到桌面的高速网络，同时实现校园 WLAN 覆盖教学区和生活区，为实现智慧学习、精细化管理和智能化服务提供便捷的通道。

第二，智慧教室建设。智慧教室是通过物联网技术集智能教学、师生考勤、资产管理、室内环境智能调控、视频监测和远程管理于一体的全新现代化智能课堂体系，是促进学校现代化建设的重要组成部分。智慧教室场景如图 5-11 所示。

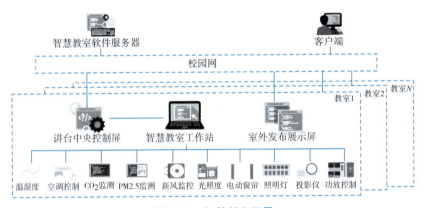

图 5-11　智慧教室场景

学院大多数教室都配置了多媒体触摸屏教学黑板一体机、数字高清摄像头、信息节点等设备，以建立支撑探究式课堂教学、混合式课堂教学、翻转课堂教学等全新模式的课堂环境，并提倡以学习者为中心的人性化教学方式，将以互联网技术为依托改造部分教室，实现教室环境的智能化。

智慧教室的建设包含智能教学系统、智能运维管理系统、综合视讯管理系统、室内环境的构建，以及其他相应配套设施的配备。智慧教室可以全方位监测课堂状态，实现环境数据采集、设备运行控制；通过生动的可视化图形信息展示，方便教学管理人员决策分析、日常监测、督导巡查等操作的进行，实现课堂教学管理自动化。

第三，虚拟仿真体验中心建设。学院正在建设建筑工程虚拟仿真实验室，利用虚拟仿真技术应用重建各种实验场景及数据分析，有效提高实验效率及准确性。为了进一步促进文化润疆工程和思政教育融入教材、走进课堂、深入头脑，学院将分期建设虚拟仿真体验教学中心，发挥互联网在远程虚拟协作上的优势，将虚拟仿真技术与思政课和中华优秀传统文化相融合，以促进校园思想政治教育工作和文化润疆工作的开展。

（3）加快数字资源建设。

第一，通用性基础资源建设。学院针对行业特点和专业特色自建了部分校本教学资源，如精品网络开放课程等教学资源库，但上述专业教学资源已经无法适应高质量发展的教学需要。"十四五"期间，学院将进一步投放资金以自建资源为主，采购、引进通用性基础教学资源为辅，建成统一的数字资源库，包括公共类课程试题库、多媒体教学视频及素材、课程案例库、网络课堂资源等。

第二，数字图书馆建设。学院计划建设分层次、多样化、专业化、个性化的元数据信息资源公共服务网络平台。在形成了大量分布式资源库群的基础上，对目前已有的各种数据信息资源进行合理的组织、整合、深入发掘，并开展元数据汇集和系统查询。通过多种方式引入电子期刊、文献资料、电子图书、中华优秀传统文化影视欣赏等不同的数字化资源，在建设过程中将与行业和院校图书馆进行合作，共建共享数字图书馆资源。

第三，"互联网＋建筑云服务"平台建设。为了助力乡村振兴，自治区决定在南疆实施劳动力转移计划，计划三年内培养二十万名建筑工人。为此，学院发挥自身行业优势，搭建了"互联网＋建筑云服务"平台。该平台主要为继续教育学院的招生、考试，以及住建行业的各类培训（如八大员、注册类培训）提供服务，同时也为住建行业南疆乡村振兴提供远程面对面交流平台，以及师资共享、技术支持等服务。建筑云服务平台如图5-12所示。

第四，"互联网＋创业创客云"平台建设。学院计划建设创新创业公共服务云平台。该平台是一个基于学校、社区、师生三方的社会化服务平台，旨在充分发挥学院在建设领域内完整产业链的学科资源优势，综合聚集校内外的各路能工巧匠和创新创业人才资源，带动学院创新创业公共服务链条上的企业公司、社会服务组织、职业院校、产业管理部门、专家学者等各要素进行聚合，并借助"互联网+"的形式，将线上平台服务与线下业务有机地结合，构建"平台+数据+应用+服务"的创新创业生态体系。

图 5-12　建筑云服务平台

（4）推进校园数据中心平台建设。规划建设基于智慧校园云的数据中心应用平台，为学院各业务应用系统提供基础数据交换、综合业务处理和统一身份验证服务，实现数据互联互通，为智慧校园提供高效保障。数据中心应用平台如图 5-13 所示。

该平台以教职工和校内学生为主要服务对象，并按照学院要求设置了包括教学、学工、人事、财务、产学研、后勤服务等领域的子系统。各子系统均安装在学院数据中心应用平台上，提供统一的登录入口、安全验证和资源共享。该平台提供教职工与学生的状态信息自动收集、大数据分析服务，消除信息障碍，避免信息重复收集，为学院内部保证体系诊改和智能管理决策提供平台支撑。

（5）完善规范体系建设。结合"十四五"建设需求，完善学院智慧校园技术基础规范，制定术语、信息编码、信息采集与交换格式、网络和基础设施、信息安全和其他教育公共服务共性技术标准，提高平台、应用间互联互通能力。

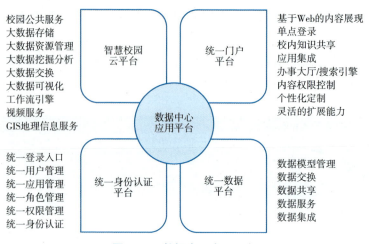

图 5-13　数据中心应用平台

制定教育大数据采集和应用规范，为实现跨系统的数据共享、数据服务奠定标准基础。

完善智慧校园教学资源规范，建立在线课程、课程体系、教学设计、在线实验和实训、在线考试的标准化信息模型，实现统一的、规范化的描述。

面向教育教学环境建设，如智慧教室、智慧实训空间、创客空间等环境建设，制定各类教育环境、工具和系统的相关功能规范，接口规范，以及格式规范等。

建立校园管理信息化规范，面向校园管理信息化的需求，制定有关未来信息化管理应用的服务能力、数据规范、接口规范、服务扩展等方面的相关标准与规范。

制定智慧校园中心建设规范，包括校园数据中心建设标准和校园服务中心建设标准。

进一步完善学院网络安全队伍，组织和落实校园网络安全相关工作。规范校园互联网与安全系统，健全互联网安全紧急响应机制。制订安全技术保护方案，按规定配备网络安全保护设施与软件，增强风险隐患的监测预警与突发事件的应对能力。建立统一身份认证和信息安全认证应用，打造一个可信的校园网络环境。

5.1.2.4 成果总结

学院积极运用物联网、人工智能、大数据等新技术优化校园各项业务与服务升级，提升行政管理人员和服务人员的信息素养，强化数据治理及数据资产体系建设，实现大数据平台的科学决策和精细化管理。

智慧校园建设要实现以下六个方面的数字化：

（1）校园环境数字化。对校园网进行升级改造，构建三个校区高速稳定、安全可靠、互联互通的有线网络和校园 WLAN。在此基础上，建立 IDC 数据中心和统一身份认证系统、综合信息服务门户网站以及集成各应用系统的大数据平台、数字图书馆、新媒体中心等，为实现绿色智能的建院环境打下坚实的基础。

（2）教学过程数字化。构建全日制职业教育、成人继续教育和社会人员培训等在内的综合教学管理的数字化环境。通过构建数字课程资源库与智能课堂，研发网络精品在线开放课程，构建远程教育云课堂系统，集成 MOOC（慕课）学习和翻转课堂，实现线上线下混合式教学，改变教学方法、手段和途径，提升教学质量和效益。

（3）管理手段数字化。建立涵盖整个管理工作过程的、高度协同的信息系统，通过校园管理信息的高度同步和资源共享，畅通了学院的管理工作信息化建设，涵盖了教务、学工、人力资源、财务、科研、后勤等多种高校管理信息系统，实现了办公自动化和学院管理工作的智能化、科学化、细致化，提高了校园管理能力，降低了管理成本。

（4）学习方式数字化。通过搭建先进适用的网络教学平台，集成、丰富了校园数字化教育资源，利用数字图书馆、精品网络开放课程、同步课堂、可视播放、网络互动等，给学生的泛在学习、教师的个性化教学带来便捷，并提供了主动式、协同式、探究型的数字化教学环境，形成师生互动的全新教学管理模式。

（5）产学研数字化。重点建设数字化产学研信息平台，包含了基于学院私有云的虚拟桌面、"互联网＋建筑服务"平台、"互联网＋创业创客云"平台、智慧工地平台等，为产学研人员提供便捷、完整、权威的大数据资源，实现教学、科研和实训一体化效果，营造公开、远程、协同的数字化产学研氛围。

智慧校园高职
学院建设案例

（6）生活服务数字化。建立方便、快捷、安全的校园数字生活环境和电子商务服务平台，使用校园一卡通系统，实现校内主要消费交易、学生入学交费、身份验证、人脸识别及智能门禁管理等。

5.1.3 应用型本科学院典型案例——数据驱动赋能智慧高校转型

2022年召开的全国教育工作会议强调，教育工作必须做到"五个深刻认识和把握"。"实施教育数字化战略行动"作为新时代教育事业高质量发展的基础性、全局性和先导性战略被明确提出，要求各高校予以高度重视、全面落实。

5.1.3.1 总体规划

成都某应用型本科学院结合教育数字化建设的整体要求与学院自身发展特点，运用场景化需求模型，构建以"数据驱动，智慧工职"为主线，以"1条主线，2个基础，5大场景，9项任务"为主要内容的建设规划，构建人人皆学、处处能学、时时可学的信息化支撑体系，建成环境智能化、学习个性化、管理科学化、服务便捷化的智慧校园。智慧校园建设总体规划如图5-14所示。

5.1.3.2 基于场景应用的智慧校园整体规划

高等教育以立德树人为基本任务。智慧校园的规划与建设，要紧紧围绕为人服务这一根本出发点来思考与规划。立足师生的日常生活，聚焦应用场景，学院将智慧校园规划凝练为五大应用场景：优教工职、乐学工职、绿色工职、平安工职和幸福工职。旨在将信息化技术全面融入教育教学、治理与服务、师生生活、学院决策等方方面面，全面提升校园数字化和智能化水平，促进学生个性化培养和协同育人。

学院始终以"数据驱动，智慧工职"为建设主线，充分运用云计算、物联网、大数据以及人工智能等新技术，实现整个校园环境、师生、教学资源等人、财、物互联共享，融合创新。为学院的三全育人、教师精准化教育、学生个性化学习，以及全面提升师生信息素养，促进教育信息化的深度应用提供支撑与服务。

升级改造校园数字化基础设施。推进5G通信及示范应用建设；推进校园有线网络升级改造，实现全光网络、万兆互联、千兆接入到桌面；推进无线网络全面覆盖建设，建成覆盖全面、信号优良、通信高速的无线网络环境。

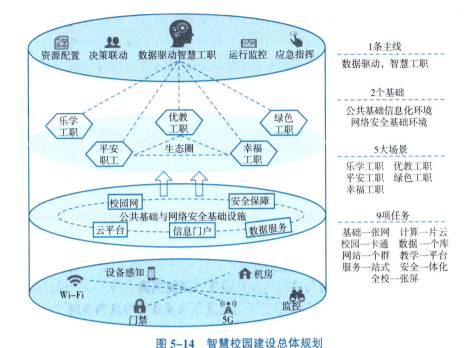

图 5-14　智慧校园建设总体规划

升级学院网络安全基础设施，提升安全保障与防护能力。以安全可视化管理为基本要求，建成基于"云、界、端"立体安全防护体系，提高学院"主动防御""持续检测""快速响应"的能力，实现对互联网接入区、数据中心业务区、个人用户终端区进行全方位的可视化立体防护。

（1）优教工职。采用云端等相关设备，借助云计算、大数据、物联网、人工智能、虚拟现实等信息新技术，构建具有情境感知和环境管理功能的智慧空间，使教学内容呈现更加优化，学习资源获取更加便捷，教学反馈更加及时，课堂交互更加活跃，教学评价更加多元。

（2）乐学工职。用现代信息技术服务于学生核心素养发展，构建智能化学习环境，遵循学生身心发展规律，提供全方位的个性化学习服务，促进学生全面、协调、可持续发展。

（3）绿色工职。以服务师生身心健康为出发点，以环境控制、智能照明、智能传感为核心，对教室、图书馆、实验室、园区绿化带实施空气质量、能源消耗等监测、预警与控制，为学院"节约能源""减碳排放"和"低碳发展"提供技术基础和平台支持。

（4）平安工职。通过数字化手段，建设校园访客管理系统、视频监控与应急报警平台，全面管控校内重点区域和校外人员，便利通行的同时，加强跨部门协同和应急指挥能力。

（5）幸福工职。打造科学规范、高效灵敏的学校管理平台，形成以"大数据技术"为支撑的智能管理能力，全面简化教职工和学生校内办事的流程，实现管理方式标准化、管理过程数字化、管理结果数据化，不断提升全校师生的满意度和幸福感。

5.1.3.3 基于定标筑基、数据赋能的建设实践

基于智慧校园整体目标，突出夯实校园数字化基础设施，用数据赋能教学内容、教学方式、教育模式、评价方式等方面的深刻变革，重点推进九大建设任务。

（1）推进"基础一张网"建设。增强和优化网络基础设施，满足智能化校园网多业务融合对网络资源的要求。扩容升级学院主干网络，提升网络的业务承载力、网络可靠性和服务质量，使其具备支持校外混合云服务和校内大规模私有云服务的承载能力；通过 Wi-Fi 网络建设，实现天府校区所有教室无线全覆盖，使其具备支持班级课堂在线教学的服务能力；通过 VPN 等安全系统的建设，提高校外师生利用校园网获取教育科研资源的能力。

（2）推进"计算一片云"建设。增强校园网云计算、云存储、云服务建设，满足智能化校园网多业务融合对计算和存储资源的要求。更新建设校园网中心机房，为学院和企业提供安全可靠的云计算、云存储设备安装和运行场所，以满足智能化校园建设过程中不断增加的设备安装运行需求。

新建采用超融合技术的服务器群，运用虚拟化技术，融合服务资源、网络资源和存储资源，形成可用性高、访问速度快、可弹性配置的虚拟资源池。部署云端服务器资源，单位及个人可按需申请计算或存储资源，实现各类资源的个性化分配，提高资源的有效利用率，节省购买及运维成本。

建设云桌面平台，并广泛应用于行政办公和普通计算机机房教学管理中，不仅可以规范学院内计算机软件的安装管理，科学优化教学用途计算机的系统配置，有效降低计算机软件的管理强度，而且能够最大限度地共享计算和存储资源，节约学校运维成本。将云桌面应用延伸到教

师个人教学中，为每位教师提供一个或多个云桌面以满足不同的教学场景需求。

（3）推进"安全一体化"建设。推进学院智能安全一体化建设，融合高清视频传输和信息化管控等技术，实现标准化考场、教室视频监控和教室教学录播一体化建设及综合应用与管理。建设覆盖校内重要通道的视频监控和图像图形识别系统，提供人员监控、告警等服务，实现校内公共区域无死角的视频监控。建设消防设备设施智能监控系统和用电智能监控系统，利用视频分析、传感器等技术实现对重点消防通道、消防设施设备的实时监控和告警，对重点场所或学生宿舍用电情况进行实时数据采集，对异常用电现象进行告警等。做好"安全一体化"融合建设，形成统一的消防、安保监控平台，实现信息的统一管理和分级监控。

（4）推进"数据一个库"建设。建设全校统一的数据中心，解决数据共享、数据交换、数据孤岛的问题。利用主数据管理技术、数据治理技术和方法，不断完善"主数据库"，形成适合的数据共享平台，为业务部门、广大师生提供更多更好的高质量数据服务（如图5-15所示）。同时，推进招生就业、组织人事管理、内部控制管理等信息系统建设，不仅能够实现相关业务领域的信息化应用，而且能够扩展"主数据库"自动化采集范围，缩短数据采集时间，大幅提高数据共享和应用能力。通过建设大数据分析平台，引入数据分析和数据挖掘服务，充分利用"主数据库""业务数据库"等丰富的校园数据资源，以分析、研究学院在现代教学治理中的一些现象或问题，让数据服务于学院的科学化管理和决策[①]。

（5）推进"服务一站式"建设。依托数据中台，构建线上一站式服务大厅，打破部门界限和信息孤岛，全面整合线上线下服务资源，实现服务标准化、流程精简化、数据共享化、信息资源目录标准化。建成学院统一的应用管理与流程中心，实现业务协同、优化、简化办事流程，让数据多"跑路"，师生少"跑腿"（如图5-16所示）。

---

① 杨萍，姚宇翔，史贝贝，等.智慧校园建设研究综述［J］.现代教育技术，2019，29（1）：18-24.

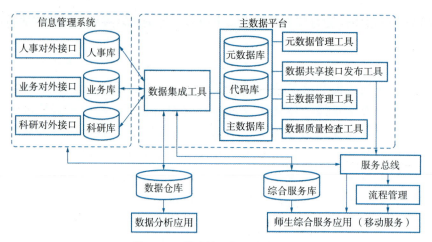

图 5-15 学院统一数据中台架构

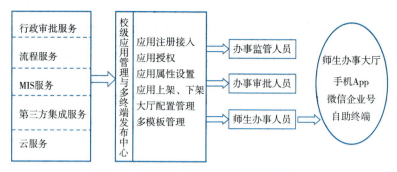

图 5-16 学院统一的应用管理与流程中心

（6）推进"教学一平台"建设。构建教学一体化智能平台，实现专业管理、教学平台、教学资源库、教学质量评价等一体化管理与服务。利用智能技术构建新型人才培养模式，创新教学方法和精细化、个性化教育评价体系。推进用人机协同、深度学习及群智开放等新方式来助力实现多层次教学、个性化培养，形成智能化的终身教育体系（如图 5-17 所示）。

（7）全生命周期的学生服务链。采用全生命周期的管理理念，为学生提供进校、在校、离校、技能提升、终身教育等多项应用服务，形成覆盖学生一生的管理与服务闭环。将招生、迎新、宿管、学工、教务、就业、离校、校友等多项业务工作融入其中，实现数据的自然流动和共享。

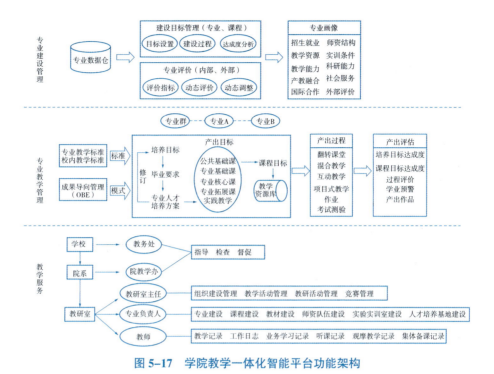

图 5-17　学院教学一体化智能平台功能架构

（8）全生命周期的教师服务链。基于一站式智慧服务平台，建成选才、育才、用才、留才的一体化管理平台[①]。根据教师入校、在校、离校的不同阶段，实现招聘、应聘、考核、聘任、劳资、科研、教学办公、离退休等多个环节的自动化、流程式服务，形成全生命周期的教师服务链（如图 5-18 所示）。

（9）全生命周期的财物管理链。整合财务管理、资产管理、后勤管理等关键业务，形成设备及资产使用的全生命周期一体化管理平台。通过累积的数据，进行多维度的数据分析。实时监测财物使用状况、增减变动、利用效率等相关情况，为业务部门精准决策提供财物相关数据的支持服务。

① 饶玮娟，张牧，宋明虎，等．高校治理现代化视域下的智慧校园建设研究［J］．网络安全技术与应用，2022（8）：86-88.

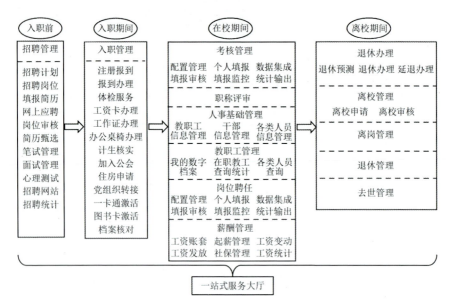

图 5-18　全生命周期的教师管理与服务功能示意图

5.1.3.4　成果分析

　　智慧校园建设规划是一个较长周期的建设蓝图，考验规划者的战略眼光。一方面，要用系统化的思维、教育者的战略眼光，去构建数字化时代背景下面向未来的教育数字基座；另一方面，要从一名信息化专业工程师的视角，去聚焦新兴信息技术，用新技术去赋能、破解高校在人才培养、科学研究、社会服务、文化传承创新、国际交流合作等方面的诸多难题。

　　智慧校园建设规划是一个需要快速变现的施工图，考验建设者的经济思维与技术水准。随着信息技术的高速发展，规划实施者需要不断权衡技术的先进性与稳定性、设备的冗余性与经济性、教育未来发展的不变性与可变性。每一位从事教学信息化的工作者，都是站在学校的现实基础上，眺望教育未来的追梦人和实践家。

【延伸阅读】

华南理工大学陆以勤：以数字化驱动高校高质量发展

　　党和国家高度重视教育数字化，推进建设全民终身学习的学习型社会。当前，数字技术与教育深度融合发展，高校信息化建设步入教育数字化转型的重要时期。

《高校信息化应用》与新华三集团合作推出"以教育数字化战略支撑高校未来发展"专栏，邀请国内著名高校的教育信息化专家以及优秀企业代表，分享数字化转型的实践与经验，洞悉教育智能化大变革。栏目旨在深化以数字技术赋能教育场景的务实实践，并致力于精耕教育数字化发展，为教育行业注入全方位的转型智慧和全新的数字活力。

华南理工大学是国内最早开始信息化建设的高校之一，学校信息化建设始终以开放的建设理念及先进的技术应用走在全国高校前列，并取得了一系列颇具特色的成果。近日，我们采访了华南理工大学副首席信息官兼网信办主任陆以勤，请他阐述了学校"十四五"数字规划战略、信息化发展等相关工作内容。

（一）运用前沿技术——多维度构建"智慧华园"

"十四五"期间，华南理工大学以教育数字化驱动大学治理和"双一流"建设，以服务师生为中心，运用前沿技术，从多个维度构建"智慧华园"校园环境。

《高校信息化应用》：2023 年教育部提出加快高等教育数字化转型，打造高等教育教学新形态。请介绍一下学校"十四五"期间的数字战略规划，以及近期重点推进的工作。

陆以勤：党的二十大报告对加快建设教育强国作出一系列重要部署，强调"推进教育数字化，建设全民终身学习的学习型社会、学习型大国"。2023 年 2 月，怀进鹏部长在世界数字教育大会上指出，教育部将深化实施教育数字化战略行动，以教育数字化带动学习型社会、学习型大国建设迈出新步伐。6 月，2023 年全国教育数字化现场推进会议在湖北武汉召开，怀进鹏部长出席会议并讲话。会议强调要深入学习贯彻党的二十大精神，全面贯彻落实习近平总书记关于教育的重要论述和关于数字中国的重要指示精神，特别是在中共中央政治局第五次集体学习时的重要讲话精神，站在中国式现代化的高度去认识教育数字化的重要战略意义，充分利用现代技术手段，加快教育、科技、人才一体化发展，建设教育强国。

2020 年 1 月，美国高等教育信息化协会（EDUCAUSE）发布《数字化转型十大 IT 问题》，将高校数字化转型之路描述为"简化、可持续和创新"三条主干道，其终点是高校成功实现数字化转型。其中，简化是指在"数字集成"和"管理简化"中，以用户为中心设计，改善最终用户体验；可持续包括信息安全、隐私保护、可持续投入及可负担的成本；创新则主要是指采用人工智能等新技术，实现以学生为中心的教育，帮助学生取得成功。

"十四五"期间，华南理工大学的数字战略规划为：以教育数字化驱动大学治理和"双一流"建设，以服务师生为中心，运用人工智能、5G、大数据、云计算、物联网、区块链、隐私计算、高性能计算、微服务架构等前沿技术，构建一个具备"全面感知、深度融合、多维服务"的"智慧华园"校园环境，探索国际化办学模式，以提高学校在大学治理、教学、科研以及社会服务方面的核心竞争力。

近期学校重点推进的工作包括：完善无线接入覆盖，探索移动通信网和校园网的融合，构建良性业务生态，建设泛在接入、弹性可管控的校园网；建设技术先进、算力居国内高校前列的科学计算平台，为科研团队提供算法优化、移植和数据整合服务；扩大云计算平台规模，提高其服务支撑能力。深化数据治理，提高数据共享过程中的实时性和实效性；完善教师个人空间，提供智能化填表服务；推进数据中台上线试用，提供数据申请服务和隐私计算服务；强化数据赋能，稳步推进电子签章和证照的场景应用。推进国家智慧教育平台试点高校建设工作，促进优质课程和教师资源有效共享，增强智慧教育公共服务能力，探索教学活动的数字化。巩固网络安全成果，完善网络安全制度，加强数字化安全管理。加快国际校区一、二期信息化系统对接融合。

（二）提升基础设施建设——加强 IT 与教研深度融合

《高校信息化应用》：学校在提升教育信息化基础设施建设水平，打通数字基础设施大动脉方面有哪些重要举措？

陆以勤：新基建是数字化的基础。网络是数字世界的神经系统，华南理工一直高度重视新技术在数字教育领域的应用研究，例如，广州国际校区是全国率先采用 SDN 架构的 985 高校之一。2022 年 6 月，华南理工实现了校园网与移动网络的融合，开发了全国首个省级 5G 教育专网。并在9 月获第五届"绽放杯"5G 应用征集大赛融合媒体专题赛一等奖，上海世界移动通信大会（MWC 上海）2023 亚洲移动大奖——5G 行业挑战奖。

与其他常见的 5G 专网不同，目前部分学校已建成的 5G 专网基本是通过复用部分公网资源，在各学校核心机房内部署专网 UPF（UserPlane Function），通过专线连通运营商核心网与园区网。园区网业务数据在本地卸载，使用户终端无须绕行运营商核心网、互联网即可一跳直接访问内网业务。然而，以上方式需采购专属设备，建设难度和成本较高，并且都是基于各学校独立部署，无法做到同行业基础网络资源有效共享，因此在行业内大规模推广应用难度较大。

广东省5G教育专网采用了基于广东省教科网的5G绿色校园专网组网方式。依托广东省教科网现有的网络基础，通过在华南理工的广东省教科网网络中心下沉部署一套教育行业共享的5G专网设备，利用网络切片和ULCL技术，接入教科网的168所高校无须增加光纤线路和网络设备，即可通过共享5G专网设备，低成本、简单、快速地构建绿色安全的5G校园专网。

广东省5G教育专网可以减少各高校Wi-Fi投资；通过公网分担校园网流量，减轻出口带宽压力；通过校园专属流量包，降低高校用户公网的流量费用；实现无感知上网，无须使用VPN，只要接入5G/4G网络即自动接入校园网，这相当于把校园网扩展到运营商的移动网络；利用5G的大带宽、低时延等技术，满足智慧教育应用的多样化网络需求。目前，5G教育专网已覆盖华南理工校内60个业务平台，正在和三大运营商部署推广5G教育专网业务。

2022年，华南理工大学广州国际校区数据中心二期建设基本完成。该数据中心地上面积约13 000平方米，服务器机房面积约5 600平方米，设计可容纳机柜约600个，目前已建设机柜450个。数据中心有三路市电，核心区配油机，变压器容量为两万七千千伏安，采用水冷式空调系统，建有公共云、高性能计算、大数据等平台。目前利用贴息贷款项目新建的高性能计算平台算力达7.3P 64位双精度浮点运算，其中，CPU节点：3.33PFlops。GPU节点：3.97PFlops。数据中心的云平台也得到扩展，扩展后的云平台将达到4 200个计算核心、40TB内存、700TB存储，可以提供2 000个虚拟机。

课室是教学活动的重要场所，目前我们积极推进"学在华工"智慧教学2.0建设，在一校三区建成197间智慧教室，近期还计划新增智慧课室240间，实现智慧管控，对教学过程、质量、督导形成初步覆盖，采用AI技术推动课堂教学数字化。对于工科院校而言，实验室非常重要，因此我们建立了14个虚拟仿真实验教学平台，其中3个获评国家级一流课程。"多元联动、智慧融合"智慧教学和实验环境建设得到教育部验收专家的高度肯定，疫情防控期间，智慧教室和仿真实验平台发挥了非常重要的作用，全面支持线上教学，有力保障教育教学质量。

《高校信息化应用》：学校在推进信息技术与教学科研的深度融合，畅通数据资源大循环方面有哪些探索？

陆以勤：数字化的重点在于数据价值挖掘和业务赋能及创新。传统的应用系统是以各职能部门为视角来建立业务系统的，可以通过数据交换的方式实现数据共享，但如果不进行数据融合，很难实现业务协同和联动，满足学校更高层次的需求，或者说提高校园的智能化水平。

这里的数据，除了业务数据，还包括网络、视频监控、门禁、楼宇自动化、停车场、智能照明、智慧课室、机房动环、电梯监控、广播、绿色节能、一卡通等物联网的海量数据，以及校园的业务系统、科研教学活动产生的数据。我们在打通了30个子系统的基础上，把数据汇集到数据智能平台（即数据中台）上进行处理和融合，形成学校的核心数据资产。然后打通各个业务系统，实现数据融合和业务联动，并以数据为核心通过校区中央管理平台驱动业务和流程不断优化，形成主题库，支撑教学、科研、服务、管理等活动需求。例如，在中央管理平台，我们可以通过物联网、视频分析等平台技术，了解学生上课考勤等情况，通过语音识别和PPT分析授课内容，综合分析每堂课的教学情况，进行教学活动分析和评价，生成面向知识点的课件资源，并结合学工系统、教务系统、在线学习平台、图书系统、宿舍门禁等，得出学生的综合信息，为每一个学生的学习建模，有针对性地推送学习资源和学习活动设计，最大限度地实现个性化学习与成长，以此驱动提升教学质量。

在数据治理基础上，开展业务在数字空间的应用，例如，双语版网上办事大厅已开通200多个业务，使用率非常高。

为了解决数据更新问题，通过一张表系统提供补充数据的入口，老师们如果发现数据不全，可以在一张表上进行补充，经过审核后就可以成为权威数据，不需要反复录入。

目前，我们已印发《华南理工大学信息化数据管理办法（试行）》，将数据中台的数据形成数据目录，已建立在线数据申请服务机制，并探索通过隐私计算等方式向学校科研和管理团队提供数据服务。

（三）以数字化支撑发展——强化机制体制建设

《高校信息化应用》：学校在通过凝聚以数字化战略支撑高校未来高质量发展方面有哪些经验？

陆以勤：数字化和信息化的区别之一是，数字化业务是在数字空间中开展的。因此，需要构建一个与物理世界对应的数字世界，把物理世界的活动映射到数字世界中，使业务活动在数字世界中开展，并让物理世界响应数字世界的指令。数字化转型是在业务数据化后，利用人工智能、大数据、云计算、区块链、5G等新一代信息技术，构建一个物理世界与数字世界并存的局面。通过数据整合，对组织、教学、科研、管理等高校活动的各个要素进行全方位变革，提高学校治理水平和竞争力。

我们在数据中台的基础上，构建了智慧校园的数字孪生，面向不同用户、业务场景提供大屏、中屏、小屏三个作业界面，三屏实现业务联动。大屏是中央监控中心的屏幕，用于决策指挥；中屏是台式机，用于日常事件处理；小屏是手机，用于现场响应和处理。

数字化需要关注技术的进步，如华南理工大学实现5G和校园网的融合，需要深入了解5G核心网的关键技术。目前，人工智能发展异常迅猛，ChatGPT的出现让人们认识到，人工智能对教学和科研的模式将产生较大影响。但目前很多人工智能的大模型都依托于算力。华南理工算力平台的建设和管理归口信息化管理部门。作为公共服务部门，信息化部门正在制订如何为科研团队提供算法优化、移植和数据整合服务的方案。

另外，数字化需要结合学校高质量发展的策略。华南理工大学广州国际校区是学校高质量发展的两个引擎之一，校区的数字化必须具备为校区的国际化提供支撑的能力，如通过集约化的方式，动态地为科研、教学团队提供数字化资源，如带宽、算力、存储、数据等。

《高校信息化应用》：学校在强化信息化建设管理体制和运行机制改革方面有哪些经验？

陆以勤：信息化建设到了数字化阶段，实际上是步入了深水区，信息化的很多问题深层是机制和管理问题。数字化转型强调机制、组织、团队、工作模式的转型。我们在智慧校园的体系结构上充分考虑组织、流程、运营和技术深度结合，通过业务使能和IT使能，形成数据和业务处理的闭环系统。

数字化转型的保障措施，需要强调在机制问题上保证学校决策层、相关部门主要负责人、专家的参与程度，保障信息化部门参与全校信息化规划，提高全校师生参与积极性。通过提供参与平台，改善数字化转型生态。美国高校参与信息化战略规划的群体覆盖面较广，包括决策层、管理层、专家、师生等。因此，让最广泛群体参与信息化规划与决策是IT 治理结构改革的核心要义，这需要建立一个规划统筹的机制和平台。我们通过加大智慧校园技术体系的开放性，鼓励师生开发应用，激励师生创新创业，通过信息化搭台，让全校师生唱戏，营造师生共同参与数字教育建设新生态。

在机制上，考虑到信息化大量的工作在于协调，华南理工大学在2017 年设立了专职副首席信息官，列席校长办公会，兼网信办主任。该职位可以代表学校对信息化进行跨部门协调，或者牵头承担重大的信息化事项，例如广州国际校区信息化建设、贴息贷款项目等。

考核是指挥棒，对于重要的事项，可以纳入考核或者督办中。例如，华南理工大学 2021 年实施了华南理工大学落实网络安全责任制考核评价，这对推动网络安全工作起了重要作用。再如，华南理工大学完成了数据中台的建设，为推动数据治理的进一步发展，拟建立数据治理领导小组和工作小组，并将数据治理列入由网信办主导的部门考核当中。

另外，信息化工作的意识很重要，信息化需要工匠精神，厚积薄发。从事教育信息化工作近 15 年，我的体会是信息化基本上没有捷径可走，也很难在短期内取得突破性实效。因此，信息化工作不能急功近利，需要定力和耐心，要能耐得住寂寞。

最后，由于信息化具有较强的专业性和持续性，保持信息化队伍的稳定性很重要。作为负责人，需要利用平台和体制的优势，增强团队的获得感。部门作为一个整体，全校师生是我们的服务对象；作为部门的负责人，团队成员也是服务对象，要有俯首甘为孺子牛的精神，促进团队成员的成长。

从多级建设角度进行智慧校园建设案例分析

5.2 智慧校园的发展展望

5.2.1 不断完善的技术应用体系

在我国，智慧校园概念的提出是互联网和信息化技术飞速发展并与教育深度结合的产物。智慧校园是网络化、数字化、智能化有机结合的新形态校园平台。以计算机网络为核心技术支撑，以信息和知识资源的全面共享为表现形式，以学生智能化学习、教职工自动化管理、校领导智能决策等为主要目标，使校园成为整个社会知识、信息的创新和传播中枢。同时，从技术维度来看，智慧校园建设是学校信息化建设的高级阶段，不断完善的技术应用体系必将助力智慧校园的高速发展，例如 3D 打印技术、可穿戴技术、3D 成像技术、生成式人工智能技术等。

5.2.1.1 3D 打印技术

3D 打印技术是一种快速成型技术，它以数字设计为基础，运用粉末状金属、塑料等可黏合材料，通过逐层打印的方式来构造物体。随着 3D 打印机和材料价格的下降，这项技术逐渐受到教育领域的青睐。3D 打印技术的发展，与教育应用相辅相成、相互促进。

3D 打印进入校园，一方面可以让学生体验更为直观、更为感性的认知学习方式，在增加学习乐趣的同时提升教学效果；另一方面，学生在参与设计到打印的过程中，动手实践能力也得到提升。3D 打印在教育领域的应用主要可以分为课程开发与培训、教学实践与应用、科学研究及创新三类，遵循"认知—实践—创新"的递进层次。

教师和学生可以将自己设计的数字化模型、艺术品、教具等，利用 3D 打印技术打印出实物。3D 打印技术在数学、物理、计算机科学、工程和设计等课程中具有广泛的应用，高等教育领域引入 3D 打印技术，有利于提高学生的动手能力与参与能力，激发学生的学习兴趣，培养学生的创造力。2013 年，美国麻省理工学院在 TED 2013 大会上发布 4D 打印技术，通过软件设定模型和时间，变形材料会在设定的时间内变形为所需要的形状。4D 打印技术颠覆了人们对打印的传统认识，打印不再是创造过程的终结，而仅仅是一条路径，打印出的产品可以进化，使得产品具有智慧的属性。这项技术也将会激发教育中的很多创新，师生可以凭此技术设计出具有自我修复功能的产品[①]。

5.2.1.2 可穿戴技术

可穿戴技术是探索和创造能够把多媒体、传感器和无线通信等技术嵌入人们的衣着中，可支持手势、眼动操作等多种交互方式的创新技术。可穿戴设备可以通过"内在连通性"实现快速的数据获取，通过超快的分享

---

① 王运武.智慧校园：实现智慧教育的必由之路［M］.北京：电子工业出版社，2016.

内容能力高效地保持社交联系，摆脱传统的手持设备而获得无缝的网络访问体验。

目前，可穿戴技术的主要产品有 Google Glass、苹果 iWatch、BrainLink 意念头箍、智能手环、智能手表等。这些产品不仅可以跟踪心率、血压等生命指标，以及专注、紧张、放松、疲劳等大脑状态，未来还可以检测学习过程中学生的情绪变化，为个性化学习提供支持。可穿戴技术将会使未来的学习和生活更具智能化，智慧学习和智慧生活将成为可能。

智慧校园新技术应用——3D 打印技术

5.2.1.3　3D 成像技术

3D 成像技术就是利用 3D 相机使一个 3D 物体进行快速成像，它的主要目标是使现实世界数字化。3D 成像技术的原理是三角成像原理，该原理参考了眼睛的成像原理。单个眼睛或单一镜头无法获取深度数据，因此需要两只眼睛。3D 摄像机通常配备两个以上摄像镜头，间距与人眼间距相近，能够拍摄出类似人眼所见的针对同一场景的不同图像。

智慧校园新技术应用——可穿戴技术

3D 成像技术在教育领域中的应用场景非常丰富，涵盖了从小学到大学甚至研究生阶段的教学内容。例如，3D 立体成像的人体解剖模型和动物结构模型，有助于学生更好地了解生态系统和生物学结构；再如，3D 成像技术可以帮助学生理解地球的地理位置，并对地球上的山脉、河流、森林、荒漠等进行模拟，让学生可以亲身体验到一些难以观察到的地理景象。

3D 成像技术可以催生数字化资源的新形态，扩展学生的学习方法，并促进他们对教材的理解。通过这项技术，学生可以参与到更深入的实验中，使他们更好地挖掘应用，而且有可能在未来创造全新的学习方法，进一步推动智慧教育的进步。

智慧校园新技术应用——3D 成像技术

5.2.1.4　生成式人工智能技术

生成式人工智能技术是指基于算法、模型、规则生成文本、图片、声音、视频、代码等内容的技术，提供生成式人工智能产品或服务。

近年来，生成式人工智能技术快速发展，为经济社会发展带来新机遇，特别是在科技、文化、教育、娱乐和新闻等多个领域，具有广泛的应用和发展空间。然而，生成式人工智能也面临着数据安全、知识产权、伦理道德等方面的挑战和风险。2023年4月，国家互联网信息办公室发布《生成式人工智能服务管理办法（征求意见稿）》，规范生成式人工智能服务，明确指出：提供生成式人工智能产品或服务应当遵守法律法规的要求，尊重社会公德、公序良俗。

2023年8月31日，百度生成式人工智能产品"文心一言"正式向公众开放服务。作为一款人工智能技术驱动的自然语言处理器，文心一言具备的功能包括与人对话互动、故事创作、绘画、写文案、制作视频脚本、商业分析、作文批改、数据分析等，能高效便捷地帮助人们获取信息、知识和灵感。文心一言见证着人类科技发展史上人机交互模式的革命性变革，也催发着人类思维方式的变革和社会运作模式的变革，必将全方位地重塑我们原有的教育模式。

【延伸阅读】

ChatGPT

2023年开年以来，以ChatGPT为代表的生成式人工智能因其强大的"生成"能力而备受教育领域关注。ChatGPT是人工智能技术驱动的自然语言处理工具，它能够通过理解和学习人类的语言来进行对话，还可以根据聊天的上下文进行互动，真正像人类一样进行聊天交流，甚至能完成撰写邮件、视频脚本、文案、代码、论文等任务。

很多人认为在智慧教育领域，未来ChatGPT可以作为一种智能助手，能够为教育用户提供更精准、更有效的信息和服务，为学生提供个性化、精准化、智能化的学习支持。未来，ChatGPT将成为智慧教育数字化转型的重要技术支撑，实现在课堂教学、作业布置、考试测评等方面的应用。同时，ChatGPT也将为智慧教育提供更多教育场景下的解决方案。

在技术手段赋能教育的同时，也要注意到技术存在的局限。目前，ChatGPT这类技术存在三个局限：一是"不可控"。由于模型过于复杂，整个系统不可解释，因此系统不可控。二是"不可信"。ChatGPT会"一本正经地胡说八道"，经常基于一个不太确切的立论进行一些推理，得出

似是而非的结论。三是"不安全"。由于支撑系统训练的
数据浩如烟海，数据本身是否安全不可知。未来是人机共融、
共生时代，人工智能是时代趋势，不会随着人们的主观意
愿而改变。未来的智慧教育应将教育中人工智能能够做的
工作交给 ChatGPT 去做，将教育中人工智能不能做的工作
交给教师们去做。

智慧校园新技
术应用——
ChatGPT

教育的最终目标是人的发展，其本质并不会因技术的
介入而发生改变。各类不断完善的新技术与教育的融合，
最终目标都是为了回归教育的本质。

5.2.2　智慧校园与智慧城市的衔接融合

近年来，我国一些城市相继出台了智慧教育的发展规划。例如，上海
的智慧教育规划就提出了紧抓两条主线：一条是教育信息化基础设施的建
设；另一条是智慧教育应用的研发。这两条线路其实是当前国内智慧教育
建设普遍在做的工作。教育信息化基础设施的建设大部分由政府主导，以
学校为主要实施场所；而智慧教育应用的研发除了由政府主导外，也包括
一些互联网企业的参与。

"智慧教育"的本质就是要通过教育理念与信息技术的有机融合，来
实现教育信息与知识的共享与传播。其内涵是依托计算机和教育网，全面
深入地利用以物联网、云计算等为代表的新兴信息技术，重点建设教育信
息化基础设施，打造"智慧教育"信息服务平台，开发利用教育资源，吸
收各类社会教育力量，促进技术创新、知识创新，实现创新成果共享，提
高教育管理效率和教学质量及效益，全面构建一个网络化、个性化、智能化、
国际化的现代教育体系，推动教育改革与发展。

城市"智慧教育"的总体框架可以概括为"一大服务平台、三大基础
设施、三大保障体系"，即在组织架构、政策法规及安全保障三大体系的
保障下，构建教育专网、感知校园和教育云数据中心三大基础设施，推进
以管理与教学服务平台、资源服务平台、教育开放平台及城市教育智能门
户为核心的"智慧教育"信息服务平台的建设。

在"智慧教育"总体框架下，"智慧教育"应充分利用"智慧城市"
公共基础设施，利用物联网和移动互联网等技术建设覆盖全市的城市教育
专网，创建全市共享的"感知校园"普适化管理平台。依托云服务和大数

据技术，打造"智慧教育"信息服务平台，对内满足教育主管部门、学校对智慧化教育管理的需求，建立和完善教育资源服务平台，实现智慧教学的要求；对外联合社会教育机构，吸收接纳有益的社会教育资源，建设智能化的教育开放平台，满足社会公众个性化教育的需求。

城市"智慧教育"建设的主要任务是建设完备的信息化基础设施，实现教育专网的互联互通、校园的感知物联和基于云计算的服务能力，为各项教育智慧应用提供坚实的基础；加速构建"智慧教育"信息服务平台，全面满足城市现代化过程中对于教育管理、教学与学习方式智慧创新的需求和人的现代化需求。

城市"智慧教育"的建设是一个庞大的系统工程，其规划设计需遵循"智慧城市"的顶层设计，充分利用"智慧城市"信息基础设施，确保"智慧教育"与"智慧城市"的统筹协调发展。

智慧校园
与智慧城市

未来智慧校园工程的建设主要是在完善现有基础网络平台的基础上，整合、开放、共享越来越多的资源，从而推动互联、互动、信息交换、资源共享和远程教育的基础架构的形成，继而通过教育私有云和公有云的教育混合云，使用互联网技术与"智慧城市"进行无缝对接。

5.2.3　资源差异化供给和智能化服务

未来智慧教育的一个重要变化是实现真正意义上的个性化学习和教学。未来的教育系统将收集到的数据和学生、教育管理者的数据内容与相关国家机构的记录用信息系统联系起来；运用数据分析技术使教师能获取更全面、丰富的数据信息，了解何种教育方法对学生最有效，学生在哪些方面需要特别的帮助，并进行个性化教学活动设计、学习计划和差异化的教学方案创新，大幅提升教学质量；学生则可以得到教师更好的指导和支持，进而提高学业成绩和综合素质。

在未来的智慧教育环境中，正式学习和非正式学习的界限逐渐模糊。无论是发生在教室、博物馆、图书馆等室内场所的学习，还是发生在车站、海边及山野等室外场所的学习，都可以通过GPS、射频识别等情境感知技术和传感技术被感知。智慧学习系统可智慧地感知学生的个性化学习偏好、认知特征、学习风格及所处的物理位置、周围环境，智能地分析学生潜在需要的信息和资源，并个性化推送信息，从而满足学生的个性化需求，提供多样化、差异化的学习方式。

5.2.4　全时空、立体化智慧教学环境

　　未来，构建和应用智慧课堂教学环境，以"互联网＋"的思维方式，并运用大数据、云计算等新一代信息技术打造智能、高效的教学环境。基于动态学习数据分析和"云、网、端"的运用，实现教学决策数据化、评价反馈即时化、交流互动立体化、资源推送智能化，创建全时空、立体化智慧教学环境，通过智慧的教与学，促进全体学生实现符合个性化成长规律的智慧发展。

　　围绕智慧教学环境的常态化应用及个性化教与学要求，构建智慧课堂信息化环境，实现以教室为单元的高密无线环境部署，配合具有跨系统、多屏互动特性的移动智能终端，实现课堂内外全体师生高效、立体、无障碍地交互。

　　大力推广教师和学生两类移动终端的使用。教师端是教师进行智慧教学的基本工具，为教师提供"备、教、改、导、考、管"的全场景教学应用服务。学生端是学生进行智慧学习的基本手段，为学生提供学习工具、交互工具、作业与动态评价工具等各种学习应用，并能够接受教师端的控制。鼓励自带终端设备，打造具有区域特色的自带设备教学模式。

智慧校园里无处不在的智慧

5.2.5　盘活数据资产，挖掘数据价值

　　互联网、大数据、云计算、人工智能和区块链等技术不仅为人类的生产、生活、思维方式带来重大变革，也深刻影响着教育系统的发展。

　　近年来，党中央围绕教育现代化、数字中国、数字化转型做出了一系列重要的战略部署。"十四五"规划纲要第五篇"加快数字化发展　建设数字中国"提出："迎接数字时代，激活数据要素潜能，推进网络强国建设，加快建设数字经济、数字社会、数字政府，以数字化转型整体驱动生产方式、生活方式和治理方式变革。"社会数字化

智慧校园发展之路

转型势不可挡，在教育领域，传统教育体系、教育组织形式、教学模式、学习范式、业务流程、人才培养模式等，都面临着数字时代全新发展的挑战。

本章小结

本章着重介绍了中职学校、高职学院和应用型本科院校在智慧校园建设与应用中的典型案例，详细总结了各自的总体规划、建设现状和升级措施。结合政策导向、技术发展、建设中发现的问题，对智慧校园的未来发展趋势做出了展望，阐述了未来智慧校园建设开展的方向和发展规划。

关键词

实践探索、发展趋势、典型案例、学习分析技术、差异化

思考与练习

1. 在中职学校智慧校园建设的典型案例中，它的总体规划是如何考虑的？

2. 在中职学校智慧校园建设的典型案例中，前期建设的不足之处有哪些？升级举措和实施成果又如何？

3. 在高职学院智慧校园建设的典型案例中，它的总体规划是如何考虑的？

4. 在高职学院智慧校园建设的典型案例中，它的建设现状如何？升级举措和实施成果又如何？

5. 在应用型本科院校智慧校园建设的典型案例中，它的总体规划是如何考虑的？

6. 在应用型本科院校智慧校园建设的典型案例中，它的整体规划和建设实践内容都有哪些？

7. 学习分析技术在未来智慧校园建设应用中的具体展望都有哪些？

8. 如何实现未来智慧校园与智慧城市的衔接融合？

9. 未来智慧校园资源差异化供给和智能化服务的表现形态有哪些？

10. 未来全时空、立体化智慧教学环境的设想有哪些?

11. 在教育数字化转型背景下,请设计并描述一个利用现代信息技术手段盘活数据资产、挖掘数据价值的应用场景,并评估其可能产生的影响与效果。

附录

附件1　综合习题

1. 智慧校园的基本内涵是什么？

2. 智慧校园的主要特征有哪些？

3. 智慧校园的主要作用体现在哪些方面？

4. 智慧校园存在的问题有哪些？原因是什么？

5. 智慧校园的建设目标有何特征？

6. 智慧校园的未来发展主要表现在哪几个方面？

7. 智慧校园的基本架构分成几个层级？

8. 智慧校园的基本架构具体组成有哪些？

9. 基础设施层、支撑平台层、应用平台层、应用终端层、信息安全体系和条件保障体系的基本组成各有哪些？

10. 基础设施层、支撑平台层、应用平台层、应用终端层、信息安全体系和条件保障体系的主要功能各是什么？

11. 智慧校园的核心内容有哪些？

12. 什么是智慧教育？其主要特征有哪些？

13. 智慧校园的教学环境、教学资源、管理、服务、信息安全和条件保障各有哪些主要内容？

14. 如何理解智慧校园的教学环境、教学资源、管理、服务、信息安全和条件保障的基本要求？

15. 智慧校园中运用的关键技术主要包括哪些？

16. 什么是移动互联网技术？它的主要特点有哪些？它对智慧校园的

教育影响有哪些？我国 5G 技术发展现状如何？

17. 移动互联网技术在教育领域的常见应用有哪些？

18. 什么是物联网技术？它的主要特点有哪些？它在智慧校园中的作用有哪些？

19. 物联网技术在教育领域的常见应用有哪些？

20. 什么是云计算技术？它的主要特点有哪些？它的基础设施结构和服务模式有哪些？

21. 云计算技术在教育领域的常见应用有哪些？

22. 什么是虚拟仿真技术？它有哪些类型？它的主要特点有哪些？它在虚拟校园中的作用有哪些？

23. 虚拟仿真技术在教育领域的常见应用有哪些？

24. 什么是大数据技术？它的主要特点有哪些？它的主要支撑技术有哪些？

25. 大数据技术在教育领域的常见应用有哪些？

26. 什么是学习分析技术？它具有哪些特点？

27. 人工智能的发展史如何？它的主要支撑技术有哪些？它在智慧校园中的作用有哪些？

28. 人工智能技术在教育领域的常见应用有哪些？什么是元宇宙学校？

29.AI 大模型技术有哪些优势和弊端？

30. 什么是区块链技术？它的分类与特点有哪些？它的应用意义体现在哪些方面？

31. 区块链技术在教育领域的常见应用有哪些？

32. 智慧校园建设的具体内容有哪些？

33. 智慧校园建设的战略措施应主要集中在哪几个方面？

34. 智慧校园的总体设计原则包括哪五个方面？

35. 智慧校园组织机构分为哪三层？它们的职责分别是什么？

36. 智慧校园运维管理体系的建设目标是什么？它是如何实现的？

37. 智慧校园评价的业务流程是怎样的？

38. 智慧校园的诊改措施包括哪几个方面？

39. 在中职学校智慧校园建设的典型案例中，它的总体规划是如何考虑的？

40. 在中职学校智慧校园建设的典型案例中，前期建设的不足之处有哪些？升级举措和实施成果又如何？

41. 在高职学院智慧校园建设的典型案例中，它的总体规划是如何考虑的？

42. 在高职学院智慧校园建设的典型案例中，它的建设现状如何？升级举措和实施成果又如何？

43. 在应用型本科院校智慧校园建设的典型案例中，它的总体规划是如何考虑的？

44. 在应用型本科院校智慧校园建设的典型案例中，它的整体规划和建设实践内容都有哪些？

45. 学习分析技术在未来智慧校园建设应用中的具体展望都有哪些？

46. 如何实现未来智慧校园与智慧城市的衔接融合？

47. 未来智慧校园资源差异化供给和智能化服务的表现形态有哪些？

48. 未来全时空、立体化智慧教学环境的设想有哪些？

49．在教育数字化转型背景下，请设计并描述一个利用现代信息技术手段盘活数据资产、挖掘数据价值的应用场景，并评估其可能产生的影响与效果。

附件 2　微课一览表

序号	微课名称	页码
1	校园的智慧化建设	6
2	怎样让校园充满智慧	7
3	数字校园及其特征——样例	11
4	教育从融入"智慧"走向创造"智慧"	16
5	5G 时代的教育发展	15
6	智慧教育教学的改革与创新	20
7	智慧校园建设之价值	23
8	走进智慧校园	24
9	大数据中心	28
10	智慧校园主要特征	30

续表

续表

续表

附件 3　武汉市中等职业学校智慧校园建设评价指标分值分配表（2020 年）

一级指标	二级指标	分值（200 分）
师生发展 （30 分）	学生发展	10 分
	教师发展	15 分
	校长信息化领导力	5 分
基础设施与支撑平台层建设（25 分）	数据中心机房	5 分
	数据库与服务器	3 分
	网络通信系统	5 分
	感知系统与物联网设施	4 分
	各智慧化应用专属基础设施	2 分
	应用服务集成与校园大数据中心	6 分
智慧教学环境建设 （25 分）	多媒体教室与智慧教室	6 分
	教学资源共享、网络教学与专业建设服务	10 分
	实习实训教学服务平台	7 分
	远程职业培训服务平台	2 分
智慧教学资源建设 （20 分）	资源建设规划	6 分
	通用基础资源	8 分
	仿真实训资源	6 分

续表

一级指标	二级指标	分值（200分）
智慧校园管理建设（32分）	决策支持应用服务	6分
	教学管理服务	5分
	学生管理服务	5分
	教科研管理服务	3分
	人力资源管理服务	3分
	办公自动化服务与学校后勤服务	5分
	校企合作服务	5分
智慧校园服务建设（20分）	校园一卡通	3分
	智慧图书馆	3分
	校园社区服务	6分
	数字化场馆服务	2分
	数字通信服务	2分
	数字安防服务	4分
智慧校园应用终端（8分）		8分
智慧校园保障体系建设（20分）	信息化组织机构与人力资源	6分
	信息化建设政策、规范与机制	3分
	信息化项目实施与运维管理	6分
	信息化安全保障体系	5分
特色与创新（20分）		20分

附件4 武汉市中等职业学校智慧校园建设评价指标体系（2019年）

一级指标	二级指标	主要观测点	评价方法	分值
师生发展 （30分）	学生发展 （10分）	对于需要学生参与使用的信息化系统，已编写、配备和发布了针对学生用户的使用及操作说明	查看资料	2
		在课堂教学、实训教学、顶岗实习的教学设计与教学组织中，融入了多媒体教学、虚拟仿真、虚拟现实、在线教学、远程观摩、移动学习、在线评价等信息化教学要素、模式和工具，可以通过融合信息化的教学模式来提升学生的信息化知识、技能和熟练度，以及合作与交流的能力	抽查重点建设专业的课程教学教案	2
		学生可以在已学的专业知识和技能的基础上，在教师的指导下，独立或协作使用应用信息技术及工具创作与所学专业知识相关的作品，并形成可以对外展示的成果	查看作品与成果	2
		学校智慧校园平台中的学生参与信息活跃、丰富、持续，且具有正能量，不存在不良信息、违法信息，以及侵犯知识产权的行为等	查看平台信息状态	2
		每个学生均拥有一个虚拟的、彼此联通的个人学习空间，能进行个人学习资源管理、网络交流、在线测试、选修课程等各种网络学习活动	查看系统与应用状况	2
	教师发展 （15分）	对于需要教师参与使用的信息化系统，已编写、配备和发布了针对教师用户的使用及操作说明	查看资料	3

续表

一级指标	二级指标	主要观测点	评价方法	分值
师生发展 （30分）	教师发展 （15分）	学校为教职员工建立了校园信息化建设的培训教程和数字资源体系，可以通过在线模式进行自主学习，并形成了定期培训和考核的机制	查看成果与使用状况	2
		教师普遍掌握了常用的数字化资源制作技术，能够自主开发数字化资源，并将其应用于实际教学中。此外，还能够熟练使用网络教学平台辅助课堂教学、开设网络选修课，并使用发展性评价系统对学生的学习过程和结果进行科学、合理的评价	查看资源建设成果与平台使用状况	3
		教师都拥有一个虚拟的、彼此联通的个人教学空间，能进行教学资源管理、学习活动设计、教学任务安排等各种网络教学活动，并对教学空间进行个性化设置	查看系统与应用状况	3
		教师在课堂教学、实训教学、顶岗实习的教学设计与教学组织中，融入了多媒体教学、虚拟仿真、虚拟现实、在线教学、远程观摩、移动学习、在线评价等信息化教学要素、模式和工具，通过融合信息化的教学模式，提升自身的信息化教学知识、技能和熟练度，并推动各专业教学模式改革的深入研究、发展和创新	抽查重点建设专业的课程教学教案	2
		有教师在省级以上（含省级）刊物上发表了关于教育信息化或数字化教学的研究成果，有教师参加了市级以上（含市级）的信息化教学大赛并获得了奖项，或者是教师指导学生制作或创造的信息化作品与成果，获得了市级以上（含市级）的奖项	查看获奖情况	2
	校长信息化领导力（5分）	校长组织制定并实施了学校信息化发展战略和规划，且相关战略规划符合国家、教育部以及武汉市的相关建设规范与标准的要求	查看佐证材料	1

一级指标	二级指标	主要观测点	评价方法	分值
师生发展 （30分）	校长信息化领导力 （5分）	校长在学校信息化组织结构、信息化政策与规范、信息化人力资源、信息化建设与应用机制、运维管理体系、安全保障体系的建设中，能够做出科学合理的决策，并形成明确的信息化建设评价理念，具备根据学校发展持续改进信息化环境的意识	查看战略规划文件	2
		校长能够熟练使用信息化决策支持体系，对学校的管理水平、教学发展状态进行系统化的判断与诊断，并基于数据分析结果制定改进措施，从而形成基于校园大数据的领导与决策素养	查看系列文件的存在性、科学性、合理性	1
		校长能够确保学校在校园信息化方面的资金投入达到武汉市教育局的相关要求	查看系统与应用状况	1
基础设施与支撑平台层建设 （25分）	数据中心机房 （5分）	数据中心机房以国家机房建设标准B级进行建设	查看现场，查看资产账目	2
		机房进行分区管理，有严格的安全防护措施		1
		机房配备专门的维护人员，机房管理制度建设完善		1
		若学校优先选择统建方式，利用区域数据中心或电信数据中心实现与数据中心的千兆专线互联及相关服务功能，则本项目得满分		1
	数据库与服务器 （3分）	数据库、服务器与存储等设备根据实际需要配备，规模满足学校业务使用需求	查看现场，查看资产账目	2
		数据中心主机（服务器）采用云计算技术实现计算、存储资源的云化部署，规模满足学校业务使用需求		1

续表

一级指标	二级指标	主要观测点	评价方法	分值
基础设施与支撑平台层建设（25分）	网络通信系统（5分）	校园网络出口设备选择支持千兆带宽的中高端路由器、防火墙、链路负载均衡器等设备。设备支持多出口链路，支持 IPv6 分协议	查看现场，查看资产账目	2
		实现校园网络全覆盖、全接入，万兆带宽到楼宇，千兆带宽到桌面，拥有功能完备的网络运维管理平台		2
		配备统一的上网行为管理设备，以便控制和管理对互联网的使用，并支持全校用户终端同时在线		1
	感知系统与物联网设施（4分）	学校建立了校园感知系统与物联网设施建设的总体规划、管理与技术规范体系，并在信息化建设中予以落实	查看文件，查看现场，查看资产账目	2
		学校使用 1 套物联网管理系统，能够集中管理分布校园各处的基于物联网的终端设备，并可对这些设备所产生的数据进行统计分析		2
	各智慧化应用专属基础设施（2分）	在智慧校园的规划和建设中，统筹制定了学校公共计算资源、网络通信资源、感知与物联网资源、公共终端设备与设施资源的管理制度和技术规范	查看文件，查看现场，查看资产账目	2
	应用服务集成与校园大数据中心（6分）	建设了学校的校园大数据中心，能够为各类校园应用系统的运行提供数据交换、数据处理、数据服务、支撑平台、统一接口等核心服务与管理功能，并形成了配套的管理、技术、运维与应用规范与制度	查看文件，查看方案，查看系统，查看资产账目	2
		基于大数据中心，智慧校园平台能够实现现有和新建应用服务的集成，包括统一身份认证、统一信息门户、全校应用服务的数据集成与共享	查看文件，查看方案，查看系统，查看资产账目	2
		面向学校各级管理部门、教学单位以及师生个人，按需提供大数据分析和模型支持，实现不同层级的评价与决策支持		2

续表

一级指标	二级指标	主要观测点	评价方法	分值
智慧教学环境建设（25分）	多媒体教室与智慧教室（6分）	每个教室和满足安装条件的实训室配备一套多媒体教学设备，能实现互动教学功能，满足教学需要	查看文件，查看现场，查看资产账目	2
		建立了多媒体教学设备使用规范、多媒体教室使用规范、多媒体教学管理制度等的相关规范与制度，能够集中管控多媒体教学设备		2
		在智慧教室的规划与建设中，充分考虑了对学校已有建设基础与资源的利用，并且能够体现出智慧教室的智慧化特征		2
	教学资源共享、网络教学与专业建设服务（10分）	学校建立了校一级的教学资源共享与网络教学服务平台，且能够面向全校师生实现教学资源共享与网络教学服务这两大核心服务	查看系统功能，查看使用信息，查看共享状况，查看资产账目	2
		基于校级教学资源共享与网络教学服务平台，教师可实施基于讲授的网络教学服务，为日常教学提供辅助性的教学手段		3
		学校或各重点建设专业针对专业建设项目、德育及素质教育、专业建设指导委员会、名师工作室、现代学徒制、校企合作实训基地、技能大赛、双创教育等专门化方向，按需建立了以资源共享与网络教学服务为主体的专门化信息系统或项目空间		3
		学校的各类教学资源共享与网络教学服务系统，能够实现教学资源与网络课程资源的共享，避免教学资源和网络课程资源出现"孤岛"化建设		2
	实习实训教学服务平台（7分）	学校构建了统一的实训教学服务信息化平台，重点专业则构建了实训教学服务信息化应用体系或系统	查看系统，查看现场，查看教学文件，查看资产账目	2

续表

一级指标	二级指标	主要观测点	评价方法	分值
智慧教学环境建设（25分）	实习实训教学服务平台（7分）	具有实习实训管理功能，支持实习实训单位准入、变更和信息发布，支持实习实训基本信息记录、教学过程管理和绩效评价	查看系统，查看现场，查看教学文件，查看资产账目	3
		每个重点专业至少建设1个虚拟仿真实训室		2
	远程职业培训服务平台（2分）	建立了校一级的远程职业培训系统或远程培训应用体系	查看系统，查看资源，查看使用信息	1
		教师通过有效参与面向行业、企业及社会个人的远程培训教学，实现了社会培训的过程化跟踪管理		1
智慧教学资源建设（20分）	资源建设规划（6分）	制定了针对学校及各专业的资源建设发展规划与计划，学校的数字资源建设标准、建设规范、验收标准、验收规范及项目管理办法等齐全完整、指导性强	查看管理文件，查看培训记录，查看开发现场，查看项目文件，查看资产账目	2
		建立了针对教师的数字资源开发培训教程与在线学习课程，每年至少组织2次校内培训		2
		学校各重点专业、信息技术类相关专业、名师工作室等具有自主数字资源技术开发能力，并能够指导校内教师进行自主的资源开发		2
	通用基础资源（8分）	学校建立了公共课资源库，并在教学平台上实现了在线辅助教学	查看资源库，查看网络课程及其应用，查看资产账目	2
		每个专业都建立了个性化的校本数字资源库，数字资源基本覆盖了专业核心课程，教学资源类型丰富全面		2
		学校通用基础资源的自主建设和引入资源之间的比例适当，自建的资源要求能够与授课教材配套，能直接服务于日常教学		2
		学校所开发的通用基础资源在远程职业教育培训中得到了应用		2

一级指标	二级指标	主要观测点	评价方法	分值
智慧教学资源建设（20分）	仿真实训资源（6分）	重点专业建有仿真实验、仿真实习、仿真实训资源应用的专业场所，这些场所与专业教学有效配套与融合，并建立了实验、实习（训）台账	查看现场，查看资产账目	3
		对无法实际体验、参与或无法实地观察的实验、实习（训）环节，应配备具有高度互动性的相关专业实验、实习（训）软件		3
智慧校园管理建设（32分）	决策支持应用服务（6分）	决策支持应用服务，实现了决策支持信息综合服务的核心功能要求	查看系统数据，逐项功能测试	2
		决策支持评估指标体系的设置，与教育部职业学校管理水平提升及教学工作诊断与改进等工作的内容与指标相配套		2
		能够面向职业学校决策层、各业务部门、教学单位以及教师提供所需的决策支持服务		2
	教学管理服务（5分）	软件系统的应用体系与流程，与学校实际的业务体系与流程相匹配	查看系统数据，逐项功能测试	2
		支持教学管理过程的主要环节，包括教学计划、教学任务、排课选课、考试、成绩、毕业审查和教学评价等		2
		具有教学场所信息化管理功能，提供动态预约、数据记录及统计服务，为相应管理者提供功能教室的数字管理服务		1
	学生管理服务（5分）	软件系统的应用体系与流程，与学生管理的实际业务体系与流程相匹配	查看系统数据，逐项功能测试	2
		具有从学生入学、在校学习、校内外实习、就业到毕业离校全过程的信息管理功能		2
		具有评价指标体系的在线设计和管理功能，并能从教务管理系统等应用系统中共享学生学习成果信息；具有学生多维评价、结果比较、评价报告自动生成和管理的功能		1

续表

一级指标	二级指标	主要观测点	评价方法	分值
智慧校园管理建设（32分）	教科研管理服务（3分）	能对校内教科研人员及校外教科研专家的信息进行管理	查看系统数据，逐项功能测试	1
		能对校本教科研项目、校内外合作教科研项目进行从项目申报、项目立项、项目中期检查到项目结项的全流程管理，含项目经费管理和协同工作管理		1
		能对教科研计划、教科研成果、教科研活动信息进行管理和发布		1
	人力资源管理服务（3分）	人力资源管理的管理范围全面	查看系统数据，逐项功能测试	1
		能够建立面向教职工的评价分析指标体系，能够基于校园大数据中心的数据支持，形成教职工综合评价档案，并配套评价档案管理功能		1
		建立了面向全校教职员工的在线校本培训平台，能实现自主学习、在线培训与考核评价		1
	办公自动化服务与学校后勤服务（5分）	学校基于办公自动化软件的流程初始化功能，完成了与学校实际流程相符的流程初始化	查看系统数据，逐项功能测试	2
		实现日常行政事务管理功能的日常应用，包括收发文、文件流转督办、信息发布、公文审批等		2
		能提供物业、修缮、饮食信息的管理、查询与统计功能		1
	校企合作服务（5分）	建立了校企合作、产教融合的统一信息门户，可在线访问，信息丰富，提供在线调查服务	查看系统数据，逐项功能测试	2
		实现了校企合作项目管理信息化，并且企业及行业专家等可以通过信息化手段参与到学校专业建设的多方面工作之中		1
		学校或重点专业建设有顶岗实习管理与教学服务系统，并得到了有效应用		1
		能够实现在线的校企合作评价分析、毕业生跟踪与评价分析		1

一级指标	二级指标	主要观测点	评价方法	分值
智慧校园 服务建设 （20分）	校园 一卡通 （3分）	完成了校园一卡通系统的建设，取得了良好的应用效果	查看系统数据，查看现场	1
		校园一卡通所涉及的相关数据、计算资源和基础设施，纳入智慧校园各类资源的统筹管理与应用中		2
	智慧 图书馆 （3分）	智慧图书馆应包含电子期刊、电子图书、视频和音频等不同的数字化资源，这些资源涵盖学校全部专业，有不少于1个中文数据库或数字资源检索平台	查看系统，查看资源，查看资产账目	2
		智慧图书馆通过物联网、云计算等技术实现智慧化的服务和管理		1
	校园社区 服务 （5分）	建立了家校互通服务体系，构建了学校与家长的网络化交流环境	查看系统数据，查看主体功能，查看资产账目	2
		能够实现毕业生跟踪与评价分析		2
		建立了校园安全教育服务体系，提升了学校处理安全事务的能力		1
	数字化 场馆服务 （3分）	制定了学校数字化场馆建设的整体发展规划	查看方案，查看系统和资源	2
		重点专业开始进行数字场馆的小规模试点建设		1
	数字通信 服务 （2分）	建设了基于校园网的数字通信服务	查看现场，查看资产账目	2
	数字安防 服务 （4分）	学校配备一套智慧校园安防系统，能够与当地公安部门的安全防范系统联网，并配备专职维护管理人员	查看现场，查看资产账目	2
		安防系统以校园网为传输平台，实现对校园视频监控、入侵报警、出入控制、电子巡更、电子监考、消防报警、紧急呼叫（求助）报警、紧急广播系统的统一管理和控制		2

续表

一级指标	二级指标	主要观测点	评价方法	分值
智慧校园应用终端 （8分）		学校各部门、系（部）、教科研机构至少配备2套含打印机、复印机、扫描仪、数码照相机、数码摄像机等在内的常用数字设备，至少配备一台办公用电脑	查看现场，查看资产账目	2
		学校主要公共服务区域（图书馆、活动室、行政楼等）至少配备一套公用终端，如大屏幕触控一体计算机		2
		学生数与学生用计算机比例保持3∶1；教师数与教师用计算机比例应达到1∶2		4
智慧校园保障体系建设 （20分）	信息化组织机构与人力资源 （6分）	学校设立了信息化工作领导小组，由校长或主管副校长担任组长	查看文件	1
		单独设立中层管理机构（信息化办公室或教育信息中心），职能明确并常态化运作，信息化专业人员结构合理、队伍稳定、待遇得到落实	查看现场，查看人员资料	2
		学校各业务部门负责且能够提出业务系统的需求、制定信息化政策、推进业务系统的应用，业务部门领导应主持部门信息化建设，且有教师承担信息化建设协调员的职责	查看建设规划，查看项目资料	1
		每年组织对学生开展信息化应用培训与指导服务，每年开展两次以上教师信息技术（技能）培训；定期开展校内软件应用、数字资源、信息化教学创新等方面的交流、研讨、比赛活动	查看培训方案，查看培训与交流记录	2
	信息化建设政策、规范与机制 （3分）	制定了学校的信息化战略规划，且该战略规划需遵循国家、教育部以及武汉市相关建设规范与标准的要求	查看规划文件	1
		学校应设立常态化的智慧校园建设与应用专项资金，建立制度化的可持续经费投入机制	查看资产账目	2

续表

一级指标	二级指标	主要观测点	评价方法	分值
智慧校园保障体系建设（20分）	信息化项目实施与运维管理（6分）	建立科学有序的智慧校园运行维护规章制度和管理流程体系，并在全校范围推行统一的运行维护规范	查看运维管理文件	2
		搭建了校级运维管理平台，配备了智慧校园运营维护所需的必备软硬件运维管理工具，包括网络管理系统、用户管理系统、网络安全设备及配套工具软件等	查看现场，查看资产账目	2
		全年无重大智慧校园运行维护事故发生	查看事件记录	2
	信息化安全保障体系（5分）	智慧校园安全保障体系建设遵循《GB/T 22239—2019 信息安全技术　网络安全等级保护基本要求》《GB/T 28448—2019 信息安全技术　网络安全等级保护测评要求》《GB/T 25070—2019 信息安全技术　网络安全等级保护设计要求》	查看管理文件，查看建设资料，查看资产账目，查看事件记录	3
		构建了由主管校领导和信息部门负责人、校级智慧校园运维团队、各业务部门信息化建设负责人或协调员等构成的三级智慧校园安全保障体系		1
		建立了智慧校园安全保障的制度体系，包括安全制度、安全策略和安全操作规范等三个部分		1
特色与创新（20分）		在建设规划、管理与运维服务领域形成了创新，并取得了实际成效和理论研究成果	查看建设资料，查看技术性成果，查看应用情况，查看理论性成果，查看第三方评价	1. 每形成一项创新，加5分
		根据教育部对职业学校管理水平提升、职业学校教学工作诊断与改进的工作要求，开展自主或校企合作的针对性创新，并取得了实际成效和理论研究成果		

续表

一级指标	二级指标	主要观测点	评价方法	分值
特色与创新（20分）		在智慧校园信息共享、数据共享、资源共享领域进行模式和技术创新，并产生了实际成效和理论研究成果	查看建设资料，查看技术性成果，查看应用情况，查看理论性成果，查看第三方评价	2.特色与创新部分的总分值不超过20分
		在智慧校园服务于专业建设与教学、各级评价体系建设领域进行创新，并产生了实际成效和理论研究成果		
		在智慧校园服务于校企合作、家校互动、校校合作、社会服务等领域进行模式和技术创新，产生了实际成效和理论研究成果		
		其他特色创新点		

参考文献

［1］王运武，于长虹．智慧校园：实现智慧教育的必由之路［M］．北京：电子工业出版社，2016.

［2］哈斯高娃，张菊芳，凌佩．智慧教育［M］．2版．北京：清华大学出版社，2017.

［3］马振洲．物联网感知技术与产业［M］．北京：电子工业出版社，2021.

［4］胡英君，滕悦然．智慧教育实践［M］．北京：人民邮电出版社，2019.

［5］李兆延，赵成芳．智慧校园建设研究［M］．北京：中国水利水电出版社，2020.

［6］丁荣贵，赵树宽．项目管理［M］．上海：上海财经大学出版社，2017：194-197.

［7］谭志彬．信息系统项目管理师教程［M］．北京：清华大学出版社，2017.

［8］王运武，庄榕霞，陈祎雯，等．5G时代的新一代智慧校园建设［J］．中国医学教育技术，2021，35（2）：143-149.

［9］祝智庭，贺斌．智慧教育：教育信息化的新境界［J］．电化教育研究，2012，33（12）：5-13.

［10］时小凡，何旷怡．基于智慧校园背景下高校OA办公自动化系统建设的思考［J］．智库时代，2019（39）：60，63.

［11］马平川，徐君．中高职开展线上教学的实践探索：以上海市经济管理学校为例［J］．科学咨询（教育科研），2020（12）：18-20.

［12］周伟，王淑芳．基于"一心两户"架构的智慧校园一站式校园服务平台的建构与探索［J］．甘肃科技纵横，2021，50（10）：1-3，18.

［13］吴中江，黄成亮．应用型人才内涵及应用型本科人才培养［J］．高等工程教育研究，2014（2）：66-70.

［14］周金丽，钱红飞，刘越，等．"互联网＋"背景下仪器设备学习平台的研究：以绍兴文理学院轻化实验室为例［J］．轻纺工业与技术，2020，49（11）：155-156，159.

［15］王新娟.基于"互联网＋"背景的智慧校园移动服务平台构建分析［J］.设计研究与应用，2023（44）：135-137.

［16］中华人民共和国教育部.教育信息化2.0行动计划［EB/OL］.（2018-04-13）［2024-3-20］.http://www.moe.gov.cn/srcsite/A16/s3342/201804/t20180425_334188.html.

［17］夏玉荣，杨印言，郭垒.物联网环境下智慧校园建设与发展问题探索［J］.数字通信世界，2017（11）：277-279.

［18］周彤，刘文.智慧校园建设的现状与思考［J］.信息与电脑，2011（10）：86.

［19］贺志强，庄君明.物联网在教育中的应用及发展趋势［J］.现代远程教育，2011（2）：77-80.

［20］李刚.物联网研究动态［J］.计算机学报，2011（1）：13-21.

［21］罗晓慧.浅谈云计算的发展［J］.电子世界，2019（8）.

［22］王续荣.基于云计算的资源动态扩展技术在高校信息化管理中的应用［D］.上海：上海外国语大学，2014.

［23］侯炯.SaaS在手机上的应用研究［D］.成都：电子科技大学，2011：113.

［24］宗平，朱洪波，黄刚，等.智慧校园设计方法的研究［J］.南京邮电大学学报（自然科学版），2010（4）：15-19.

［25］张力.应用虚拟现实技术提高网络教学质量的研究［J］.电化教育研究，2003（6）：56-60.

［26］吕伟.虚拟现实技术支撑下的"智慧校园"标准特征研究［J］.现代教育科学，2016（8）：77-82.

［27］雷培梁，伍朝辉.虚拟现实在智慧校园中的应用与创新［J］.长春大学学报，2020（4）：36-44.

［28］吴宇，孙凤.虚拟现实技术在智慧校园建设中的应用［J］.无线互联科技，2022（8）：78-80.

［29］杭中士.VR技术在创建智慧校园中的运用［J］.信息与电脑，2019（18）：132-133.

［30］罗敏杰.中职汽修虚拟仿真实训教学研究［J］.新课程（下），2011（5）.

［31］陈瞳.大数据技术在构建智慧校园中的应用［J］.电子技术与

软件工程，2019（7）：189.

［32］吴慧群.基于大数据的科研数据管理服务探究［J］.内蒙古科技与经济，2019（1）：93-95.

［33］李晓婷，袁凌云.基于大数据技术的智慧教学评价模型构建［J］.科技创新与应用，2023（12）：11-19.

［34］宁亚楠，杨得成，邹雨.人工智能技术在高校智慧校园中的应用［J］.黑河学院学报，2021（7）.

［35］黄步添，蔡亮.区块链解密：构建基于信用的下一代互联网［M］.北京：清华大学出版社，2016：31-34.

［36］余胜泉，王阿习."互联网+教育"的变革路径［J］.中国电化教育，2016（10）：1-9.

［37］杨园争，邓婷鹤.以"智慧校园"建设助推教育现代化：湖北神农架林区"智慧校园"的建设实践及启示［J］.中国发展观察，2022（10）：119-121.

［38］朱媛媛.高职院校数学课程诊改的探索与实践：以长江工程职业技术学院为例［J］.武汉船舶职业技术学院学报，2019，18（3）：58-60，75.

［39］林页.中职学校数字校园建设探究［D］.福州：福建师范大学，2016.

［40］朱雪吟.智能技术助推中职学校数字化转型探索：以上海市杨浦职业技术学校教育信息化应用标杆培育校建设成果为例［J］.教育传播与技术，2022（12）.

［41］杨萍，姚宇翔，史贝贝，等.智慧校园建设研究综述［J］.现代教育技术，2019，29（1）：18-24.

［42］饶玮娟，张牧，宋明虎，等.高校治理现代化视域下的智慧校园建设研究［J］.网络安全技术与应用，2022（8）：86-88.

［43］中国云计算.云计算的概念和内涵［EB/OL］.（2014-12-26）［2024-03-20］.www.chinacloud.cn/show.aspx?Id=14668&cid=17.

［44］黄荣怀.智慧学习环境重塑校园学习生态［EB/OL］.（2014-06-12）［2024-03-20］.www.ict.edu.cn/forum/huiyi/n20140612_13981.shtm1.

［45］赵学敏，任翔，田生湖.混合云计算模式下高校信息化建设新思路初探［J］.中国教育信息化，2012（1）：7-9.

［46］市人民政府办公厅关于印发武汉市创建国家"智慧教育示范区"实施方案的通知［EB/OL］.（2020–05–25）［2024–03–20］. http://www.jyj.wuhan.gov.cn/zfxxgk/zc/gfwjjjd/202005/t20200525_1331450.shtml.

［47］陕西省教育厅陕西省工业和信息化厅关于印发《陕西省智慧教育建设技术标准和数据规范》的通知［EB/OL］.（2014–09–26）［2024–03–20］. http://www.snedu.gov.cn/news/jiaoyutingwenjian/201409/26/8395.html.

［48］关于2016年CELTSC第一批教育行业标准立项的通知［EB/OL］.（2016–03–08）［2024–03–20］.http://www.celtsc.edu.cn/content/ywjb/26ef87d94e9981cf015355a5822a4447.html.

［49］浙江省高校智慧校园建设评价指标体系［EB/OL］.［2024–03–20］. http://www.custompages.websaas.cn/zjedu.gov.cn/421.html.

［50］ITU–R.IMT Vision–framework and overall objectives of the future development of IMT for 2020 and beyond［R］.Geneva：ITU，2015.

［51］MELL P，GRANCE T. The NIST definition of cloud computing［EB/OL］.［2024–03–20］.http：//csrc.nist.gov/publications/nistpubs/800–145/SP800–145.pdf.

［52］GIBSON J，RONDEAU R，EVELEIGH D，et al. Benefits and challenges of three cloud computing service models［J］. IEEE computer society，2012：198–205.

［53］CHOI W，LI L，SATOH S，et al .Multisensory integration in the virtual hand illusion with active movement［J］.BioMed research international，2016，81：1–9.